Organisationen

Stefan Kühl

Organisationen

Eine sehr kurze Einführung

2., überarbeitete und erweiterte Auflage

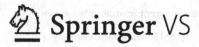
Springer VS

Stefan Kühl
Universität Bielefeld
Bielefeld, Deutschland

Auf der Website des Verlages www.springer.com (suchen nach „Kühl“, „Organisationen“ und „Einführung“) stehen Lesern zusätzliche Informationen zum Buch in Form von Vorlesungsvideos, Podcasts, Lektürelisten und Programmen von Musterseminaren zur Verfügung. Dort kann auch der Text „Organisationen – ein sehr ausführlicher Anmerkungsapparat“ heruntergeladen werden, in dem für den theoretisch interessierten Leser eine Vielzahl von zusätzlichen Detailinformationen zu jedem Kapitel zur Verfügung gestellt werden, zusätzliche Beispiele für unterschiedliche Organisationstypen geliefert werden und sich auch vielfältige Hinweise auf wichtige Sekundärliteratur finden.

ISBN 978-3-658-29831-9   ISBN 978-3-658-29832-6   (eBook)
https://doi.org/10.1007/978-3-658-29832-6

Die Deutsche Nationalbibliothek verzeichnet diese Publikation in der Deutschen Nationalbibliografie; detaillierte bibliografische Daten sind im Internet über http://dnb.d-nb.de abrufbar.

Planung/Lektorat: Katrin Emmerich
Springer VS ist ein Imprint der eingetragenen Gesellschaft Springer Fachmedien Wiesbaden GmbH und ist ein Teil von Springer Nature.
Die Anschrift der Gesellschaft ist: Abraham-Lincoln-Str. 46, 65189 Wiesbaden, Germany

Inhaltsverzeichnis

Organisationen – Was ist das eigentlich?

Unser Leben wird maßgeblich von Organisationen bestimmt – ohne dass wir aber jemals dafür ausgebildet wurden, wie wir mit diesen zurechtkommen sollen. Schließlich gibt es in keinem Land der Welt ein Schulfach „Organisationslehre". Die meisten Ausbildungen bereiten zwar auf konkrete Tätigkeiten in Unternehmen, Verwaltungen, Krankenhäusern oder Kirchen vor, erklären jedoch nur am Rande, wie man sich in diesen Organisationen zu bewegen hat. Und selbst in Studienfächern wie Soziologie, Betriebswirtschaftslehre oder Psychologie wird man häufig nur in den jeweiligen Spezialisierungskursen darüber informiert, wie Organisationen eigentlich funktionieren. So lernen wir häufig lediglich nebenbei, wie Organisationen wirken und wie man sich in ihnen zu verhalten hat.

Dabei findet schon beim ersten Eintritt eines Menschen in die Welt in der Regel ein Kontakt mit einer Organisation statt. Geboren wird man – jedenfalls in der westlichen Welt – in einem Krankenhaus. Die Hausgeburt stellt eine Ausnahme dar, sodass sich Eltern, die sich für diese organisationsferne Alternative entscheiden, üblicherweise in ihrem Bekanntenkreis dafür rechtfertigen müssen. Aber selbst die Eltern, die ihren Neugeborenen den frühen Kontakt mit einer Organisation ersparen wollen, schätzen bei einem Notfall das Krankenhaus als leistungsfähiger ein als die ambulant tätige Hebamme und haben deswegen die Telefonnummer des nächstgelegenen Krankenhauses griffbereit.

Verbringen Kinder die ersten zwei, drei Lebensjahre meist noch weitgehend organisationsfrei, steht ihnen dann aber der intensive Kontakt mit einer Organisation bevor, den sie als deutliche Zäsur erleben. Im Kindergarten oder in der Grundschule mag das Kind seinen Kindergärtner oder seine Grundschullehrerin zunächst noch als Personen wahrnehmen; es erkennt aber recht schnell, dass diese lediglich Teil eines größeren Ganzen und als Personen austauschbar sind. Auch am Verhalten und an den Anspruchshaltungen der Kinder selbst ist

© Springer Fachmedien Wiesbaden GmbH, ein Teil von Springer Nature 2020
S. Kühl, *Organisationen*, https://doi.org/10.1007/978-3-658-29832-6_1

deutlich zu erkennen, dass ihnen der Unterschied zwischen einer organisierten und einer familiären Situation klar ist. Ebenso wird man in der weiterführenden Schule nicht nur mit dem mathematischen Dreisatz, der korrekten Bildung des Genetivs und den Entstehungsbedingungen von Endmoränen konfrontiert, sondern man wird gleichzeitig sozialisiert, wie man sich in Organisationen zu verhalten hat. Man kann sich hier nicht mehr darauf verlassen, dass man – wie im Elternhaus – als etwas ganz Besonderes behandelt und unabhängig von Leistungen geliebt wird, vielmehr muss man lernen, dass man unter sehr spezifischen Gesichtspunkten betrachtet und permanent mit anderen verglichen wird. Man macht die Erfahrung, dass man vorrangig in der Rolle des Schülers gesehen wird und man stellt fest, dass der Ausschluss aus der Organisation „Schule" droht, wenn man sich nicht an bestimmte Regeln hält (Dreeben 1980, S. 59 ff.).

Während man die ersten Erfahrungen mit Organisationen noch in der Rolle des Publikums macht – als zu unterhaltender Besucher eines Kindergartens, als zu belehrende Schülerin oder als von der Polizei aufgegriffener Jugendlicher –, finden wir uns mit dem Übergang ins Erwachsenenleben zunehmend in Leistungsrollen in Organisationen wieder. Wir engagieren uns in Schüler- oder Studierendenvertretungen, werden wenigstens in einigen Ländern als Soldaten oder Zivildienstleistende in Zwangsdienste gepresst und fangen – last, but not least – an, in Organisationen zu arbeiten. Man kann wohl zu Recht vermuten, dass der Übergang vom Jugendlichen zum Erwachsenen heutzutage weniger durch den Auszug aus dem Elternhaus oder die Gründung einer eigenen Familie denn durch die Übernahme von Leistungsrollen in Organisationen markiert wird.

Die berufliche Tätigkeit in einem Unternehmen, einer Verwaltung, einer Kirche, einer Schule oder einer Forschungseinrichtung erscheint uns dabei so selbstverständlich, dass die berufliche Selbstständigkeit unmittelbar nach der Schule oder dem Studium als Sonderweg erscheint. Man macht sich selbstständig, weil man mit Chefs – und das heißt häufig mit Organisationen – nicht zurechtkommt, weil einem keine Organisation ein befriedigendes Gehalt zahlen möchte oder weil man sein eigenes, nicht von Unternehmen oder Verwaltungen bestimmtes „Ding" machen will. Aber sogar Selbstständige, die diesen Weg häufig aufgrund einer intuitiven Ablehnung von Organisationen – oder durch Organisationen – wählen, haben es, wenn ihrer Tätigkeit Erfolg beschieden ist, häufig ungewollt mit einer (eigenen) kleinen Organisation zu tun.

Doch nicht nur das Arbeitsleben, auch die „Nichtarbeitsstunden" – so hat der Organisationsforscher Chester Barnard (1938, S. 4) schon in den dreißiger Jahren des zwanzigsten Jahrhunderts bemerkt – werden in hohem Maß durch Organisationen bestimmt: durch Skat- und Häkelclubs, Brüder- und Burschenschaften, außerschulische Erziehungseinrichtungen wie Volkshochschulen oder

Tanzvereine, Sportvereine oder Gebetskreise. Elterngruppen, Bürgerinitiativen oder Parteien bieten weitere Möglichkeiten, sich mit eigenen Formen von Organisationen mit ganz besonderen Reizen und Pathologien auseinanderzusetzen. Häufig reicht schon ein Blick auf die monatlichen Kontoauszüge, um festzustellen, in wie vielen Organisationen man Mitglied ist – und sei es auch nur als „passives", aber immerhin zahlendes Mitglied.

Selbst am Lebensende können noch zahlreiche Erfahrungen mit Organisationen gesammelt werden. In der Regel wird man zwar bereits längere Zeit vor dem eigenen biologischen Tod durch Pensionierung, Kündigung oder verhinderte Wiederwahl aus den Leistungsrollen von Organisationen entfernt, dies wird aber häufig nicht als Befreiung, sondern im Gegenteil als „sozialer Tod" empfunden, als Abtrennung von zentralen sozialen Bezugspunkten. Für die Organisation hat diese vorzeitige Entfernung jedoch den Vorteil, dass sie sich einen allzu abrupten Wechsel von Personal aufgrund von biologischen Toden erspart. Sicher kommt es gelegentlich vor, dass Personen in Ausübung ihrer Leistungsrolle in Organisationen sterben: Ein Förster wird durch einen Baum erschlagen, eine Managerin erleidet einen Herzinfarkt oder eine Soldatin wird im Kriegseinsatz oder im Manöver getötet. Aber diese Dinge werden als Unfälle gewertet, die für Organisationen eine eher ungewohnte Situation darstellen und im Gegensatz zur Pensionierung oder Entlassung als Krise behandelt werden. Normalerweise erlebt man deswegen das Ende seines Lebens – und dies erinnert auffällig an die frühe Kindheit – wieder als mehr oder minder hilfloses Publikum von Organisationen: von der Versorgung in Krankenhäusern über die Abwicklung als Versicherungsfall bis hin zur taktvollen Entsorgung durch ein Beerdigungsinstitut.

Organisationsferne als Ausdruck von Exklusion
Organisationen sind in der modernen Gesellschaft so dominant, dass schon kürzere Phasen der Organisationsferne als außergewöhnlich angesehen werden. Die Weltreise von einem Jahr ist nicht nur durch einen Abschied von Familie und Freunden gekennzeichnet, sondern gerade auch durch einen temporären Verzicht auf Organisationskontakte. Häufig liegt die Motivation für eine solche Reise gerade in einer „Überdosis Organisation" während des Militärdienstes oder der ersten Berufsjahre. Die in Quizshows oder auf Partys trotzig-beschämt vorgebrachte Tätigkeitsbezeichnung als „Hausfrau und Mutter" (oder äußerst selten als „Hausmann und Vater") zeigt, dass diese organisationsfernen Rollen begründungspflichtig sind. Und auch die Isolation, von denen die auf diese Rolle reduzierten Frauen und wenigen Männer berichten, kann mit dem fehlenden Kontakt mit Organisationen erklärt werden.

Wer nicht nur zeitweise, sondern sein ganzes Leben lang nie Mitglied einer Organisation gewesen ist, von dem kann wohl mit gutem Grund gesagt werden, er lebe am „Rande der Gesellschaft" (Kaube 2000, S. 62). Wer weder eine Schule durchlaufen hat, noch beim Militär gewesen ist, keinen Arbeitsplatz gefunden hat und keinem Verein angehört, der kann wohl – um einen beliebten soziologischen Begriff zu benutzen – als „exkludiert" gelten. Betrachtet man die Exklusionskarrieren von Obdachlosen, beginnen diese in der Regel mit dem Verlust des Arbeitsplatzes und setzen sich fort mit dem Rückzug aus Vereinen oder dem Austritt aus einer Partei. Kontakte mit Organisationen finden dann nur noch sehr punktuell statt und werden in der Regel – wie im Falle der Polizei – erzwungen und vom Exkludierten mit zunehmender Irritation wahrgenommen.

Aber der moderne Wohlfahrtsstaat ist darauf ausgerichtet, eben diese Organisationsferne des Lebens zu entmutigen und zu verhindern. Während man Kleinkinder vielleicht noch vor Organisationen „schützen" kann, fällt dies spätestens mit Beginn der Schulpflicht schwer. In den meisten Staaten erfordert dies eine erhebliche kriminelle Energie der Eltern, weil die Einhaltung der Schulpflicht notfalls mit Polizeigewalt durchgesetzt wird. Die einzige Alternative für Eltern besteht dann häufig darin, das Kind auf eine „freie Schule" zu schicken, wo auf typische Merkmale von Organisationen wie „Disziplin" oder „Hierarchie" verzichtet werden soll. Aber wie schon die Experimente mit Alternativschulen wie Summerhill in England oder der Odenwaldschule in Deutschland gezeigt haben, führte dies nicht zu einer organisationsfreien Form des Lernens – einer „Entschulung" der Gesellschaft –, sondern lediglich zu einer anderen, teilweise ebenfalls psychisch und physisch belastenden Form von Organisation (Neill 1969).

Wer in späteren Phasen keiner Berufstätigkeit in oder für Organisationen nachgeht, wird deshalb keineswegs von Organisationen ganz in Ruhe gelassen. Vielmehr wird man in diesem Fall von staatlichen Arbeitsämtern betreut, die einem die bürokratischen Mechanismen von Organisationen vorführen, was von den Betroffenen manchmal geradezu wie eine Karikatur erlebt wird. Sie verstehen unter „Reintegration in den Arbeitsmarkt" häufig nichts anderes als die erneute Aufnahme einer Tätigkeit in einer Organisation und knüpfen den Bezug von Unterstützungsleistungen an die Bedingung, dass man sich regelmäßig um die bezahlte Mitgliedschaft in einer Organisation bewirbt.

Angesichts der Prominenz von Organisationen in der modernen Gesellschaft stellt sich die Frage: „Was sind das für Gebilde, die unser Leben so stark bestimmen?"

1.1 Organisation – eine erste Annäherung

Das Wort „Organisation" führt man schnell im Munde. Alltagssprachlich verwenden wir die Worte „organisieren" oder „Organisation" oft einfach, um eine auf einen Zweck ausgerichtete planmäßige Regelung von Vorgängen zu beschreiben (Mayntz 1963, S. 147). Von „organisieren" oder „Organisation" wird gesprochen, wenn verschiedene, zunächst voneinander unabhängige Handlungen in eine sinnvolle Abfolge gebracht werden und so „vernünftige Ergebnisse" erzielt werden (Weick 1985, S. 11). Die „Organisation" eines Kindergeburtstages fällt ganz selbstverständlich in das Ressort der bemühten Mütter und Väter. Von unseren Eltern, Großeltern oder Urgroßeltern wissen wir, dass man in schlechten Zeiten manchmal etwas auf dem Schwarzmarkt „organisieren" musste, um zu überleben, während wir uns heute höchstens noch freuen, wenn ein Kollege im überfüllten Biergarten in kürzester Zeit eine Runde Bier „organisiert". Fangen sich die Kicker von Arminia Bielefeld mal wieder zu viele Tore ein, dann beklagen die Kommentatoren, dass sich die Abwehr wieder neu „organisieren" müsse.

Nach diesem breiten Verständnis von Organisation wird fast immer und überall organisiert: Gesellschaften organisieren ihr Gemeinwesen, Familien ihr Zusammenleben, Gruppen ihre Skatabende. Unternehmen organisieren die möglichst profitable Führung des Geschäfts, Protestbewegungen ihre Demonstrationen und Selbstmörder – mehr oder minder erfolgreich – ihren „langen Weg nach unten" (Hornby 2005). Gesetze, Verkehrsregelungen, Hausordnungen, Gebrauchsanweisungen, Speisekarten, Spielregeln und Notenblätter – all das scheint nach diesem Verständnis Ausdruck von Organisation zu sein.

Aber dieser Begriff von Organisation ist für vertiefende Analysen ungeeignet, weil damit letztlich nichts anderes bezeichnet wird als eine Ordnung, die dazu genutzt wird, um etwas zu erreichen. Der Begriff gerät so breit, dass letztlich alles erfasst wird, was irgendwie strukturartig, regelhaft oder zielgerichtet ist.

Plädoyer für einen engen Begriff von Organisation
In Abgrenzung zu einer derart inflationären Verwendung des Begriffs Organisation hat sich in der Wissenschaft durchgesetzt, mit „Organisation" eine besondere Form von sozialem Gebilde – oder wenn man so will: sozialem System – zu bezeichnen, die sich von anderen sozialen Gebilden wie Familien, Gruppen, Netzwerken, Protestbewegungen oder auch dem Nationalstaat unterscheiden lässt. Einige dieser Gebilde führen das Label „Organisation" bereits in ihrem Namen, um ihre Eigenart zu markieren. Man denke nur an das „O" der

United Nations Organization (UNO), der North Atlantic Treaty Organization (NATO), der Organization of the Petroleum Exporting Countries (OPEC) oder der Organization for Economic Cooperation and Development (OECD). Andere benutzen nicht das Wort „Organisation" im Namen, verwenden aber Synonyme, wie etwa das – heute etwas verstaubt klingende – Wort „Anstalt", das sich noch bei Organisationen wie der Kreditanstalt für Wiederaufbau finden lässt. Wer etwas auf sich hält, schmückt sich eher mit dem modischen Begriff „Agentur" – und so wird dann aus einer Reichsanstalt für Arbeitsvermittlung und Arbeitslosenversicherung nach einigen Jahrzehnten eine Agentur für Arbeit.

Andere Organisationen verweisen in ihrem Namen auf den spezifischen Typus ihrer Organisation als Unternehmen, Verwaltung, Kirche, Verein, Partei oder Armee. In Fällen wie der Scientology Church, dem Hamburger Sportverein oder der Rote Armee Fraktion mag dann bei Beobachtern umstritten sein, ob diese ihre Selbstbeschreibung als Kirche, Verein oder Armee zu Recht führen oder ob es sich nicht eher um Wirtschaftsunternehmen oder kriminelle Vereinigungen handelt; aber den Status als Organisation wird man diesen Gebilden kaum absprechen. Viele Organisationen verzichten bei ihrer Benennung auch auf eine irgendwie geartete explizite Bezeichnung als Organisation. Daimler-Benz, France Télécom oder General Electric gehen wohl berechtigterweise davon aus, dass sie problemlos als Organisationen identifiziert werden können, auch wenn sie diesen Begriff nicht in ihrem Namen führen.

Natürlich gibt es immer wieder Fälle, bei denen wir uns nicht ganz sicher sind, ob wir es mit einer Organisation zu tun haben: Kann das Ein-Personen-Unternehmen, das sich als Marketingagentur anbietet, bereits als Organisation bezeichnet werden? Verdient das gelegentliche Zusammenkommen von Staaten zur Koordination der Klimapolitik bereits die Bezeichnung als Organisation im engeren Sinne? Ist die Universität eines Bundeslandes eine eigenständige Organisation oder nur eine Abteilung eines Wissenschaftsministeriums? Aber diese Grenzfälle schärfen unser Verständnis von Organisationen eigentlich nur.

Die Entstehung von Organisationen in der modernen Gesellschaft
Wenn wir dieses enge Verständnis von Organisationen verwenden, dann bezeichnet es ein Phänomen, das sich erst in den letzten Jahrhunderten ausgebildet hat. Die Errichtung der Pyramiden in Ägypten oder der Aufbau einer umfassenden Wasserwirtschaft im Nildelta waren natürlich beeindruckende Beispiele von „Organisation" – aber eben nur im weiten Sinne des Begriffes (vgl. Weber 1976, S. 560 f., 607 f., 613, 640). Klöster wirken mit ihren Aufnahmeritualen, Hierarchien und genauen Regelwerken auf den ersten Blick wie Vorläufer von Organisationen, waren aber doch eher Ausdruck vormoderner

Gesellschaften (vgl. Treiber und Steinert 1980, S. 53 ff.). Auch der Zusammen-
schluss der Handwerker einer mittelalterlichen Stadt in Zünften oder Gilden mag
uns vielleicht an moderne Organisationen erinnern, aber auch hier haben wir es
noch eher mit Organisationen im weiten Sinne zu tun (vgl. dazu Kieser 1989,
S. 540 ff.).

Zwar kann man frühe Formen von „Mitgliedschaft gegen Lohn" bereits
seit der Antike beobachten. Man denke nur an Söldner, die ihre Kampfkraft
dem am besten zahlenden Heeresführer zur Verfügung stellten, oder an Tage-
löhner, die ihre Arbeitskraft gegen eine Vergütung anboten. Bis zur Herausbildung der Moderne waren jedoch andere Formen der Einbindung von Personen
dominierend. Sklavenhalter verfügten über das Eigentum an der Person des
Sklaven. Lehnsherren verpflichteten ihre Leibeigenen zu Abgaben und Fron-
diensten und setzten die Erbringung diese Leistungen im Zweifelsfall mit Gewalt
durch. In Zünfte wurde man quasi hineingeboren und es war selbstverständlich,
dass man als Sohn auch den Beruf – und damit auch die Zunftmitgliedschaft –
des Vaters übernahm. Mitglied wurde man nicht qua eigener Entscheidung,
sondern durch Geburt.

Ein zentrales Merkmal all dieser Ordnungsformen der Vormoderne ist, dass
sie Personen komplett inkludierten (vgl. Prätorius 1984, S. 22 ff.). Stark vereinfacht ausgedrückt: Zum Bau der Pyramiden oder der Wasserkanäle wurden
Sklaven eingesetzt, die nicht einfach nach Feierabend nach Hause gehen oder
ihre Tätigkeit auf den ägyptischen Baustellen aufkündigen konnten. Der Eintritt
in ein Kloster war eine Lebensentscheidung, die zur Folge hatte, dass letztlich
alle Aktivitäten im Rahmen einer christlichen Lebensgemeinschaft stattfanden.
Zünfte oder Gilden waren nicht vorrangig Einrichtungen zur Absicherung von
Monopolen, sondern regulierten auch die kulturellen, politischen und rechtlichen
Beziehungen ihrer Mitglieder.

Organisationen entstanden erst in der modernen Gesellschaft mit der Aus-
bildung bürokratischer Verwaltungen, der Bildung stehender Heere mit Berufs-
soldaten, der Durchsetzung der Erziehung an Schulen und Universitäten, der
Behandlung von Kranken in Spitälern und Krankenhäusern, der Errichtung von
Zuchthäusern, der Verlagerung der Produktion in Manufakturen und Fabriken
sowie der Ausbildung von Vereinen, Verbänden, Gewerkschaften und Parteien.
Denn erst mit der Entstehung dieser Organisationen wurde es immer mehr zum
Regelfall, dass die Mitgliedschaft auf einer bewussten Entscheidung sowohl des
Mitglieds als auch der Organisation selbst basierte und gleichzeitig die Mitglieder
nicht mehr mit all ihren Rollenbezügen in die Organisation integriert waren.

Dieser Prozess setzte sich langsam in so unterschiedlichen Bereichen wie
der Religion, der Wirtschaft oder der Politik durch. Ab dem 16. Jahrhundert

wurde beispielsweise die Zwangsmitgliedschaft in Kirchen – die Untergebenen wurden zur gleichen Religionsangehörigkeit gezwungen wie ihre Herrscher – zunehmend delegitimiert. Man denke zum Beispiel an die von Zürich ausgehende Täuferbewegung, die eine von Staaten unabhängige Gemeinde von Gläubigen forderte, in der die Mitglieder nicht qua Geburt zu einer Religion zwangsverpflichtet wurden, sondern sich als Erwachsene frei bekennen konnten. Eine ähnliche Entwicklung zeigte sich im Bereich der Wirtschaft. Mit der Ausbildung einer kapitalistischen Wirtschaftsordnung setzte sich in immer mehr Staaten die Gewerbe- und Handelsfreiheit durch, die es den Bürgern ermöglichte, verschiedene Arbeitstätigkeiten aufzunehmen. Durch Aufhebung des Zunftzwanges und die Auflösung von feudalen Abhängigkeitsverhältnissen ergab sich für Arbeiter die Möglichkeit – und der Zwang –, ihre Arbeitsleistung auf den sich entwickelnden „Arbeitsmärkten" anzubieten (vgl. Marx 1962, S. 183). Weitgehend parallel entstanden auch zunehmende Möglichkeiten, sich Interessenorganisationen wie Vereinen, Parteien oder Gewerkschaften als Mitglied anzuschließen.

Doch was ist das Besondere von Organisationen wie Unternehmen, Verwaltungen, Universitäten, Schulen, Armeen oder Kirchen? Durch welche Merkmale unterscheiden sie sich von spontanen Interaktionen im Supermarkt, von Gruppen, von Familien oder von Protestbewegungen?

1.2   Zentrale Merkmale von Organisationen

Ohne je ein einziges Einführungsbuch über Organisationen gelesen oder einen einzigen Kurs über Organisationen belegt zu haben, scheinen wir zu wissen, wann wir es mit einer Organisation zu tun haben. Wir wissen intuitiv, dass uns der Einberufungsbescheid einer Armee in Kontakt mit einer Organisation bringt, dass wir mit Arminia Bielefeld eine Organisation mit all ihren Besonderheiten unterstützen, wovon uns auch das gelegentliche Auswechseln des Personals nicht abbringt und dass wir beim Kauf einer Flasche Olivenöl im Supermarkt nicht in eine Vertragsbeziehung mit der Verkäuferin, sondern mit einer Organisation namens Aldi, Lidl oder Alnatura eintreten.

Aber selbst wenn wir intuitiv begreifen, wann wir es mit einer Organisation zu tun haben, fällt es uns häufig schwer, zu bestimmen, was das Besondere von Organisationen im Vergleich zu anderen Gebilden wie Familien, Gruppen, Protestbewegungen oder auch nur alltäglichen Gesprächen ist. Der Soziologe Niklas Luhmann nutzt drei Merkmale – Mitgliedschaft, Zwecke, Hierarchien –, um die Besonderheit von Organisationen in der modernen Gesellschaft deutlich zu machen.

Mitgliedschaften

Mit der Verbreitung der Menschenrechte hat sich in der modernen Gesellschaft die Denkweise durchgesetzt, dass alle Menschen qua Geburt ein Anrecht
darauf haben, Teil der Gesellschaft zu sein. Selbst einem Nationalstaat, den man
nicht mit der Gesellschaft gleichsetzen darf, fällt es zunehmend schwer, einen
Menschen als „Unperson" zu behandeln, wie dies noch vor hundert oder zwei-
hundert Jahren möglich war. Zwar mag ein Staat einer Person den permanenten
Aufenthalt oder gar die Einreise verweigern, aber es herrscht weitgehende Einig-
keit, dass auch für diese Nichtstaatsbürger die Menschenrechte zu gelten haben.
In der Praxis mag immer wieder davon abgewichen werden, indem Personen
elementare Rechte vorenthalten werden, aber schon die Skandalisierung solcher
Praktiken in den Massenmedien verweist darauf, dass dies als Abweichung von
geltenden Normen verstanden wird (siehe Luhmann 1995, S. 16).

Die moderne Gesellschaft verzichtet weitgehend darauf, ihre „Mitglieder"
auszuschließen. Todesstrafe, Verbannung oder Ausbürgerung gehören nicht mehr
zum Standardrepertoire, mit dem Staaten versuchen, ein regelkonformes Verhalten ihrer Bürger sicherzustellen. Ein Staat mag bei Fehlverhalten seine Bürger
verurteilen, bestrafen oder ins Gefängnis stecken, aber er kann sie nicht einfach
ausschließen. Setzt ein Staat dennoch auf die aus dem Mittelalter bekannten
Prinzipien der Tötung und Verbannung, um Aufrührer loszuwerden, setzt er sich
sofort dem Vorwurf der Rückständigkeit aus. Man denke nur an die heftige Kritik
an der Todesstrafe etwa in China, Nordkorea oder den USA oder an die scharfe
Verurteilung von Ausbürgerungen durch die DDR, den Iran oder Birma.

Im Gegensatz dazu besteht ein zentrales Merkmal von Organisationen darin,
über den Eintritt und Austritt von Personen zu entscheiden, also Mitgliedschaft bestimmen zu können (Luhmann 1975a, S. 99). Die Organisation kann
darüber entscheiden, wer zu einem Unternehmen, einer Verwaltung, einer Partei
oder einem Sportverein gehört und wer nicht. Und – folgenreicher – sie kann
darüber bestimmen, wer ihr nicht mehr angehören soll, weil er den Regeln der
Organisation nicht mehr folgt. Die Organisation schafft so Grenzen, in denen
sich die Mitglieder (und eben nur die Mitglieder) den Regeln der Organisation
zu unterwerfen haben, und es hängt permanent die Drohung im Raum, dass das
Mitglied die Organisation zu verlassen hat, wenn es deren Regeln nicht befolgt
(Luhmann 1964, S. 44 f.).

Zwecke

Die moderne Gesellschaft hält sich im Gegensatz zu den Gesellschaften des Altertums oder des Mittelalters zurück, sich übergeordneten Zwecken zu verschreiben
und von ihren Bürgern die Unterwerfung unter diese Zwecke zu verlangen.

Finden sich überhaupt noch Versuche, Zwecke zum Beispiel in Verfassungen – also wiederum nur auf der Ebene des Nationalstaats – zu beschreiben, dann degenerieren sie in der Regel zu sehr abstrakten Wertformulierungen: Es soll, so die Formulierung in der Präambel der US-amerikanischen Verfassung, das „allgemeine Wohl" gefördert und „das Glück der Freiheit" bewahrt werden. Oder es soll, wie im Fall der Verfassung der russischen Föderation, das „Wohlergehen und das Gedeihen" des Landes gefördert und die Verantwortung für die „Heimat von der jetzigen und von künftigen Generationen" übernommen werden. Die Propagierung sehr allgemeiner Werte richtet vermutlich wenig Schaden an und daher pflegen Politiker diese Praxis in ihren Neujahrsansprachen intensiv (vgl. Kieserling 2005, S. 67). Problematisch wird es aber, wenn ein Staat anfängt, sich allzu stark einem engen Zweckprogramm zu verschreiben. Wir werden misstrauisch, wenn ein Staat offensiv versucht, Zwecke wie die „Verwirklichung eines marxistisch-leninistischen Menschheitsideals", die „Verkündigung von Gottes Lehre auf Erden" oder der „Verbreitung des Kapitalismus in der Welt" in konkrete Programme zu übersetzen, mit denen dann überprüft werden kann, ob wir in Einklang mit diesen Werten leben oder nicht.

Ganz anders Organisationen. Zwecke spielen hier eine zentrale Rolle: Unternehmen produzieren Güter in Form von Waren und Dienstleistungen, um damit Profite zu erzielen oder – um einen alternativen Zweck zu benennen – um die Bedürfnisse der Bevölkerung zu decken. Behörden erbringen öffentliche Dienstleistungen und setzen den von der Politik bestimmten politischen Rahmen für das Gemeinwesen durch. Gefängnisse haben den Zweck, Strafgefangene zu verwahren und – jedenfalls in manchen Ländern – zu resozialisieren. Universitäten haben einerseits den Zweck der fächerspezifischen Wissensvermittlung für junge Erwachsene und betreiben andererseits Forschung.

Organisationen, die völlig auf die Formulierung von Zwecken verzichten, würden sowohl bei den eigenen Mitgliedern als auch bei der externen Umwelt ein Höchstmaß an Irritation hervorrufen (Luhmann 1973a, S. 87 ff.). Selbst Organisationen, deren Zweck für Außenstehende auf den ersten Blick nicht ersichtlich ist, wie Clubs, Logen oder Burschenschaften, legen viel Wert darauf, sich jedenfalls in ihrer Außendarstellung zu Zwecken wie der „Förderung des Gemeinwesens", der „Pflege von guten Sitten" oder der „Unterstützung orientierungsloser Studienanfänger" zu bekennen.

Hierarchien
Auch Hierarchien verlieren in der Gesellschaft an Bedeutung (Luhmann 1997, S. 834). Es gibt in den modernen Gesellschaften keinen Herrscher mehr, der über Befehls- und Anweisungsketten direkt in die verschiedenen Lebensbereiche

der Bevölkerung hineinregieren kann. Ob eine These als wissenschaftlich wahr akzeptiert wird, entscheidet nicht eine mit Sanktionsmitteln ausgestattete Zentralinstanz. Wer ein Land regiert, wird – jedenfalls in Demokratien – nicht durch eine allmächtige Institution entschieden. Welche Produkte sich verkaufen, wird nicht hierarchisch entschieden, sondern ist das Ergebnis von Marktprozessen. Ob etwas schön ist oder nicht, kann nicht durch einen omnipotenten Kulturbeauftragten entschieden werden. Wen man liebt, ist nicht das Ergebnis hierarchischer Prozesse.

Wie die Beispiele des Irak während der Saddam-Hussein-Ära oder Afghanistan zur Zeit der Taliban zeigen, gelten Staaten, die versuchen, über einen hierarchischen Staatsaufbau in die verschiedenen Lebensbereiche hineinzuregieren, als unmodern oder gar potenziell bösartig. Die Zeiten, in denen sich Gesellschaften ohne Legitimationsprobleme strikt hierarchisch organisieren konnten, sind vorbei. Es gibt keinen König, Kaiser oder Papst mehr, der über Befehls-/Anweisungs-Ketten die verschiedenen Lebensbereiche der Bevölkerung maßgeblich beeinflussen kann (zur begrenzten Wirksamkeit von Herrschaft siehe schon Weber 1976, S. 125). Niemand würde heutzutage einen US-Präsidenten, eine Bundeskanzlerin oder den Kommissionspräsidenten der Europäischen Union als Chef oder Chefin akzeptieren. Einzige Ausnahme: Die Mitarbeiter des Präsidialamtes, des Kanzleramtes oder der EU-Kommission.

Denn im Gegensatz zu den modernen Gesellschaften sind Organisationen über Hierarchien strukturiert. Es fällt Beobachtern auf, dass weite Teile der Gesellschaft „enthierarchisiert" sind, während die Organisationen in Wirtschaft, Wissenschaft, Politik und Kunst hierarchisch strukturierte Systeme geblieben sind. Geleitet vom Traum einer hierarchisch geprägten Gesellschaft, verwies Adolf Hitler in einer Rede vor deutschen Generälen unmittelbar nach der Machtergreifung auf diese Differenz: „Jeder Mensch wisse", so Hitler, „dass Demokratie im Heer ausgeschlossen sei". „Auch in der Wirtschaft sei sie schädlich." Sein aus heutiger Sicht abstrus erscheinendes Resümee: Angesichts der Dominanz von Hierarchien in Unternehmen, Armeen, Universitäten oder Verwaltungen sei es ein Trugschluss, Demokratie in der Gesellschaft für möglich zu halten. Eine konsequente Durchstrukturierung der gesamten Gesellschaft nach dem „Führerprinzip" sei deswegen notwendig (zitiert nach Enzensberger 2008, S. 119 f.).

Aber mit der Durchsetzung von Demokratie als global akzeptierter Norm können diese Versuche zur Rehierarchisierung der Gesellschaft als weitgehend gescheitert betrachtet werden. Zu hören ist eher die umgekehrte Lesart. Es wird über die „halbierte Demokratie" geklagt und der Fortbestand von Hierarchien in

Unternehmen, Verwaltungen, Krankenhäusern, Universitäten und Schulen wird zum Anlass genommen, eine Demokratisierung dieser Organisationen zu fordern. Aber auch derartige Versuche finden überraschend wenige Anhänger. Selbst für überzeugte Demokraten scheint der Spaß an der Demokratie aufzuhören, wenn es um die interne Strukturierung von Verwaltungen, Unternehmen, Kirchen oder Universitäten geht. Man mag in Unternehmen darüber diskutieren, ob man Mitarbeitern mehr Mitspracherechte einräumen sollte; aber eine Chefin, die ihr Unternehmen als demokratisch strukturiert bezeichnet, würde sich vermutlich nicht nur bei „ihren" Mitarbeitern lächerlich machen. In einer Verwaltung mag darüber gestritten werden, ob man auf die Hierarchieebene der Sachgebietsleiter verzichten kann oder nicht, aber eine Enthierarchisierung der Verwaltung würde ganz selbstverständlich als ein Verstoß gegen die verfassungsrechtliche Ordnung bezeichnet werden.

Autonomie der Entscheidung
Von zentraler Bedeutung ist, dass Organisationen über ihre Zwecke, Hierarchien und Mitgliedschaften selbst *entscheiden* können. Von einer Organisation können wir erst dann reden, wenn ein Unternehmen, eine Verwaltung, eine Universität oder ein Krankenhaus selbst darüber verfügen kann, wer Mitglied wird und wer nicht. Wenn einer Organisation der Mitgliederbestand von außen vorgegeben wäre, würde dies ihre Möglichkeiten einschränken, an ihre Mitglieder Erwartungen zu stellen und diese Erwartungen mit Verweis auf eine drohende Kündigung auch durchzusetzen. Man denke nur an öffentliche Verwaltungen in einigen Entwicklungsländern, die ihre Mitglieder nicht selbst rekrutieren können, sondern nur Personal einer bestimmten Kaste oder einer ausgewählten Großfamilie beschäftigen dürfen und sich dieses Personals auch nicht entledigen können, wenn sie mit diesem unzufrieden sind.

Besonders deutlich wird die Entscheidungsautonomie bei Hierarchien. Im Mittelalter war es vielfach noch üblich, dass die Hierarchie beispielsweise eines Gerichts, einer Armee oder einer landwirtschaftlichen Produktionseinheit die Hierarchie der entsprechenden Gesellschaft widerspiegelte. Es wäre kaum vorstellbar gewesen, dass etwa ein Lehnsherr an einem Krieg als einfacher Soldat teilnimmt, während ein Leibeigener die Rolle des Befehlshabers übernimmt. In modernen Gesellschaften hat sich diese enge Kopplung zwischen Schichtzugehörigkeit und hierarchischem Rang innerhalb von Organisationen aufgelöst. Es fällt heutzutage schwer – wie noch bei Marx zu lesen –, die organisationsinternen Hierarchien immer auch als Ausdruck eines auf der Differenz von Kapital und Arbeit begründeten gesamtgesellschaftlichen Klassenverhältnisses zu begreifen. Die Chance, Vorstandsvorsitzender eines Unternehmens oder Chef einer Partei zu werden, mögen nach wie vor höher sein, wenn der eigene Vater oder die eigene Mutter bereits Vorstandsvorsitzende oder Parteichefin war, aber letztlich sind es in der Regel eigene Entscheidungen der Organisation, die die Besetzung hierarchischer Positionen bestimmen.

Ähnlich zentral ist auch die Autonomie bei der Bestimmung von Zwecken. Wenn eine Organisation über ihre Zwecke nicht selbst entscheiden kann, sondern diese von außen verordnet bekommt, dann hat sie nur begrenzte Möglichkeiten, eine eigene Identität zu pflegen. Sie wird in diesem Fall nur als Handlanger einer anderen, mächtigeren Organisation wahrgenommen und wird kaum verhindern können, dass der Eindruck entsteht, sie sei lediglich die Abteilung einer größeren Organisation. Wenn von der Befreiung von Unternehmen aus einer zentralistischen Produktionsplanung, von der Autonomie von Universitäten durch das „Hochschulfreiheitsgesetz" oder von der Verselbstständigung von Schulen gesprochen wird, wird damit immer auch markiert, dass diese Organisationen über ihre Zweckausrichtungen selbstständig entscheiden können.

Selbstverständlich sind Organisationen in ihren Entscheidungen nie völlig frei – schließlich sind sie immer auch Teil der Gesellschaft mit ihren rechtlichen Normierungen, politischen Einschränkungen und wirtschaftlichen Begrenzungen. Ein Unternehmen kann – jedenfalls in der westlichen Welt – nicht einfach entscheiden, aus Effizienzgründen vorrangig Arbeitnehmerinnen und Arbeitnehmer in der Altersklasse von 8 bis 12 Jahren einzustellen. Eine Verwaltung muss damit rechnen, dass nach einer Wahl Spitzenpositionen nicht einzig und allein nach dem Kriterium der Fachqualifikation besetzt werden, sondern dass die Zugehörigkeit zu bestimmten Parteien ebenfalls von Bedeutung ist. Eine Unternehmung mag sich entscheiden, vom Geschäft des Objektschutzes zum Geschäft der Schutzgelderpressung zu wechseln, muss aber damit rechnen, dass dieser Zweckwechsel von den Strafverfolgungsbehörden nicht ohne Weiteres akzeptiert wird. Zentral ist jedoch, dass Organisationen innerhalb der Beschränkungen durch geltendes Recht, politische Vorgaben oder wirtschaftliche Knappheiten über ihre Zwecke, Hierarchien und Mitgliedschaften selbst disponieren – selbst entscheiden – können.

Mitgliedschaft, Zwecke und Hierarchien 2

Wenn man Mitglieder von Organisationen befragt, wie ihre Unternehmen, Universitäten, Kirchen, Parteien oder Verwaltungen funktionieren, erhält man häufig eine überraschend einfache Darstellung. Man braucht sich nur die Präsentationen anzusehen, mit denen die Mitarbeiter von Versicherungsunternehmen versuchen, die Ziele oder den Aufbau ihrer Organisation darzustellen, die Broschüren, mit denen öffentliche Verwaltungen auf Bewerbermessen ihren Beamtennachwuchs zu rekrutieren suchen, oder die Websites, mit denen Greenpeace, der WWF oder eine Gewerkschaft Mitglieder werben: Immer erscheinen die Organisationen mit klaren Zwecken ausgestattet, die durch eine möglichst effiziente, in der Regel hierarchisch strukturierte Organisationsform und mit einem selbstverständlich gut geschulten Personalbestand verfolgt werden sollen.

Ein einfaches Bild: Von Zwecken zu Hierarchien zu Mitgliedern
Auch wenn man es beim ersten Blick auf die Präsentationen, Werbebroschüren oder Websites nicht immer sofort erkennt: Letztlich wird auf der Schauseite der Organisation immer mit den drei „Zutaten" von Organisationen – also mit Zwecken, Hierarchien und Mitgliedschaften – ein relativ simples Bild von Organisationen als Zweckgebilden gezeichnet. Ein oberster Zweck – die Produktion von Autos, die Ausbildung von Studierenden, die Folter von Regimekritikern oder die Seelsorge für Todkranke – wird in Organisationen in Unterzwecke und Unter-Unterzwecke zerlegt. Für deren Erreichung wird jeweils ein Bereich, eine Abteilung oder ein Team innerhalb der Organisation hierarchisch als zuständig benannt und für die so geschaffenen Positionen werden geeignete Mitglieder rekrutiert.

© Springer Fachmedien Wiesbaden GmbH, ein Teil von Springer Nature 2020
S. Kühl, *Organisationen*, https://doi.org/10.1007/978-3-658-29832-6_2

Am Anfang ist der Zweck

Am Anfang wird dabei immer der Zweck gesehen. Schließlich, so die Auffassung, sei der „Urzweck" letztlich der Grund für die Existenz der Organisation, von dem aus alles, was in der Organisation abläuft, verstanden werden müsse und der letztlich als Richtschnur allen organisatorischen Handelns diene. Ganz gleich, was der Zweck der Organisation ist – die Produktion von Energiesparlampen, die Erstellung von Webauftritten für Handwerker, die Verfolgung von Kriminellen, die Durchführung von Revolutionen auf karibischen Inseln oder die Verhinderung von Atomkraftanlagen –, die Existenzberechtigung von Organisationen wird in diesem Verständnis *nur* in der Erfüllung dieser Zwecke gesehen.

Diese Benennung von Zwecken als Ausgangspunkte für Organisationen kennt man aus den traditionellen Beschreibungen durch die betriebswirtschaftliche, soziologische und psychologische Organisationsforschung, die Organisationen in der Regel mit Hinweis auf ihre Ziele und die für diese Ziele in Anschlag gebrachten Mittel bestimmen. Unter einer Organisation wird dann beispielsweise das „planmäßig koordinierte und zielorientierte Zusammenwirken von Menschen zur Erstellung eines gemeinsamen materiellen oder immateriellen Produkts" verstanden (Müller-Jentsch 2003, S. 12). Oder Organisationen werden als „soziale Gebilde" bestimmt, die „dauerhaft ein Ziel verfolgen und eine formale Struktur aufweisen, mit deren Hilfe die Aktivitäten der Mitglieder auf das verfolgte Ziel ausgerichtet werden sollen" (Kieser und Walgenbach 2003, S. 6).

Der Zweck einer Organisation könne dann, so das übliche Organisationsverständnis, in eine Vielzahl von Unterzwecken zerlegt werden. Der Ökonom Adam Smith illustrierte diesen Gedanken mit dem berühmten Beispiel der Stecknadelproduktion. Während ein einzelner ungelernter Arbeiter vermutlich nicht einmal zwanzig Stecknadeln an einem Tag herstellen könne, lasse sich, so Smith, die Produktion durch die Aufspaltung des Zweckes „Stecknadelproduktion" in eine Vielzahl von Unterzwecken enorm steigern. Durch die Ausbildung von Unteraufgaben wie Ziehen des Drahtes, Abschneiden des Drahtes, Abrundung des einen Drahtendes, Aufsetzen des Nadelkopfes sei es möglich, dass sich jede Person auf eine solche Unteraufgabe spezialisiere und so mit zehn Personen insgesamt 48 000 Nadeln pro Tag hergestellt werden können (Smith 1999, S. 11).

In Organisationen können dann komplexe Zweck-Mittel-Ketten gebildet werden, in denen jeder Zweck nur ein Mittel ist, um einen weiter entfernt liegenden Zweck zu erreichen, der seinerseits ebenfalls lediglich ein Glied in einer Kette weiterer Zwecke ist. „Der Überraschungsangriff an der Front dient", so ein Beispiel des Organisationsforschers und Nobelpreisträgers Herbert Simon, „dem Zweck, eine feindliche Stellung einzunehmen; die Eroberung der Stellung dient dann wiederum dazu, die feindliche Front zu durchbrechen; die Durchbrechung der feindlichen Front hat den Zweck, den Feind zur Kapitulation zu zwingen; die Kapitulation des Feindes dient dem Zweck, den Sieg mit einem Friedensvertrag zu beschließen; der Sieg dient dem Zweck, die Macht des Staates, für den man gekämpft hat, zu stärken" (Simon 1957, S. 45 ff.).

Die Organisation erscheint aus dieser Perspektive lediglich als „Organon" – als „Werkzeug", als „Instrument" –, mit dem der allgegenwärtige Zweck erreicht werden kann. Sie ist ein „Organ", mit dem Inputs in der Form von Rohstoffen, Maschinen oder Arbeitskraft in einen angestrebten Output in Form von Produkten, Dienstleistungen oder geheilten, geschulten beziehungsweise sicher verwahrten Klienten transformiert werden können.

Verantwortung in der Hierarchie

In diesem simplen Organisationsverständnis kann jetzt jeder Zweck, jeder Unterzweck und jeder Unter-Unterzweck mit einer Position in der Hierarchie korreliert werden. Die Zweck-Mittel-Struktur wird letztlich mit dem hierarchischen Aufbau parallelgeschaltet (vgl. dazu bereits Weber 1976, S. 125). Die Führung definiert, auf welche Weise die Organisation ihre Zwecke erreichen will. Die Handlungen, die als Mittel zur Erreichung des Zweckes erforderlich sind, werden „dann den Untergebenen als Aufgabe zugewiesen". Diese „delegieren dann ihrerseits Unteraufgaben an Unterinstanzen", bis der „Boden der Hierarchie", die unmittelbare Ausführungsebene, erreicht ist (Luhmann 1971a, S. 96 f.). Letztlich spiegelt die hierarchische Stellenordnung dann nur die „Ordnung von Zwecken und Mitteln" einer Organisation wider (Luhmann 1973a, S. 73).

Durch die „Parallelschaltung" der Zweck-Mittel-Relation mit der hierarchischen Oben-Unten-Unterscheidung entstehen übersichtliche Organisationsanalysen. Angenommen, die Unternehmensführung entscheidet sich, Weltmarktführer für Bohrerkassetten zu werden – jene kleinen Behältnisse, in denen die kleinen und großen Aufsätze der Bohrmaschine sauber geordnet werden können. Der Unternehmenschef, letztlich für den Zweck „Weltmarktführer für Bohrerkassetten" verantwortlich, legt fest, mit welchen Mitteln dieses Oberziel am besten erreicht werden kann und wer dafür verantwortlich ist. Er stellt beispielsweise fest, dass man zur Erreichung des Ziels „Weltmarktführer" den US amerikanischen Markt „erobern" muss, und ernennt eine Vertriebsleiterin, die er für die Erreichung dieses Ziels verantwortlich zeichnet und die für ihre Untergebenen wiederum Unterziele definiert. So wird für jedes noch so kleine Ziel in der hierarchischen Struktur eine verantwortliche Position definiert.

Auswahl der richtigen Mitglieder

Wenn jede Position in der Hierarchie für ein bestimmtes Aufgabenspektrum zuständig sei, dann müsse, so dieses relativ einfache Organisationsverständnis, die jeweilige Position nur noch mit einer geeigneten Person besetzt werden. „Wähle die am besten geeignete Person aus, die einen Job ausführen kann", dies war schon Anfang des zwanzigsten Jahrhunderts das Mantra des Rationalisierungsexperten Frederick Taylor (1979, S. 44; siehe Morgan 1986, S. 23). Max Weber (1976, S. 126) formuliert fast zeitgleich denselben Gedanken, wenn er feststellt, dass jede Aufgabe in einer Organisation immer durch einen „nachweislich erfolgreich Fachgeschulten" erledigt werden muss, um den Ansprüchen an eine rationale Organisation gerecht zu werden.

Wichtig ist, dass nach diesem Organisationsverständnis also immer erst eine Aufgabe definiert werden muss; erst in einem zweiten Schritt wird eine Person für genau diese Aufgabe ausgewählt. Betriebswirte sprechen hier vom „Ad-rem-Prinzip". Das Zuschneiden von Stellen auf eine bereits eingestellte Person – das sogenannte Ad-personam-Prinzip – kann lediglich als eine Pathologie verstanden werden, die bestenfalls in Ausnahmefällen vorstellbar ist. Die Wahl von Personen sollte sich, so die Logik, immer nach den Aufgaben richten, nicht umgekehrt die Wahl von Aufgaben nach den Personen (Luhmann 1971c, S. 209).

Dafür wird, so die Vorstellung, erst einmal eine sorgfältige Analyse der Aufgabe durchgeführt. Es wird also geklärt, was zu tun ist (Merkmale der Verrichtung), woran etwas zu tun ist (zu veränderndes Objekt), womit etwas zu tun ist (nutzbare Mittel), wo etwas zu tun ist (Arbeitsraum) und wann etwas zu tun ist (zur Verfügung stehende Zeit). Anschließend wird in der Analyse der Arbeit festgelegt, wie etwas zu tun ist (Definition der Vorgehensweise). Erst nach dieser Bestimmung der Aufgabe wird definiert, welche Qualifikation das mit dieser Aufgabe zu betrauende Mitglied erfüllen muss.

Die Personalselektion soll dabei – so die Vorstellung – einzig und allein nach den für die Organisation wichtigen Kriterien stattfinden. Die ethnische Herkunft, der Schichthintergrund, das Geschlecht oder die sexuelle Orientierung sollen keine Rolle spielen – oder eben nur dann, wenn sie sich als für die Organisation funktional nachweisen lassen. In Untersuchungen wird immer wieder festgestellt, dass auf Spitzenpositionen in der Wirtschaft überproportional viele Personen mit Oberschichthintergrund zu finden sind (vgl. Hartmann 2002, S. 117 ff.). Das kann entweder mit einem – für die Leistungsfähigkeit der Organisation problematischen – gegenseitigen Zuschanzen von Positionen in Oberschichtcliquen erklärt werden oder – im Sinne einer rationalen Personalselektion – damit, dass die Sozialisation in Oberschichtfamilien von dem sonst

in Organisationen herrschenden Konformitätsdruck befreit ist und so ein auf
Wandel ausgerichteter Entscheidungsstil gefördert wird, der besonders in
Spitzenpositionen gefragt ist (vgl. Itschert 2013 zu dieser umstrittenen These).
In mittleren Führungspositionen sei, so die Beobachtung, dagegen besonders
Stressresistenz gefragt, weil dort in der „Sandwich-Position" zwischen „ganz
oben" und „ganz unten" die unterschiedlichsten Ansprüche und Erwartungen miteinander in Einklang gebracht werden müssten. „Ganz unten" in der Organisation
seien wiederum andere Fertigkeiten gefragt – z. B. die Bereitschaft, auch
stupide Aufgaben ohne Murren zu erledigen. Gerüchteweise führten deswegen
US-amerikanische Unternehmen – in der Tradition von Frederick Taylor – bei
der Personalselektion für „einfache Arbeiten" Intelligenztests durch – nicht etwa,
um die Bewerber mit dem meisten Potenzial zu rekrutieren, sondern diejenigen
mit geringer Intelligenz, um so sicherzustellen, dass Unzufriedenheit mit den
stupiden Aufgaben gar nicht erst aufkommt.

Natürlich kann umstritten sein, welches die richtigen Personen für einen Job
sind. Sind Personen mit Oberschichtherkunft wirklich besser für Spitzenpositionen
in der Wirtschaft geeignet? Kommt es auf mittleren Führungspositionen wirklich
vorrangig auf Stressresistenz an? Könnte es für Positionen „ganz unten" in der
Organisation nicht auch von Vorteil sein, wenn die potenziellen Stelleninhaber
nicht allzu dumm sind? Bei allen Kontroversen herrscht – so jedenfalls die Überzeugung – Übereinstimmung darin, dass sich durch wissenschaftlich abgesicherte
Auswahlverfahren die richtigen Personen finden lassen.

**Die Attraktivität und die Grenzen eines zweckrationalen Organisationsver-
ständnisses**
In der Organisationsforschung wird diese Sichtweise mit kompliziert klingenden
Namen wissenschaftlich ausgeflaggt: „zweckrationales Modell" (Weber 1976,
S. 12 f.), „rationale Sichtweise" (Gouldner 1959) oder „mechanisches System"
(Burns und Stalker 1961). Der Reiz dieser Sichtweise von Organisationen ist
offensichtlich: Ist erst einmal der Zweck der Organisation festgelegt, kann die
gesamte Organisation von diesem Ausgangspunkt aus durchanalysiert werden.

Die Orientierung an einem übergeordneten Zweck schließt natürlich heftige
Diskussionen darüber ein, welches Organigramm am besten geeignet ist, um den
Zweck zu erreichen, und welches Personal man einstellen sollte. Aber diese Diskussionen können immer im Hinblick auf den übergeordneten Zweck geführt
werden. Kommt es dabei zu falschen Markteinschätzungen, zum Versagen von
Teilezulieferern oder zur Leistungsverweigerung einzelner Mitarbeiter, kann das
im Hinblick auf den Zweck ganz einfach als „Abweichung" markiert werden,
ohne dass man von der Orientierung am jeweiligen Zweck abweichen müsste.

Die Perspektivengleichheit von Management, Beratung und Wissenschaft
Der Charme dieses Modells besteht darin, dass sich die Perspektiven von
Managern, Beratern und Wissenschaftlern auf Organisationen nicht prinzipiell
unterscheiden müssen. Das Management kann mit Verweis auf den Zweck
der Organisation seine Optimierungsvorstellungen begründen. Gibt es
organisatorische Einheiten in der Organisation, die nicht deutlich machen können,
worin ihr Beitrag zur Erreichung des Oberzweckes besteht – weg damit. Existiert
Personal, dessen Tätigkeiten sich nicht als Mittel zur Erreichung des Oberzweckes verstehen lassen – wegrationalisieren. Die unterschiedliche Perspektive
der Arbeitnehmervertreter äußert sich dann lediglich darin, dass sie die Ober-
zwecke anders definieren – Existenzsicherung für die Mitarbeiter – und deswegen bei der Zerlegung in Unterzwecke zu anderen Resultaten kommen als das
Management.

Berater können diese zweckrationale Perspektive einfach übernehmen. Ihre
Aufgabe besteht darin, dem Management oder den Arbeitnehmervertretern
nach einer möglichst vollständigen Sammlung von Informationen und einem
sorgfältigen Abwägen von Alternativen geeignetere Mittel zur Erreichung des
Oberzweckes vorzuschlagen. Dafür wird tief in die Werkzeugkiste gegriffen:
Agiles Management, Design Thinking, Business Process Reengineering,
Portfolio-Management, Zero-Base-Budgeting, Time-Based-Competition,
Shareholder-Value-Konzept, Kaizen oder Poka-Yokes – ganz gleich, welche
gerade neu erfundene Methode propagiert wird, immer geht es darum, bessere
Mittel zur Zweckerreichung vorzuschlagen.

Wenn Wissenschaftler diese zweckrationale Perspektive übernehmen, dann
haben sie in der Regel keine Kommunikationsprobleme mit deren Anhängern
in der Praxis. Stark vereinfacht: Gerade nahe an der Organisationspraxis ausgerichtete Disziplinen wie die Pädagogik, die Betriebswirtschaftslehre, die
Arbeitswissenschaft oder die Gesundheitswissenschaft verstehen es häufig als
eine ihrer zentralen Aufgaben, die Zweckerreichung von Unternehmen, Verwaltungen oder Krankenhäusern durch eine wissenschaftlich fundierte Suche
nach „richtigen Mitteln" zu unterstützen. Ganz selbstverständlich wird davon ausgegangen, dass die mit aufwendigen Methoden für Unternehmen, Verwaltungen,
Krankenhäuser oder Gewerkschaften produzierten Einsichten gleichzeitig auch
gute Wissenschaft sind – oder wenigstens sein können.

Die Alternative – Beschreibungen von Organisationen so, „wie sie sind"
Aber leider ist die Sache nicht so einfach. Erfahrungen nicht nur von
Organisationswissenschaftlern, sondern besonders auch von Praktikern zeigen,
dass die Realität wenig mit diesem vereinfachten zweckrationalen Verständnis

von Organisationen zu tun hat. Die Beispiele des deutsch-französischen Techno-
logiekonzerns Airbus, der deutschen Arbeiterwohlfahrt oder US-amerikanischer
Stahlkonzerne zeigen, dass einige der langlebigsten Organisationen dadurch
gekennzeichnet sind, dass sie sich über ihre Zwecke häufig selbst nicht im Klaren
sind und der Mitteleinsatz nicht gerade als besonders effizient und effektiv
bezeichnet werden kann. Häufig werden in Organisationen die Hierarchien
nicht im Hinblick auf einen Zweck gebildet, sondern es werden für die bereits
existierenden Kommunikations- und Entscheidungswege die entsprechenden
Zwecke gesucht. Darüber hinaus hat man nicht selten den Eindruck, dass in
Organisationen nicht für genau definierte Stellen das geeignete Personal gesucht
wird, sondern vielmehr für vorhandenes Personal Stellen geschaffen werden.
Das Leben in Organisationen scheint viel wilder zu sein, als das zweckrationale
Organisationsverständnis es suggeriert.

Statt Abweichungen vom Zweckrationalitätsmodell schlicht als Pathologie
zu bezeichnen und diese zum Anlass für immer neue Optimierungsversuche zu
nehmen, hat es sich in der Organisationsforschung durchgesetzt, Organisationen
so zu beschreiben, wie sie in „Wirklichkeit" sind, und nicht, wie sie nach dem
Traum einer zweckrationalen Ausrichtung eigentlich sein sollten. Erst so kann
– allein beim Blick auf die drei zentralen Merkmale Zwecke, Hierarchien und
Mitgliedschaft – ein komplexes, aber realitätsnahes Bild davon entstehen, wie
Organisationen funktionieren, wie sie aufgebaut sind und wie man sich als Mitglied in ihnen bewegen kann. Dabei werden die vielfältigen Bestrebungen nach
Zweckrationalität von Managern, Beratern und anwendungsorientierten Wissenschaftlern nicht aus dem Blick verloren, aber sie werden lediglich als Rationali-
tätshoffnung, häufig auch nur als Rationalitätsphantasie in eine umfassendere,
realitätsnähere Organisationsbeschreibung integriert.

2.1 Mitgliedschaften – das magische Mittel zur Herstellung von Konformität in Organisationen

Es kann eine einschneidende Erfahrung für Kinder sein, wenn sie ihre Mutter
oder ihren Vater das erste Mal an deren Arbeitsplatz beobachten können. Irgendwie scheinen diese sich dort ganz anders zu verhalten als zu Hause. Die liebende
und sorgende Familienmutter regiert als Macherin in „ihrem" Unternehmen mit
harter Hand. Der zu Hause so autoritär auftretende Vater ordnet sich überraschend
schnell unter, sobald seine Chefin den Raum betritt. Mühsam lernt das Kind, dass
die eigenen Eltern sich „ungewohnt", ja „komisch" verhalten, sobald sie sich in
einer Organisation bewegen.

Organisationen scheinen ihre Mitglieder zu ungewohntem Verhalten – und auch zum Ertragen ungewohnten Verhaltens – zu bringen. „Ja", so der russische Revolutionsführer Wladimir Iljitsch Lenin, „das nennt man Organisation, wenn im Namen eines Zieles, beseelt von einem Willen, Millionen Menschen die Form ihres Verkehrs und ihres Tuns ändern, Ort und Methoden ihrer Tätigkeit ändern, Werkzeuge und Waffen wechseln" (Lenin 1977, S. 256; siehe dazu auch Endruweit 2004, S. 31). Auch wenn Lenin vorrangig an durch Zwang zusammen-gehaltene Armeen oder an durch hohe Zweckidentifikation gekennzeichnete revolutionäre Organisationen dachte, hätte er prinzipiell eine ähnliche Euphorie angesichts des auf ein Ziel ausgerichteten Gleichklangs von Menschen auch angesichts von Großunternehmen, Staatsverwaltungen oder Universitäten ent-wickeln können.

In einem an den Philosophen Michel Foucault anschließenden Strang der Organisationsforschung wird dieses „komische Verhalten" von Organisationsmit-gliedern zum Anlass genommen, subtile Kontrollstrategien der Organisationen zu vermuten. Es gibt, so die Annahme, eine „Machtwirkung von Regel-systemen", die den „alltäglichen Handlungen, Praktiken und Diskursen inne-wohnen" (Moldaschl 2002, S. 153 ff.). Der Verdacht angesichts des Verhaltens von Organisationsmitgliedern besagt: Sie können sich doch nicht wirklich so ver-halten wollen, wie sie es gerade tun.

Wie kommt es aber, dass sich Menschen in Organisationen in diesen Gleich-klang einfügen und sich häufig ganz anders verhalten, als es ihre Mitmenschen sonst von ihnen gewohnt sind?

Der Clou: Die Produktion von Konformität durch die Konditionalisierung von Mitgliedschaft
Der Mechanismus, mit dem Organisationen „ungewohntes Verhalten" von Personen produzieren – jedenfalls aus der Sicht von Beobachtern, die sie aus anderen Rollen kennen –, ist simpel. Organisationen stellen an ihre Mitglieder die Erwartung, dass diese auch für sie ungewöhnliche Verhaltenserwartungen erfüllen müssen – jedenfalls, wenn sie Mitglied werden oder Mitglied bleiben wollen. „Nur wer die Regeln der Organisation anerkennt, kann überhaupt in die Organisation eintreten. Wer sie nicht mehr befolgen will, muss aus-treten" (Luhmann 2005, S. 50). Es kommt offensichtlich nicht gut an, wenn man beim Einstellungsgespräch erklärt, dass man zwar die Grundausrichtung der Organisation bejaht, aber nicht bereit ist, alle Regeln der Organisation zu akzeptieren. Solange eine Person Mitglied einer Organisation bleiben will, muss sie sich, so die Soziologin Renate Mayntz, im „Rahmen der Regelordnung" ver-halten, die sie „mit ihrem Beitritt akzeptiert hat" (Mayntz 1963, S. 106).

Die Unterwerfung von Mitgliedern unter die von der Organisation mitgeteilten Bedingungen wird als Anpassung an die *formalen Erwartungen* der Organisation bezeichnet (siehe schon früh Luhmann 1962, S. 13). Solche Bedingungen für die Mitgliedschaft können über Stellenbeschreibungen, Arbeitsanweisungen oder Stellungsbefehle schriftlich mitgeteilt werden. Manchmal wird von den Mitgliedern auch verlangt, dass sie den Erhalt eines Befehls, einer neuen Regel oder eines neuen Unterordnungsverhältnisses schriftlich quittieren, um den Charakter als Mitgliedschaftsbedingung hervorzuheben. Häufig werden die formalisierten Erwartungen aber lediglich von einer durch die Organisation ernannten Person – beispielsweise einer Chefin oder einem Chef – mündlich kommuniziert. Ganz gleich, welche Form gewählt wird – wichtig ist, dass das Organisationsmitglied erkennt, welche Erwartungen der Organisation zu erfüllen sind, um weiterhin Mitglied der Organisation bleiben zu können, und dass alle anderen sich darauf verlassen können, dass das Mitglied das begriffen hat.

Was bewirkt dieser Mechanismus der Formalisierung? Warum können Organisationen nicht darauf verzichten?

Effekt: Die Produktion von Konformität
Nur weil Organisationen in der Lage sind, die Mitgliedschaft ihrer Beschäftigten an Bedingungen zu knüpfen, können sie ein so hohes Maß an Folgebereitschaft ihrer Mitglieder erreichen. Die Organisation erklärt einfach alles, was sie für gut und wichtig hält, zur Mitgliedschaftsbedingung. Wenn man in einer Berufsarmee die Bereitschaft der Soldaten benötigt, Wahlen im Kongo abzusichern und dafür auch eine sechsmonatige Trennung vom Lebenspartner in Kauf zu nehmen, dann erhebt man diese Einsatzbereitschaft kurzerhand zur formalen Erwartung. Entweder man macht mit oder man muss die Organisation verlassen.

Erst diese Möglichkeit, die Mitgliedschaft an vielfältige Bedingungen zu knüpfen, macht erklärlich, warum es in Organisationen so erfolgreich gelingt, wenigstens an der Oberfläche Konformität in den Handlungen zu produzieren. Das „unbeständige", teils auch „träge" und „starrsinnige", jedenfalls tendenziell launenhafte „Individuum" wird durch die Androhung des Entzugs der Mitgliedschaft „domestiziert" (Schimank 2005, S. 36). Selbstverständlich wird in Organisationen permanent über inkompetente Führungskräfte gelästert, die neueste Entscheidung des Managements kritisiert oder sogar versteckte Sabotage betrieben, aber ein „offenes Rebellentum" gibt es äußerst selten. Man murrt und grummelt, führt dann aber doch aus, was die Organisation als Mitgliedschaftsbedingung formuliert.

Dieser Konformitätseffekt von Organisationen wird gerade im Vergleich zu anderen sozialen Gebilden deutlich, die die Mitgliedschaft nicht in der gleichen

Form als entscheidbar behandeln können. In solchen Gebilden – man denke beispielsweise an Familien, Beziehungen zwischen Nachbarn oder Interaktionen in Freundeskreisen – ist es nicht möglich, ähnliche Formen der Übereinstimmung herzustellen wie in Organisationen. Einem Kind, das auf die Aufforderung der Mutter, die Küchenwände nicht mit Stiften zu beschmieren, mit einem trotzigen „Ist mir egal" reagiert, kann nicht einfach die Familienmitgliedschaft gekündigt werden. Als Folge davon, dass Familienmitgliedschaften nicht gekündigt werden können, kann eine Form von physischer Gewaltanwendung auftreten, wie wir sie aus Verwaltungen, Unternehmen, Kirchen und Universitäten normalerweise nicht kennen.

Zum Aufwerfen der Mitgliedschaftsfrage
Das Besondere an der Mitgliedschaftserwartung ist, dass diese bereits dann verletzt ist, wenn man als Mitglied eine einzige Anforderung der Organisation nicht erfüllt. Wer „*eine* Weisung seines Vorgesetzten" nicht annimmt oder „*einer* Vorschrift aus Prinzip die Anerkennung verweigert", rebelliert, so Niklas Luhmann (1964, S. 63), gegen „*alle* formalen Erwartungen" der Organisation. Die explizite Aussage eines Sachbearbeiters des Bafög-Amtes gegenüber seiner Chefin, dass er ihr die angeforderte Akte einer Studierenden nicht zur Verfügung stellen wird, löst ja nicht deswegen erhebliche organisatorische Unruhe aus, weil diese eine Akte für die Arbeit des Bafög-Amtes unerlässlich ist, sondern weil die Ablehnung auch nur dieser kleinen Anweisung als Rebellion gegen alle formalisierten Erwartungen der Organisation interpretiert werden muss. Die Kritik des Kapitäns einer Nationalmannschaft, dass die Personalentscheidungen des Trainers „unehrlich" und „respektlos" seien, kann an sich berechtigt sein. Sie kann jedoch von der Organisation deshalb nicht hingenommen werden, weil damit die Autorität des Trainers – und damit letztlich der kompletten Entscheidungsstruktur – in Frage gestellt wird. Eine solche Auflehnung wird deshalb nur dann ertragen, wenn sich der Kapitän sowohl persönlich als auch öffentlich für die Äußerung entschuldigt und sich damit zu den Mitgliedschaftsbedingungen bekennt.

Nur über diese Fokussierung der zentralen Mitgliedschaftsregel auf auch nur *eine* explizite Missachtung können Organisationen eine Generalisierung – also Verallgemeinerung – von formalisierten Verhaltenserwartungen zustande bringen, die in der modernen Gesellschaft sonst kaum noch vorzufinden ist. Bei jeder Kommunikation innerhalb einer Organisation läuft beim Mitglied im Hintergrund die Frage mit, ob es sich gerade den formalen Erwartungen der Organisation entsprechend verhält oder nicht und ob es mit einer Ablehnung einer formalen Erwartung die Mitgliedschaft aufs Spiel setzt. Die Frage, die gerade bei problematischen Anforderungen im Raum steht, ist: „Kann ich Mitglied bleiben, wenn ich diese und jene Zumutung offen ablehne?" (Luhmann 1964, S. 40).

Einschränkung und Rettung: Das Unterleben
Selbstverständlich gibt es vielfältige Abweichungen von den formalen Erwartungen der Organisation. Das Leben in der Organisation ist viel wilder, als es im schriftlich niedergelegten Regelwerk und den mündlich kommunizierten Anweisungen von Vorgesetzten zum Ausdruck kommt. Es gibt ein bedeutendes „Unterleben" in Organisationen, das man nicht erfasst, wenn man nur die formalisierten Erwartungen an die Mitglieder betrachtet.

Trotzdem orientiert sich – und das darf man nicht verkennen – das Verhalten in Organisationen an den formalen Erwartungen. Zumindest stehen diese formalen Erwartungen immer in Reserve zur Verfügung. Man kann sie bei Bedarf zitieren, wenn beispielsweise ein Untergebener – oder aber auch ein Vorgesetzter – überzogene Forderungen stellt. Oder man kann sich auf sie zurückziehen, wenn man auf der sicheren Seite sein will (Luhmann 2005, S. 60).

Eine Vielzahl von Bedingungen kann an Mitgliedschaft gebunden werden
Mit der Mitgliedschaft in einer Organisation muss eine Vielzahl von unterschiedlichen Bedingungen akzeptiert werden. So muss man sich zu den *Zwecken* der Organisation – oder wenigstens zu einem der relevanten Unterzwecke – bekennen, wenn man Mitglied der Organisation bleiben will. Es wird nicht erwartet, dass man als Hobby Atomwaffen bastelt, Brillentücher produziert oder Immobilienfonds verkauft. Wird man jedoch Mitglied einer Rüstungsfirma, eines Chemiekonzerns oder einer Bank, dann muss man die Erreichung dieser Zwecke – wenigstens in der Arbeitszeit – zu seinem eigenen Ziel machen. Auch die *Hierarchien* der Organisation müssen akzeptiert werden. Man muss Anweisungen von Organisationsmitgliedern akzeptieren, wenn sie in der Hierarchie als unmittelbar vorgesetzt markiert sind, und zwar unabhängig davon, ob man den Chef oder die Chefin als Person respektiert oder die Anweisung für sinnig hält (interessant schon vor Luhmann mit Verweis auf Weber Mayntz 1963, S. 106). Auch andere *Mitglieder* der Organisation müssen akzeptiert werden, wenn man selbst Mitglied der Organisation bleiben will. Im Leben außerhalb der Organisation mag man den „kleinen Arschlöchern" weitgehend ausweichen können, in der Organisation ist das nicht möglich, weil die Zusammenarbeit mit ihnen Mitgliedschaftsbedingung ist (siehe jedoch zu den begrenzten Fluchtmöglichkeiten vor „kleinen Arschlöchern" außerhalb von Organisationen grundlegend Moers 1990).

Indifferenzzonen in der Organisation
Vieles, was ein Organisationsmitglied leisten muss, kann vor Eintritt in eine
Organisation nicht genau spezifiziert werden. Den Mitarbeitern eines Krankenhauses, einer Schule oder eines Unternehmens kann vorher nicht genau mitgeteilt
werden, welche Aufgaben auf sie zukommen werden. Zwar kann ihnen eine Vorstellung davon vermittelt werden, welche Zwecke die Organisation erfüllt und
welche Tätigkeiten dafür ausgeführt werden müssen, aber welche Aufgaben-
pakete genau sich für das einzelne Mitglied daraus ergeben, kann nur schwer im
Vorfeld definiert werden. Es kann einem Mitglied zwar bei einem Bewerbungs-
gespräch gesagt werden, wo es in der Hierarchie voraussichtlich verortet sein
wird, aber das Mitglied muss akzeptieren, dass die Organisation sich die genaue
Zuordnung vorbehält. Auch die künftigen Arbeitskollegen, die Mitglieder der
Organisation, mit denen zusammengearbeitet werden muss, können nur grob dargestellt werden.

Hierin liegt der Unterschied zwischen einem Werkvertrag und einem Arbeitsvertrag. Mit einem Werkvertrag kauft die Organisation eine genau spezifizierte
Leistung ein. Es ist detailliert festgelegt, welche Aufgabe bis zu welchem Zeit-
punkt zu erledigen ist und wer der Empfänger der Leistung ist. Mit einem
Arbeitsvertrag dagegen erwirbt die Organisation die Zeit der Mitglieder nur
in einer sehr abstrakten Form. Das Organisationsmitglied stellt mit dem Unter-
zeichnen eines Arbeitsvertrages eine Art „Blankoscheck" aus und erklärt sich
bereit, seine Arbeitskraft, seine Fähigkeit, seine Kreativität gemäß der ihm
gestellten Aufgabe einzusetzen. Es verzichtet darauf, dass im Detail fest-
geschrieben wird, worin seine Leistungen zu bestehen haben (Commons 1924,
S. 284). Der Organisationsforscher Chester Barnard bezeichnet diese nicht vorher
spezifizierten Bereiche, in denen von Mitgliedern Folgebereitschaft erwartet wird,
als *„Indifferenzzonen"* – also als „Zonen" der Organisation, in denen sich die
Mitglieder gegenüber der Organisation „indifferent" zu verhalten haben (Barnard
1938, S. 168 ff.).

Grenzen von Erwartungen an Mitglieder
Viele Erwartungen von Organisationen fallen eindeutig in die Indifferenzzone,
die man als Organisationsmitglied zu akzeptieren hat. Polizisten müssen damit
rechnen, dass sie Kriminelle jagen werden, studentische Hilfskräfte, dass sie
Bücher kopieren müssen und Professoren, dass sie in ihrem Fach Studierende
unterrichten müssen. Etliche Erwartungen aber, die an Organisationsmitglieder
gestellt werden können, fallen deutlich aus der Indifferenzzone heraus. Polizisten
können berechtigterweise davon ausgehen, dass sie nicht dazu verpflichtet
werden, die Grünanlagen der Stadt zu pflegen. Studentische Hilfskräfte können

davon ausgehen, dass sie nicht zum Autowaschen bei der Professorin abgestellt werden. Professoren müssen davon ausgehen, dass sie zwar auch unmotivierte Studierende unterrichten müssen, nicht aber, dass sie – beispielsweise bei einer Unterauslastung ihres Studienganges – dafür abgestellt werden, motivierte Grundschüler zu belehren.

Für das Verständnis von Organisationen sind die Grenzbereiche interessant, in denen nicht klar ist, ob eine Verhaltenserwartung von den Mitgliedern akzeptiert werden muss oder nicht. Kann von deutschen Angehörigen der Ordnungspolizei – um einen prominenten Fall aus dem Zweiten Weltkrieg aufzugreifen – im Kriegsfall erwartet werden, dass sie sich an Massenerschießungen der jüdischen Zivilbevölkerung beteiligen? Darf von studentischen Hilfskräften erwartet werden, dass sie die Bücher in der privaten Bibliothek der Professorin sortieren? Kann von Professoren erwartet werden, dass sie Studierende auch in Themen unterrichten, die nicht zu ihrem Spezialgebiet gehören?

Funktionalität einer generalisierten Mitgliedschaftserwartung
Für Organisationen liegt die Funktionalität einer möglichst großen Indifferenz-zone auf der Hand: Die Mitglieder geloben eine Art von begrenztem General-gehorsam gegenüber zunächst nicht weiter spezifizierten Weisungen. Innerhalb dieser Indifferenzzonen können Organisationen ohne umständliche interne Aus-handlungsprozesse die Erwartungen an ihre Mitglieder anpassen. Kurz: Sie erklären die Bereitschaft zur Anpassung an Änderungen in der Organisation zur Mitgliedschaftsbedingung (Luhmann 1991, S. 202).

So können Unternehmen, Verwaltungen oder Krankenhäuser ihre *Zwecke* modifizieren, ohne vorher das Einverständnis ihrer Mitglieder einholen zu müssen. Sie können auch erwarten, dass sich das Mitglied indifferent gegenüber der Zuordnung in der *Hierarchie* verhält. Auch wenn man mit der jetzigen Chefin gut zurechtkommt, kann vom Mitglied verlangt werden, dass es auch eine neue Chefin akzeptiert – selbst wenn sie jünger ist als man selbst, aus einem anderen Milieu stammt oder eine kürzere Betriebszugehörigkeit hat. Und Organisationen können erwarten, dass auch eine Veränderung in der Zusammensetzung der *Mit-glieder* in der Regel zur Indifferenzzone eines Organisationsmitgliedes gehört. Bei der Aufnahme eines neuen Mitglieds muss nicht jedes Mal die Zustimmung aller anderen Mitglieder eingeholt werden.

Der Schriftsteller Jorge Semprún (2008), der während der Franco-Ära neun Jahre für die kommunistische Partei Spaniens im Untergrund tätig war und immer mit der Gefahr leben musste, von der Sicherheitspolizei gefasst und gefoltert zu werden, berichtet davon, wie nach dem Sturz des Franco-Regimes die gleichen Sicherheitspolizisten eine neue Hierarchie mit ihm als Minister akzeptieren mussten. Er schildert, wie bei einem Staatsakt ein Polizist auf ihn zukam und sagte: „Herr Minister, ich gehöre zu denen, die damals Jagd auf Sie gemacht haben." Weder für Jorge Semprún noch für den Polizisten stand bei diesem Dialog in Frage, dass der Polizist die Veränderung der Mitgliedschaft (die Integration von ehemaligen Regimegegnern in die Organisation), der Hierarchie (die ehemaligen Regimegegner werden auch noch Chefs) und des Zweckes (Verzicht auf Folter) akzeptieren musste, um weiter Mitglied der Polizei bleiben zu können.

Für die Organisation hat dies einen großen Vorteil: Erfahrungsgemäß ertragen Mitglieder innerhalb der Indifferenzzone ein hohes Maß an Veränderungen, Enttäuschungen und Belastungen, bevor sie sich zum Austritt aus der Organisation entschließen. Diese durch die Indifferenzzone geschaffene Dispositionsfreiheit ermöglicht es Organisationen, in einer sich wandelnden Umwelt ihren Bestand durch permanente Anpassung zu sichern (Luhmann 1964, S. 94).

Wie motivieren Organisationen Mitglieder? Die fünf Möglichkeiten zur Mitgliedschaftsmotivation

Organisationen stellen weitgehende Anforderungen an ihre Mitglieder. Sie erwarten von ihnen etwa, dass sie acht Stunden unentwegt Schrauben in Bohrlöcher drehen, vier Stunden auf einem Kasernenhof exerzieren, Flugblätter falten und in DIN-A4-Briefumschläge stecken. Bei dreißig Grad im Schatten verlangen sie, dass ihre Mitglieder mit einem Presslufthammer eine Straße aufbrechen, im Büro Akten von einer Seite auf die andere räumen oder von der Hitze oder von überfüllten BA-Studiengängen ermattete Studierende unterrichten.

Wie schaffen es Organisationen, dass sich Personen diesen nicht immer attraktiven Aufgabenstellungen fügen? Welche Mechanismen bewirken, dass Mitglieder in Organisationen verbleiben – und das bei attraktiven Alternativen wie in einem Café zu sitzen, Fernsehen oder Sex? Welche Bindungskräfte bewirken, dass Mitglieder in der Zeit, in der sie von der Organisation beansprucht werden, auch noch deren Erwartungen erfüllen?

Geld – der Charme materieller Anreize zur Organisationsmitgliedschaft

Das Mittel, das einem Beobachter sofort einfällt, wenn er an die Bindung von Mitgliedern an Organisationen denkt, ist Geld. Organisationen können selbst für unattraktive Aufgaben wie das Reinigen von ölverseuchten Stränden, das Kopieren von dicken Büchern oder die Bearbeitung von Baugenehmigungen Mitglieder rekrutieren, wenn sie nur bereit sind, dafür entsprechend zu bezahlen. Und da die Menschen chronisch Bedarf an Geld haben, können Mitglieder nicht nur zeitlich befristet, sondern dauerhaft an eine Arbeitsorganisation gebunden werden.

In der Regel werden Organisationsmitglieder direkt mit Lohn, Gehalt oder Prämien dafür bezahlt, dass sie für einen Teil des Tages einem Unternehmen, einer Verwaltung, einer Schule oder einem Krankenhaus für Arbeitstätigkeiten zur Verfügung stehen. Aber es gibt auch andere Varianten, in denen die Motivation nicht durch direkte Geldzahlungen der Organisation erfolgt, sondern lediglich durch das in Aussicht stellen von Geldzahlungen anderer. Unternehmen habe eine Personalrekrutierungspraxis entwickelt, in der Praktikanten überhaupt nicht mehr bezahlt werden müssen und vielmehr nur über vermeintlich später einsetzende Geldzahlungen motiviert werden können. Verwaltungen besonders in Entwicklungsländern können es sich leisten, ihre Mitarbeiter gar nicht oder nur sehr schlecht zu bezahlen, weil die Attraktivität eines Postens als Polizistin, als Zollbeamtin oder Arbeitsvermittlerin nicht in der direkten Besoldung durch den Staat liegt, sondern eher in der Ermöglichung des Verlangens von Schmiergeldern.

Der Vorteil von Geld als Mittel zur Bindung an Organisationen liegt in seiner hohen Flexibilität. Durch Geldzahlungen können Mitglieder veranlasst werden, den Wechsel von motivierenden Zwecken (Rettung von aidskranken Kindern) zu wenig motivierenden Zwecken (Verkauf von Aids-Medikamenten unter Profitgesichtspunkten) zu akzeptieren. Mitglieder können über Geldzahlungen dazu veranlasst werden, auch über eine längere Dauer demotivierende Informationen beispielsweise über tödliche Nebenwirkungen neu entwickelter Medikamente zu ertragen. Organisationen ist es ferner möglich, Führungspersonal einzusetzen, das sich zwar als sachkompetent hervortut, gegenüber den Untergebenen aber nicht besonders motivierend wirkt. Da die Folgebereitschaft der Mitglieder über Geldzahlungen sichergestellt wird, kann die Organisation auf charismatische Führer verzichten (Luhmann 1964, S. 94 ff.).

Der Nachteil ist jedoch, dass Organisationen darauf angewiesen sind, sich permanent die Geldmittel verschaffen zu müssen, um ihre Mitglieder in der Organisation zu halten. Unternehmen erreichen dies dadurch, dass sie die Produkte, die ihre Mitarbeiter herstellen, verkaufen und aus den Erlösen die Geldzahlungen an ihre Mitglieder sicherstellen. Verwaltungen sind auf Steuern angewiesen, um ihre Beamten und Angestellten bezahlen zu können. Vereine, Nichtregierungsorganisationen oder Parteien, die sich nicht nur auf freiwillige Leistungen ihrer Mitglieder verlassen, sondern auch mit sogenannten „Hauptberuflichen" agieren wollen, benötigen regelmäßige Zuflüsse aus Mitgliedsbeiträgen, Spenden und staatlichen Zuschüssen (siehe dazu Kette 2017).

Zwang – die Androhung von Gewalt zur Durchsetzung von Erwartungen gegenüber Organisationsmitgliedern

Ein in allen Hochkulturen des Altertums, des Mittelalters und der frühen Neuzeit erprobtes und auch heute noch von einigen Organisationen eingesetztes Motivationsmittel ist Zwang. Der durch die Organisation ausgeübte Zwang besteht darin, den Exit der Mitglieder ausschließlich zu den von der Organisation bestimmten Bedingungen zuzulassen. Dafür setzen diese Organisationen eigene Erzwingungsmittel wie eine organisationsinterne Polizei (z. B. Feldjäger), eine eigene Gerichtsbarkeit (z. B. Truppendienstgerichte) und organisationseigene Gefängnisse ein, um die Teilnahme an Organisationsaktivitäten sicherzustellen. Oder sie nutzen die staatlichen Strafverfolgungsbehörden, um die Festnahme, Verurteilung und Gefangensetzung von flüchtigen Organisationsmitgliedern sicherzustellen. Durch diesen Zwang sollen die Exit-Kosten für die Mitglieder so hochgesetzt werden, dass die Mitglieder den Austritt in der Regel als eine nicht ernst zu nehmende Option betrachten.

Der Einsatz von Zwang zur Rekrutierung und zum Halten von Mitgliedern hat in der modernen Gesellschaft an Popularität verloren, wird aber gerade von staatlichen Organisationen immer noch eingesetzt. Einschlägig sind hier Armeen, die sowohl ihren Wehrpflichtigen als auch ihren Berufssoldaten das Ausscheiden unter Androhung von Gefängnis oder gar Exekution verbieten, Milizen, die ihren Mitgliedern – von gelegentlichen Übungen abgesehen – zwar ein „normales" Leben erlauben, sie aber im Notfall zwangsweise einziehen, Deichgenossenschaften, die ihre aus einer Region kommenden Zwangsmitglieder im Fall von Sturmfluten einziehen können, Polizeieinheiten im Kriegseinsatz, in denen Polizisten die Möglichkeit genommen wird, ihren Job zu kündigen, Grenztruppen, die ihren Wachsoldaten nicht die Möglichkeit geben, diese Organisation zu verlassen, Unternehmen, die ihre Produktionsziele mithilfe von Zwangsarbeitern erreichen und Einrichtungen der sozialen Hilfe, die ihre Leistungen mit einem hohen Anteil von Zivildienstleistenden erbringen, die dort ihren Zwangsdienst ableisten, zu nennen.

Der Vorteil der Motivation von Mitgliedern durch Zwang ist offensichtlich. Die Organisation kann eine große Zahl von Mitgliedern für häufig unattraktive und gefährliche Aufgaben gewinnen. Gerade die im Kriegsfall anfallenden Aufgaben in Armeen, Polizeieinheiten oder Milizen sind mit großen Entbehrungen und Risiken verbunden, sodass es unwahrscheinlich ist, dass sich für solche Aufgaben ausreichend freiwillige Mitglieder finden lassen.

Der Nachteil für Organisationen, die ihre Mitglieder zum Dienst zwingen, besteht jedoch darin, dass es schwer ist, über die bloße Anwesenheit der Mitglieder hinaus Folgebereitschaft herzustellen. Für Organisationen, in die die

Mitglieder freiwillig eintreten und aus denen sie auch wieder austreten können, ist die Androhung der Entlassung oder des Ausschlusses das zentrale Mittel zur Herstellung von Folgebereitschaft. Aber genau dieser Mechanismus steht Organisationen, die ihre Mitglieder über Zwangsmitgliedschaften binden, nicht in der gleichen Form zur Verfügung. Hier darf die Verweigerung einer Handlung nicht zur Entlassungsfrage werden, sondern muss notgedrungen zu einer Frage der organisationseigenen oder staatlichen Gerichtsbarkeit werden. Erzwingungs-stäbe der Organisation – oder beim Zivildienst des Staates – müssen ein-gesetzt werden, um die Regelabweichung zu bestrafen und die Erwartung der Organisation durchzusetzen. Die Pflege der Zwangsapparate der Organisation ist deshalb nicht nur sehr aufwendig, sondern führt häufig auch zu Legitimations-problemen solcher Organisationen.

Zweckidentifikation – die Überzeugung von der Richtigkeit der Organisations-ziele
Eine weitere Möglichkeit, um Mitglieder an Organisationen zu binden, ist, ihnen attraktive Zwecke zu bieten. Die Rettung vernachlässigter Kinder, der Schutz der Umwelt, die Hilfe für verarmte Länder in Afrika, die Weltrevolution oder die Errichtung eines neuen Staates – allein ein solch attraktiver Zweck einer Organisation kann für Personen ausreichen, um Mitglied zu werden.

In der Regel gilt: Je motivierender die Zwecke sind, desto geringer kann die Bezahlung der Mitglieder ausfallen. Politische Parteien, Krankenhäuser, Ent-wicklungshilfeorganisationen oder im Umweltschutz tätige Unternehmen können ihren Hauptberuflichen deshalb häufig geringere Gehälter zahlen als andere Organisationen, weil sie sich stark mit dem Zweck der Organisation identi-fizieren. Häufig ist es sogar so, dass die Mitglieder – in Form von Mitglied-schaftsbeiträgen – dafür bezahlen, in der Organisation sein zu dürfen.

Selbst wenn Mitglieder nicht deswegen in eine Organisation eintreten, weil sie deren Zweck besonders attraktiv finden, so herrscht doch häufig die Hoffnung vor, dass man ihnen deutlich machen kann, wie attraktiv dieser Zweck eigentlich ist. Schon Chester Barnard (1938, S. 149 ff.) stellte fest, dass es nicht ausreicht, Mit-arbeiter über Lohn, Karriere oder Statussymbole an die Organisation zu binden. Vielmehr komme es darauf an, die Bedürfnisse und Nutzenfunktionen der Mit-arbeiter so zu beeinflussen, dass bei ihnen das Gefühl entsteht, dass ihre eigenen Interessen mit den Interessen der Organisation übereinstimmen. „Wir haben erfolgreich einen neuen Hochdruckreiniger am Markt positioniert" oder „Wir sind Spitze in der Abscheidung und Speicherung von Kohlendioxid" – an solchen Sätzen von Mitarbeitern in privaten Gesprächen erkennt man, dass Versuche zur Zweckidentifikation häufig erfolgreich sind. Man fühlt sich an Überlegungen von

Max Weber (1965, S. 52) zur protestantischen Ethik erinnert, die seiner Meinung nach letztlich dazu führe, dass die Arbeitstätigkeit als eine „Gesinnung", als ein „absoluter Selbstzweck" betrieben werde.

Die mit Zweckidentifikation verbundene Hoffnung besteht darin, dass Mitarbeiter ihre Arbeit besser machen, wenn der Arbeitsprozess durch Eigeninteressen der Mitarbeiter an ihrer Tätigkeit „versteift" und „stabilisiert" wird. Man glaubt, dass Organisationen besser funktionieren, wenn die Identifikation mit der Vorgehensweise nicht durch hohe Gehälter und Prämien, durch dicke Dienstwagen mit Teakholzausstattung oder Incentive-Reisen mit Reinhold Messner erkauft wird, sondern wenn sie als Teil des persönlichen Interesses der Mitarbeiter begriffen wird. Man geht von der Annahme aus, dass Menschen motivierter handeln, wenn sie von der Sache selbst fasziniert sind und sich deshalb mit den Wertvorstellungen und Normen des Unternehmens identifizieren können.

Aber die Identifikation mit Zwecken bringt auch Nachteile mit sich. Die Organisation büßt dadurch – und das mag auf den ersten Blick überraschend klingen – stark an Wandlungsfähigkeit ein. Sie verliert, so das Argument Niklas Luhmanns (1964, S. 137 ff.), an Elastizität, wenn sich die Mitarbeiter mit ihrem Zweck identifizieren. Versteifung und Stabilisierung verhindern, dass die einmal etablierten Prozesse leicht verändert werden können. Der Steinmetz, der sich darüber definierte, an der Erbauung einer Kathedrale mitzuwirken, dürfte nur unter Schwierigkeiten auf den verschiedenen sonstigen Baustellen des Mittelalters einsetzbar gewesen sein. Ein Mitarbeiter, der seine Motivation maßgeblich daraus zieht, ein ganz bestimmtes Produkt an den Kunden zu bringen, wird nur schwerlich dafür zu begeistern sein, ein anderes Produkt zu verkaufen. Eine Mitarbeiterin, die innerhalb ihrer Gruppe für die flexible Bearbeitung von Aufgabenpaketen zuständig ist und sich mit dieser Gruppe stark identifiziert, kann Motivationsprobleme haben, wenn von ihr plötzlich verlangt wird, in ganz anderen Aufgabenbereichen zu arbeiten. Die „Tragik" besteht nun darin, dass ein Unternehmen, das alles daransetzt, dass sich seine Mitarbeiter mit einem bestimmten Produkt oder Prozess identifizieren, seine Handlungsfähigkeit genau bei diesem Produkt oder Prozess einschränkt. Gerade dort, wo die Motivation der Mitarbeiter besonders stark ist, wird der Wandel besonders schwierig. Für ein Unternehmen, das darauf angewiesen ist, sich ständig an Veränderungen des Marktes und der Umwelt anzupassen, wäre es eine besondere Belastung, wenn es auch noch sicherstellen müsste, dass die Mitarbeiter sich mit dem jeweiligen Zustand der Organisation persönlich identifizierten (vgl. Kühl 2015b, S. 107 ff.)

Attraktivität der Handlung

Eine weitere Bindungsmöglichkeit von Organisationen besteht darin, dass sie ihren Mitgliedern attraktive Tätigkeiten in der Organisation bieten können. Man betrachte hierzu die Freiwilligen Feuerwehren, das Technische Hilfswerk oder das Rote Kreuz beziehungsweise den Roten Halbmond, die ihre Mitglieder vorrangig über interessante Arbeitsaufgaben binden. Oder man denke nur an die Animateure beim Club Robinson, die vorrangig darüber motiviert werden, dass sie am Strand körperliche Aktivitäten ausüben, für die andere bereit sind, zu bezahlen.

Eine Reihe von Organisationen bindet ihre Mitglieder fast ausschließlich über das Angebot attraktiver Tätigkeiten. Mitglied im Fußballverein wird man, weil man gern einem Ball hinterherrennt, in einen Segelclub tritt man ein wegen der Freude am Bootfahren und Mitglied eines an eine Gaststätte angeschlossenen Rauchervereins wird man wegen der Möglichkeit, seiner Sucht auch weiterhin innerhalb eines Gebäudes nachgehen zu können. In diesen Fällen stellt die Ausübung der Tätigkeit geradezu den Grund für die Mitgliedschaft dar und die Mitglieder sind häufig bereit, für die Möglichkeit zur Ausübung dieser Tätigkeit zu bezahlen.

Die hohe Attraktivität der auszuführenden Handlungen kann, muss aber nicht mit einer hohen Attraktivität der Organisationszwecke einhergehen. Spricht man mit Personen, die sich bei den Pfadfindern, in der kirchlichen Jugendarbeit oder in der Behindertenfürsorge engagieren, dann hört man, dass nicht nur der Zweck der Organisation als sinnvoll erachtet wird, sondern dass auch die Tätigkeit selbst Spaß macht. Dagegen mögen die Animateure vom Club Med, die Graphiker in Werbeagenturen oder die Nachwuchsfußballer von Rapid Wien ein hohes Maß an Freude an ihren Tätigkeiten haben, es wird ihnen jedoch vergleichsweise schwerfallen, ihrem Bekanntenkreis ein hohes Maß an Identifikation mit den Zwecken „ihrer" Organisation zu vermitteln.

Die Vorteile der Attraktivität von Handlungen sind – aus der Perspektive der Organisation – ähnlich gelagert wie bei der Identifikation mit Zwecken. Empfinden Personen Freude an ihrer Tätigkeit, dann kann man Bezahlungen reduzieren oder sogar ganz darauf verzichten. Man denke an die vielen „Traumberufe" wie Werbegraphiker, Sänger oder Schauspieler, die wegen der Tätigkeit an sich attraktiv sind, aber gerade wegen ihrer Attraktivität dann auch – jedenfalls in der breiten Masse – vergleichsweise schlecht bezahlt werden. Die Organisation kann auch weitgehend auf die Kontrolle der konkreten Teilnahmebereitschaft verzichten, weil die Tätigkeiten ja von den Mitgliedern selbst als attraktiv wahrgenommen werden. Kritiker bezeichneten Versuche, die auszuführenden Handlungen in Organisationen attraktiver zu machen, dann auch abschätzig als

„Kuh-Soziologie" oder „Kuh-Psychologie", weil hinter diesen Versuchen die
Annahme stecke, dass glücklich grasende Kühe auch mehr und bessere Milch
geben würden.

Andererseits sind aber auch die Nachteile dieser Motivationsform offen-
sichtlich. Organisationen, die ihre Mitglieder vorrangig über die Attraktivität
der Handlungen motivieren, sind stark in ihren Möglichkeiten eingeschränkt.
Schließlich müssen sie darauf achten, dass alle Handlungen, die in der
Organisation notwendig sind, einen hohen Spaßfaktor haben oder dass der
Spaßfaktor wenigstens einiger Handlungen so hoch ist, dass man bereit ist,
auch unattraktivere Pflichtaufgaben mitzuerledigen. Da aber die wenigsten
Organisationen ausschließlich attraktive Tätigkeiten anbieten können, spielt
dieser Faktor meistens nur als unterstützende Mitgliedschaftsmotivation eine
Rolle.

Kollegialität
Eine weitere Möglichkeit, Mitgliedschaftsbindung herzustellen, bietet sich über
die Kollegialität, die sich unter den Mitgliedern einer Organisation ausbildet.
Die Organisationsforschung hat immer wieder nachzuweisen versucht, dass
Organisationsmitglieder sowohl zufriedener als auch leistungswilliger sind, wenn
sie eine enge Bindung gegenüber ihren Kollegen empfinden. Das Bedürfnis nach
Kontakt und Zusammensein mit anderen Menschen werde, so beispielsweise die
Annahmen des sogenannten Human-Relations-Ansatzes, von Kollegen befriedigt.

Den sehr weit gehenden motivierenden Einfluss von Kollegialität haben die
Soziologen Edward A. Shils und Morris Janowitz (1948, S. 280 ff.) während des
Zweiten Weltkriegs untersucht. Aufgrund von Befragungen deutscher Soldaten
kamen sie zu dem Schluss, dass deren Kampfbereitschaft nicht vorrangig von der
Übereinstimmung mit der NS-Ideologie (Motivation über Zweckidentifikation),
der Freude am Töten (Motivation über attraktive Handlungen), vom Zugang zu
hohen Gehältern oder Plünderungsmöglichkeiten (Motivation über Geld) oder
von der Angst vor Bestrafung durch den nationalsozialistischen Erzwingungs-
apparat (Motivation über Zwang) abhing, sondern davon, dass sie sich einer
Gruppe von Kameraden verpflichtet fühlten. Als diese Kollegialitätsbeziehungen
aufgrund hoher Verluste im Verlauf des Krieges auseinandergerissen wurden,
waren Anzeichen einer „Desintegration" der Wehrmacht und eine zunehmende
Bereitschaft zur Fahnenflucht, mithin eine stark abnehmende Bindung an die
Organisation, zu beobachten.

Der Vorteil der Motivation über Kollegialität für die Organisation ist offensichtlich. Gerade unmittelbare Kollegen haben eine stark disziplinierende
Wirkung auf das Verhalten von Mitgliedern. Die Wirkung wird darüber

produziert, dass Kollegen beratend, mahnend und in letzter Konsequenz strafend eingreifen, wenn ein Organisationsmitglied seine Pflichten verletzt. Weil die Durchsetzung der von Kollegen aufgestellten Normen eher im Schatten der formalen Ordnung stattfindet, sind diese nicht selten wirksamer – aber auch für das betroffene Mitglied brutaler – als die offizielle Drohung von Vorgesetzten mit Bestrafung oder Kündigung.

Aber – und dies ist jedenfalls aus der Perspektive der Organisation der Nachteil – die Kollegialitätsnormen können sich auch gegen die Organisation richten. Gerade Kollegialitätserwartungen in Cliquen – also informalen Zusammenschlüssen von wenigen Mitgliedern einer Organisation – können dahin gehend wirken, dass ein Abweichen von den seitens der Vorgesetzten erwarteten Verhaltensweisen verlangt wird. Die Kollegialitätsnormen können, so Renate Mayntz (1963, S. 130) das „Arbeitstempo dämpfen", „Unbotmäßigkeit gegenüber Vorgesetzten mit Anerkennung belohnen" und für die Organisation problematische Versäumnisse decken.

In der Regel wird Kollegialität als einziges Motiv zur Mitgliedschaft in einer Organisation nicht ausreichen. Einem Unternehmen, einer Verwaltung oder auch einer Nichtregierungsorganisation wird es vermutlich nicht gelingen, ein Mitglied zu gewinnen, wenn es lediglich mit einer „netten Arbeitsatmosphäre" werben kann, aber ansonsten weder über Zwangsmittel verfügt noch angemessenen Lohn zahlen kann noch über einen wirklich attraktiven Organisationszweck verfügt und auch keine unterhaltsamen Tätigkeiten bieten kann. Als Verstärkung der Motivation von Mitgliedern, die aus anderen Gründen eingetreten sind, kann Kollegialität jedoch sehr nützlich sein.

Verzahnungen, Wechsel und Neutralisierungen
Die Liste verschiedener Formen von Mitgliedschaftsmotivation kann dafür genutzt werden – und gerade in der Psychologie gibt es dazu eine Reihe von Ansätzen –, um anhand der jeweils vorherrschenden Motivationsform unterschiedliche „Personentypen" zu identifizieren. Da wird dann etwa unterschieden zwischen den sich mit den Zwecken der Organisation stark identifizierenden „Wir-in-der-Firma"-Mitarbeitern, die tatsächlich davon überzeugt sind, dass „das Schuppen-Shampoo ‚ihrer Firma' wirklich das beste" ist, und „Söldnern", die zwar auch Hochleistungen bringen, aber nur durch Geld motiviert sind und ohne Hemmungen zu einem besser zahlenden Konkurrenten wechseln würden.

Man kann die Unterscheidung verschiedener Motivationsformen aber auch dafür nutzen, Typen von Organisationen zu bestimmen. Man redet dann beispielsweise von „normativen Organisationen", denen die Mitglieder beitreten, um ihre politischen, religiösen oder kulturellen Vorstellungen zu verwirklichen und in denen eine hohe Identifikation der Mitglieder mit den Zwecken der Organisation dominiert, von „utilitaristischen Organisationen", die ihre Mitglieder über Gehälter, Prämien oder andere Anreize motivieren, oder von „Zwangsorganisationen", die bereit sind, ihre Mitglieder in letzter Konsequenz über Freiheitsentzug, körperliche Züchtigung oder Tötung zu „motivieren" (Etzioni 1961, S. 23 ff.).

Aber sowohl die Versuche zur Identifikation von Personal- als auch von Organisationstypen mithilfe der fünf Formen der Mitgliedschaftsmotivation sind wenig befriedigend. Sie tendieren entweder dazu, Personen frei nach dem Motto „Welcher Mitarbeitertyp sind Sie?" in eine der Kategorien einzuordnen und verkennen dabei, dass gerade die Vermischungen von Mitgliedschaftsmotivationen interessant sind. Oder sie malen ein fast an eine Karikatur erinnerndes Bild von Organisationen, indem sie sich pro Organisation lediglich eine Form der Mitgliedschaftsmotivation vorstellen können. Interessant werden die Formen der Mitgliedschaftsmotivationen, wenn sie dafür genutzt werden, Kombinationen, Verschiebungen und Konflikte zwischen Motivlagen in Organisationen zu bestimmen.

Die Regel ist, dass Organisationen verschiedene Mittel in *Kombination* einsetzen, um ihre Mitglieder zu motivieren. Unternehmen, die gezwungen sind, ihre Mitglieder vorrangig monetär zu entlohnen, versuchen zusätzlich für die Sinnhaftigkeit des Zwecks der Unternehmung zu werben, selbst dann, wenn es sich um die Produktion von Damenbinden, Schokoladenaufstrichen oder Landminen handelt. Armeen, die im Kriegsfall ihre Mitglieder über Zwangsmechanismen rekrutieren, können versuchen, ihren Wehrpflichtigen zusätzlich die Sinnhaftigkeit des Krieges zu vermitteln und ihnen neben dem Sold zusätzliche monetäre Belohnungen z. B. auf Kosten der besiegten Bevölkerung anzubieten. Der Charme der hohen Zweckidentifikation besteht für Organisationen darin, dass man die Mitglieder nicht bezahlen muss, sondern unter Umständen sogar von ihnen kassieren kann. Aber häufig sind neben der Zweckidentifikation zusätzliche Anreize nötig, um Mitglieder zum Engagement zu motivieren. So mag ein wichtiger Anreiz für das Engagement in einer Partei darin liegen, dass die Mitgliedschaft den Zugang zu auch finanziell lukrativen Jobs erleichtert.

Dabei kann es in Organisationen zu *Verschiebungen* der zentralen Motivlagen kommen. So manche politische Organisation wurde als Initiative von Ehrenamtlichen gegründet, die sich stark mit Zwecken identifizieren (wie „Schutz von Robbenbabys", „Verbot von Pharmaexporten in die Dritte Welt" oder „Schaffung national befreiter Zonen") und die irgendwann nur noch deswegen weiterexistieren, weil mit zunehmendem Wachstum und mit der Möglichkeit zum Einwerben öffentlicher Zuschüsse oder privater Spenden immer mehr Mitgliedern ein finanzielles Auskommen geboten werden kann und die Organisation allein deshalb zur Dauerhaftigkeit verdammt ist. Politisch Engagierte, die ursprünglich aus Überzeugung in eine entwicklungspolitische Aktionsgruppe, eine sozial- oder christdemokratische Partei oder eine faschistische Splitterorganisation eingetreten sind, stellen fest, dass ihnen das Engagement die Möglichkeit für eine haupt- und nebenberufliche Tätigkeit bietet und irgendwann führen die ökonomischen Motive dazu, dass man auch bei abnehmender Identifikation mit dem Zweck in der Organisation verbleibt. Fußballclubs wie Manchester United, Bayern München oder Austria Wien motivierten ihre Mitglieder ursprünglich über die Attraktivität der Tätigkeit, waren aber mit zunehmender Professionalisierung dazu gezwungen (und meistens auch in der Lage), ihre Fußball spielenden Mitglieder über Geldzahlungen oder wenigstens die Aussicht darauf zu motivieren. Andererseits kann es in Fußballclubs aber auch vorkommen, dass der ursprüngliche Grund für Mitgliedschaft – nämlich die Freude am Treten von Bällen – durch das Motiv der Geselligkeit unter den Sportskollegen überlagert wird. Der ursprünglich einmal begeisterte Kicker steht dann irgendwann nur noch dickbäuchig im Tor, hoffend, dass es bald zur „dritten Halbzeit" in die Kneipe geht.

Besonders interessant wird es, wenn es bezüglich der Mitgliedschaftsmotivationen *Konflikte* zwischen den Mitgliedern gibt. Die Leitung von Organisationen wie dem Technischen Hilfswerk, dem Roten Kreuz oder der Arbeiterwohlfahrt geht ganz selbstverständlich davon aus, dass ein Großteil ihrer Mitglieder aus Zweckidentifikation Verletzte birgt, versorgt sowie bei späterer Behinderung betreut und zahlt deswegen bestenfalls eine Aufwandsentschädigung. Sie ist dann überrascht, wenn sie von ihren Rettungssanitätern und Behindertenbetreuern vorgehalten bekommt, dass sie noch nicht einmal Mindestlöhne zahlt. In vielen politischen Jugendorganisationen zeigt die mangelnde Bekanntheit des Parteiprogramms unter den eigenen Mitgliedern, dass der Nachwuchs häufig nicht über Zweckidentifikation geworben wird, sondern über die Aussicht auf tolle Partys, attraktive Geschlechtspartner oder steile Karrieren. Wegen der gemischten Motivationslage können die Überzeugungstäter, die Karrieristen und die Partyhengste dann aneinandergeraten und müssen sich mühsam auf eine Mischausrichtung ihrer Organisation einigen, die die unterschiedlichen Mitgliedschaftsmotivationen integrieren kann.

Aber bei aller Heterogenität von Mitgliedschaftsmotivationen ist ein Punkt zentral: Im Alltag sind Organisationen in erheblichem Maß in der Lage, von den Motiven ihrer einzelnen Mitglieder zu abstrahieren (Luhmann 1964, S. 42). Was immer einzelne Mitglieder bewogen hat, in ein Unternehmen, einen Verein oder eine Partei einzutreten – Identifikation mit dem Zweck, die Aussicht auf Geld oder die gute Stimmung unter den Organisationsmitgliedern –, die Organisation kann erwarten, dass sich die Mitglieder an die Regeln halten, solange sie Mitglied der Organisation bleiben wollen (Luhmann 2010, S. 200). So kann die Organisation bei aller Widersprüchlichkeit mit einer „homogenisierten Mitgliedschaftsmotivation" rechnen und braucht sich nur in Ausnahmesituationen wie Mitarbeiterkreisen, Strategiekonferenzen oder Konflikten zwischen Management und Betriebsrat mit der Frage zu belasten, weshalb die Mitglieder eigentlich Mitglieder der Organisation sind. Niklas Luhmann prägnant dazu: „Die Soldaten marschieren, die Schreiber protokollieren, die Minister regieren – ob es ihnen in der Situation nun gefällt oder nicht" (Luhmann 1975b, S. 12).

Grenzen der Bestimmbarkeit über Mitglieder
Glaubt man den häufig verklärenden Beschreibungen des Organisationslebens in den „guten alten Zeiten" nach dem Zweiten Weltkrieg, dann war die Frage, wer Mitglied welcher Organisationen war, früher sehr viel stabiler und eindeutiger zu beantworten als heute. Man wurde – so jedenfalls die zurückblickende Darstellung – mit dem Eintritt in das Erwerbsleben Mitglied bei Siemens, bei der Post oder in der Kommunalverwaltung und verblieb bis an das Ende seines Arbeitslebens in dieser Organisation. Weil damit in der Regel die Bindung an einen Ort verbunden war, konnte man dann auch lebenslang Mitglied im lokalen Sportverein, im Kirchenchor oder im Ortsverein einer Partei werden. Auch einer Partei blieb man, so jedenfalls der romantisierende Rückblick, meistens sein ganzes Leben lang treu. „Einmal Sozialdemokrat, immer Sozialdemokrat", so prägnant der seit Jahrzehnten dienstälteste SPD-Hinterbänkler im Bundestag, Jakob Maria Mierscheid.

Aber wenn man den Zeitdiagnosen glauben kann, werden diese eindeutigen Bestimmungen von Mitgliedschaften zunehmend in Frage gestellt.

Unklarheiten über Organisationszugehörigkeiten
Die Tatsache, dass „Normalarbeitsverhältnisse" – also die unbefristete Vollzeittätigkeit in einem Unternehmen, einer Verwaltung oder einem Krankenhaus – nicht mehr die Regel sind, sondern immer mehr zur Ausnahme werden, mache es, so die Beobachtung vieler Wissenschaftler, immer schwieriger, den Mitgliederkreis von Organisationen klar zu definieren. Die „atypischen Beschäftigungen", die durch Befristung von Arbeitsverträgen, Teilzeitbeschäftigung oder Entkopplung zwischen beschäftigender Firma und faktischer Arbeitsstelle gekennzeichnet seien, würden in der „schönen neuen Arbeitswelt" immer mehr zu den „typischen Beschäftigungen". Aber auch in politischen Organisationen, Gewerkschaften oder kulturellen Organisationen deute sich eine zunehmende Auflösung von „Normalmitgliedschaftsverhältnissen" an. Statt über Jahre hinweg Mitglied

bei den Sozial- oder Christdemokraten zu sein, arbeitet man punktuell an einer Kampagne mit, engagiert sich im Rahmen von Schnuppermitgliedschaften oder tritt als Spender für eine spezifische Aktion der Partei auf.

In der Leiharbeit werden die zunehmenden Schwierigkeiten bei der Bestimmung von Mitgliedschaften beispielhaft deutlich. Bei der Leih- oder Zeitarbeit werden die Arbeitnehmer langfristig bei einem „Verleihunternehmen" eingestellt, um dann für befristete Arbeitseinsätze an Unternehmen, Verwaltungen oder Krankenhäuser ausgeliehen zu werden. Durch die Trennung von „Beschäftigungsverhältnis" (zwischen Leiharbeiter und Zeitarbeitsunternehmen) einerseits und „Arbeitsverhältnis" (mit den die Zeitarbeiter beschäftigenden Organisationen) andererseits gewinnt die „Nutzerorganisation" Spielräume, um Personal schnell heranzuziehen oder wieder loszuwerden. Es wird jedoch zunehmend schwierig, festzulegen, auf wen die Handlungen der Leihmitarbeiter zugerechnet werden können (siehe die prägnante Darstellung bei Brose et al.1994, S. 264 f.).

In Zeitdiagnosen wird diese Entwicklung mit Begriffen wie „Ein-Mann-Unternehmen", „Arbeitskraftunternehmer", „Intrapreneur", „Selbst-GmbH" und „Ego AG" umrissen. Jeder Mensch werde, so die Diagnose, zum Vermarkter seiner eigenen „Ich-Aktien" und sei als Führer seiner eigenen Marke für die Entwicklung des Produkts „Ich" selbst verantwortlich. Menschen würden sich nicht mehr als Mitglieder einer Organisation – als „organization men" oder „corporate men" – verstehen, sondern würden zunehmend als „Unternehmer im Unternehmen" agieren.

Die Entwicklung führt, so die Diagnose, zu zunehmenden Schwierigkeiten bei der Bestimmung, wer überhaupt noch als der Organisation zugehörig gezählt werden kann und wer nicht. Können die Mitarbeiter einer Verwaltungskantine, die in eine eigenständige Service-GmbH im hundertprozentigen Besitz der Verwaltung ausgegliedert wurden, noch als Mitarbeiter der Verwaltung gezählt werden oder nicht? Muss die Verantwortung für die Verfehlungen eines Mitarbeiters einer Zeitarbeitsfirma, der über Jahre in einem einzigen Automobilunternehmen gearbeitet hat, dem Automobilunternehmen oder der Zeitarbeitsfirma zugerechnet werden? Kann ein Journalist, der sich während der unübersichtlichen Boomphase der Internetfirmen um die Jahrhundertwende einfach ungebeten täglich an einen Computer in einem schnell wachsenden E-Commerce-Unternehmen gesetzt hat, mit den Mitarbeitern über Probleme der Programmierung geredet hat und dann irgendwann gefragt wurde, ob er für seine Anwesenheit nicht auch Geld haben möchte, als Mitglied einer Organisation betrachtet werden? Zählt eine Beraterin, die auf Honorarbasis langfristig für eine Organisation arbeitet, zu der Organisation dazu oder nicht?

Verflüssigen von Organisationsgrenzen

Die Schwierigkeiten der Zuordnung von Personen zu Organisationen werden dadurch verschärft, dass in immer kürzeren Taktungen unterschiedlichste Arbeitsschritte erst aus der Organisation ausgegliedert und dann wenigstens teilweise in sie reintegriert werden. Interne Betriebsfunktionen wie der Sicherheitsdienst, die Kantine oder die EDV werden erst an externe Dienstleister und Zulieferer abgegeben – im Management-Jargon „Outsourcing" genannt –, um die Leistungserbringung später durch „Insourcing" wieder in die Organisation zu integrieren.

Durch „Outsourcing" schafft sich eine Organisation Marktbeziehungen, wo sie es zuvor mit organisationsinternen Abstimmungsprozessen zwischen Abteilungen zu tun hatte. Maßnahmen dieser Art werden getroffen in der Hoffnung, dass durch die Konkurrenz mehrerer Anbieter die Kosten sinken und die Qualität erhöht werden kann. Wenn dann festgestellt wird, dass die Kosteneinsparungen gering sind, die Organisation dafür Kontrollmöglichkeiten einbüßt und Kernkompetenzen abgegeben werden, wird dies häufig zum Anlass genommen, die Leistungen künftig wieder selbst zu erbringen oder den externen Dienstleister aufzukaufen und als eigene Abteilung zu führen. Statt um Beziehungen zwischen Organisationen handelt es sich dann wieder um organisationsinterne Beziehungen.

„Outsourcing" und „Insourcing" sind als solches keine neuen Phänomene. Immerhin war schon die Entscheidung, einen Brief nicht selbst einem Adressaten zu überbringen, sondern damit einen externen Dienstleister – die Post – zu beauftragen, eine klassische Entscheidung zwischen „make" (selbst zustellen) und „buy" (Dienstleistung der Zustellung einkaufen). Neu scheint jedoch das Tempo zu sein, mit dem zwischen „Outsourcing" und „Insourcing" hin- und hergewechselt wird. In vielen Unternehmen, Verwaltungen und Armeen scheint dieses Hin und Her zwischen „Outsourcing" und „Insourcing", zwischen „buy" (durch andere erbrachte Leistungen kaufen) und „make" (selbst herstellen), inzwischen zum Alltag zu gehören.

Man kann dieses Hin und Her etwa bei der Logistik von Automobilunternehmen beobachten. Früher wurde die Bereitstellung von Teilen an den Montagefließbändern durch die Automobilkonzerne selbst organisiert. Dann wurden diese Logistikfunktionen in erheblichem Maße outgesourct. Fremdfirmen lieferten die Teile direkt zu den Fließbändern, wo sie von Mitarbeitern des Automobilkonzerns – teilweise aber auch von Subunternehmern – eingebaut wurden. Weil die externen Zulieferer sich jedoch teilweise nicht an die Komplexität der Fertigungsprozesse anpassen konnten, wurde die fertigungsnahe Logistik teilweise reintegriert. Manche Automobilkonzerne bauten neue Warenverteilzentren, um die Logistik selbst in die Hand zu nehmen – was vermutlich so lange anhält, bis das Outsourcing der Logistikfunktion erneut angesagt ist.

Durch dieses Hin und Her zwischen In- und Outsourcing wird es, so jedenfalls die Beobachtung, immer schwieriger, festzustellen, ob die Einheiten, die eine Leistung für die Organisation erbringen, als interne Einheiten oder als externe Kooperationspartner zu behandeln sind. Wem sollen die Mitarbeiter, die im Auftrag einer Fremdfirma täglich das Fließband mit Teilen beliefern, zugerechnet werden? Mit wem identifiziert sich eine Gruppe von EDV-Spezialisten, die zwar offiziell ausgegliedert wurden, aber nach wie vor – als Dienstleister vor Ort – in ihren alten Büros sitzen? Wie verhält es sich mit Mitarbeitern, die im Rahmen von In- und Outsourcing mehrmals aus einem Unternehmen aus- und dann wieder eingegliedert wurden?

Ausbildung von Organisationsnetzwerken
Die Ausbildung von Organisationsnetzwerken macht es zusätzlich schwierig, die Grenzen von Organisationen – und damit die Zurechnung von Mitgliedern – näher zu bestimmen. Im Bereich der Wirtschaft entstehen unter dem Begriff des Netzwerkes Kooperationsformen für Forschung und Entwicklung, Produktion und Vertrieb, die jenseits der „unsichtbaren Hand des Marktes" und der „eisernen Faust" der Hierarchie zu verorten sind. In der Politik beispielsweise bilden sich Netzwerke von Organisationen, wenn sich über längere Zeit verschiedene linke Organisationen zur Bekämpfung von Rechtsextremismus oder rechte Organisationen zur Bekämpfung von Linksextremismus zusammenschließen. Auch in der Wissenschaft gehört es – jedenfalls wenn man als „exzellent" wahrgenommen werden möchte – dazu, dass sich Netzwerke aus Universitäten, Forschungsinstituten und Unternehmen bilden.

Anders als Organisationen haben Netzwerke unscharfe Ränder, weswegen schwierig zu bestimmen ist, wer – in der *Sozialdimension* – überhaupt dazugehört. Netzwerkkooperationen werden zwar häufig vertraglich besiegelt, das Netzwerk der Kooperationspartner entsteht in der Regel jedoch fließend, durch die Entwicklung von Ideen für Projekte, durch eine Intensivierung von Gesprächen oder durch eine regelmäßiger werdende Zusammenarbeit. Immer wieder lagern sich dabei über Absprachen, Unteraufträge oder Zusammenwirken in Projekten weitere Kooperationspartner an. Andere Kooperationspartner fallen – häufig lange Zeit von ihnen selbst und anderen unbemerkt – aus den Netzwerken heraus, einfach weil sie nicht mehr in der gleichen Form mitwirken wie früher oder weil sie nur noch unregelmäßig zu Treffen erscheinen.

Auch *zeitlich* sind Netzwerke meist nicht so leicht zu fassen wie Organisationen. Zwar gibt es häufig einen „offiziellen Beginn" von Netzwerkkooperationen – wenn sich Vertreter verschiedener Organisationen zu einer Eröffnungskonferenz treffen, wenn ein Vertrag unterschrieben wird oder wenn man das erste Mal gemeinsam vor die Presse tritt. Aber die Zusammenarbeit zwischen den Netzwerkpartnern hat dann in der Regel schon vorher in Sondierungsgesprächen, in Pilotprojekten oder in vorigen Kooperationen angefangen. Typisch ist auch, dass solche Netzwerkkooperationen nicht formell beendet werden, sondern vielmehr unbemerkt auslaufen oder fließend in neue Kooperationen übergehen.

Schließlich gibt es auch in der *Sachdimension* in Netzwerken häufig Unklarheiten darüber, wer welche Leistungen zu erbringen hat. Gerade weil in Netzwerken die Leistungsbeziehungen vertraglich oft nicht klar geregelt werden können und es keine Weisungsbefugnisse innerhalb einer Hierarchie gibt, entsteht bei vielen Netzwerkpartnern der Eindruck, dass sie mehr leisten als andere. Netzwerke sind, so ein häufig in der Szene zu hörender Spruch, wie große Luftkissen – „alle pusten hinein und jeder hat das Gefühl, dass er mehr pustet als die anderen."

Je mehr sich Organisationen in Netzwerken organisieren, je mehr Kooperation in Organisationen durch Netzwerkkooperation ersetzt wird, desto schwieriger werden Zurechnungen. Wem fühlen sich Personen verbunden – dem Netzwerk oder der sie entsendenden Organisation? Wie soll in Netzwerken die Zugehörigkeit von Personen gemanagt werden, wenn diese – was nicht selten vorkommt – Mitglied in mehreren der am Netzwerk beteiligten Organisationen sind? Wenn Personen (und noch weitergehend deren Leistungen) so schwer innerhalb des Netzwerks zurechenbar sind – wem „gehören" dann die Leistungen, die in einem Netzwerk erbracht werden? Wie können bei einer so hohen Unbestimmtheit die „Einnahmen" aus einem Netzwerk aufgeteilt werden?

Fazit – Eine genauere Beobachtung von Organisationsgrenzen
Wie weit trägt die Kategorie der Organisationsmitgliedschaft angesichts solcher Entwicklungen noch? Wird sie der in der Soziologie geführten Diskussion über die „Auflösung der Organisation", die „Entgrenzung von Organisationen" oder über „Netzwerke als Strukturierungsform jenseits von Markt und Hierarchie" noch gerecht? Lässt sich angesichts von „virtuellen Netzwerken", in denen eine Vielzahl von freien Mitarbeitern zusammenwirken, überhaupt noch von Mitgliedschaft als einem zentralen Kriterium von Organisationen sprechen? Erodiert mit dem Verschwinden des Normalarbeitsverhältnisses eines werktags von 8 bis 16 Uhr ausgeübten Jobs auch die Mitgliedschaftsrolle?

Es gibt in der Organisationsforschung aufgrund dieser Fragen eine Tendenz, den Mitgliedschaftsbegriff zu relativieren – teilweise auch ganz aufzugeben.

Organisationen werden dann nur noch als lose Netzwerke verstanden, in denen sich punktuell Personen für Projekte zusammenfinden. Es wird ein Trend zur „grenzenlosen Organisation" prognostiziert (Ashkenas et al. 1998) und die zunehmende Ausbildung „virtueller Organisationen" beobachtet (Davidow und Malone 1993). Letztlich, so beispielsweise die Betriebswirte Arnold Picot und Ralf Reichwald (1994), stelle sich die Frage nach der „Auflösung" der Organisationen.

Aber eher das Gegenteil scheint einleuchtend. Je fraglicher die Bestimmung von Mitgliedschaft in Organisationen ist, desto stärker wird von allen Beteiligten beobachtet, was zu einer Organisation dazugezählt wird und was nicht. Die zunehmende Virtualisierung, die permanenten Verschiebungen von Grenzen, die wechselhafte Einrichtung und Auflösung von Grenzen scheint dazu zu führen, dass die Beobachtung von Grenzen noch genauer wird. Gehen Unternehmen zunehmend dazu über, Zeitarbeiter einzustellen, dann wird noch mehr Energie darauf verwendet, zu definieren, welche Verantwortung das „Verleihunternehmen" und welche das „Nutzungsunternehmen" hat. Gehen Universitäten dazu über, Lehrleistungen zunehmend über kurze Zeitverträge oder über mit sehr genau definierten Werkverträgen ausgestattete „Lehrbeauftragte" abzuwickeln, werden sich Verantwortliche zunehmend darüber Gedanken machen, bei welchen Rechten und Pflichten diese mit „normalen" Mitarbeitern der Universität gleichgestellt werden müssen und bei welchen nicht. Wenn Entwicklungshilfeministerien sich für längere Zeit von Entwicklungshilfeorganisationen leihweise Mitarbeiter ins Haus holen, um Strategien des Ministeriums entwickeln zu lassen oder auch nur, um im ministerialen Alltagsgeschäft Hilfe zu haben, wird durch den Blick auf verwendete Visitenkarten, durch Abchecken der E-Mail-Adresse oder durch Identifizierung des Inhalts eines Wortbeitrages genauer beobachtet, in welchem Namen der oder die „Entsandte" gerade spricht.

Organisationen können nicht darauf verzichten, das Handeln von Personen unter dem Gesichtspunkt der Mitgliedschaft zu beobachten. Auch wenn das, was in Unternehmen, Verwaltungen, Universitäten oder Kirchen „innen" und „außen" ist, ständig neu definiert wird (Döhl et al. 2001, S. 220 ff.) und auch wenn es ambivalent verortete Personen geben mag, heißt dies nicht, dass die Kategorie der Mitgliedschaft ihren Orientierungswert verliert. Das „Management der Mitgliedschaften" und die Entscheidung, wie die „Grenzen der Mitgliedschaft" zu ziehen sind, erfordern dann umso mehr Aufmerksamkeit und werden als zentrale Formen zur Gestaltung von Organisationen umso wichtiger.

2.2   Zwecke – zur Rolle von Zielen und Strategien in Organisationen

Organisationen sind phantasievoll, wenn es um die Formulierung von Zwecken geht. „Wir steigern unseren Marktanteil in Bosnien von 7 auf 8,5 %", „Im nächsten Jahr reduzieren wir unseren Ausschuss um 10 000 Teile pro Jahr" oder „Unser Management sorgt dafür, dass alle Mitarbeiter bei uns glücklich sind und deshalb nie mehr als ein Mitarbeiter pro Monat das Unternehmen verlässt" – derlei Zweckaussagen finden sich in Unternehmen, genauso wie in Gewerkschaften die Zweckaussagen zu hören sind: „800 neue Mitglieder in drei Monaten gewinnen" oder „Beim Streik in Ostdeutschland sind Lohnsteigerungen von mindestens 4,5 % herauszuholen" (vgl. Luhmann 1972a, S. 88).

Wenn Unternehmen, Verwaltungen, Krankenhäuser oder Armeen sich auf die Suche nach ihren langfristigen Zwecken begeben, dann bezeichnen sie das gern auch als „Zielfindung" oder „Strategieentwicklung". Die Hauptaufgabe des Topmanagements wird häufig auch darin gesehen, in Form von strategischen Visionen Zweckwechsel ihrer Organisation vorzubereiten (vgl. Chandler 1962, S. 15). Beratungsfirmen haben sich darauf konzentriert, in „Strategieprozessen" die Zweckausrichtungen der sie beauftragenden Unternehmen, Verwaltungen oder Krankenhäuser kritisch in Augenschein zu nehmen und gegebenenfalls alternative Ausrichtungen vorzuschlagen.

Welche Funktionen erfüllen Zwecke, Ziele oder – wenn man es im Management-Slang ausdrücken möchte – Strategien in Organisationen?

Die Scheuklappen der Organisation

Man kann sich die Funktion von Zwecken in Organisationen an einem kleinen Gedankenexperiment deutlich machen. Prinzipiell hat eine Organisation die freie Auswahl, für welchen Zweck sie sich entscheidet. Sie könnte arme Kinder in der dritten Welt mit kostenlosen Medikamenten versorgen und dafür Spenden in der Bevölkerung sammeln, sie könnte aber auch ihre eigene Profitabilität dadurch erhöhen, dass sie besorgten Eltern teure, aber wirkungslose Vitamincocktails verkauft. Oder sie könnte – weil vielleicht dort die Profitraten höher sind – statt medizinischer Vitamincocktails Milchmischgetränke für Kinder vertreiben oder auch den Vertrieb von Vitamincocktails für Kinder lediglich als Mittel dafür nutzen, um eine frühkindliche Aufklärung über gesunde Ernährung zu betreiben. Sie könnte sich aber auch dafür entscheiden, dass ihr Kinder völlig egal sind, und stattdessen die Interessen von freiberuflich tätigen Fensterputzern vertreten, die Geschichte eines Stadtteils rekonstruieren oder die nächste Mission zum Mond

vorbereiten. Was die Auswahl von möglichen Ausrichtungen betrifft, bewegt sich
eine Organisation – wenn auch theoretisch – in einem Reich der unbegrenzten
Möglichkeiten.

Aber selbst wenn die Mittel und der Wille zur gleichzeitigen Erreichung all
dieser Ziele vorhanden wären – die Organisation sähe sich gezwungen, sich auf
lediglich eine oder zwei dieser vielen Möglichkeiten zu konzentrieren. Spätestens
dann, wenn Debatten darüber aufkommen, welches Ziel bei Konflikten zwischen
den Zielsetzungen bevorzugt werden sollte oder für welche Ziele besonders viele
Ressourcen zur Verfügung gestellt werden sollten, wird die Organisation ihre
eigenen Auswahlmöglichkeiten immer weiter einschränken. Diese Festlegungen
in einem theoretisch unbegrenzten Reich von Möglichkeiten werden als *Zwecksetzungen* einer Organisation bezeichnet.

**Zwecksetzung ist immer auch Verzicht – nämlich auf das Anstreben anderer
Zwecke**
Zwecksetzungen sind also immer frappante Verengungen im Horizont einer
Organisation. Sie konzentrieren die Perspektive der Organisation auf einige
wenige wichtig erscheinende Aspekte und blenden alles andere aus. Jede Zweck-
setzung hebt einen Aspekt – man könnte auch sagen „Wert" – ganz besonders
hervor, allerdings immer auf Kosten der Vernachlässigung, wenn nicht sogar
Schädigung einer Vielzahl anderer möglicher Aspekte.

Insofern lassen sich Zwecke, Strategien oder Ziele als „Scheuklappen" der
Organisation bezeichnen (Luhmann 1973a, S. 46). Genauso wie Pferde aufgrund der seitlichen Position der Augen ein sehr weites Sichtfeld haben, haben
auch Organisationen – jedenfalls prinzipiell – die Möglichkeit, ihren Horizont
fast beliebig zu erweitern. Genauso wie die Blendklappen bei Pferden verhindern, dass sie von der Seite oder von hinten abgelenkt werden, unterbinden
Zwecksetzungen, dass Organisationen durch eine Vielzahl anderer Möglichkeiten
irritiert werden.

Durch ihre Zwecksetzungen – ihre Scheuklappen – gewinnt eine Organisation
auf dem „Bildschirm ihrer Zwecke" ein stark vereinfachtes Bild ihrer Umwelt
(Luhmann 1973a, S. 192). Ist es das Ziel eines Unternehmens, Marktführer für
Computer-Festplatten zu werden, dann braucht es sich über alternative Märkte
wie den für Bildschirme oder Rechnereinheiten keine Gedanken zu machen.
Hat eine Armee den Zweck, die eigene Bevölkerung vor Angriffen benach-
barter Staaten zu schützen, dann braucht sich die Armeeführung über alternative
Zwecke wie die Bekämpfung von Aufständen im Inneren oder die Vorbereitung
von Militärinterventionen im Ausland keine Gedanken zu machen.

Zwecke mobilisieren die Wahl der Mittel

Diese Verengung des Horizonts durch Zwecksetzungen hat eine weitere wichtige Funktion: Sie fokussiert die Kräfte auf die Erreichung des Zweckes und mobilisiert die Phantasie, mit welchen Mitteln der Zweck am besten zu erreichen ist. Wenn sich eine Fakultät für Soziologie das Ziel setzt, die „besten" Bachelorabsolventen eines Landes für ihr Masterprogramm zu rekrutieren, dann setzt dies bei Administratoren und Lehrenden Phantasien in Gang, mit welchen Mitteln man diese Studierenden für die Fakultät gewinnen könnte. Wenn ein Unternehmen das Ziel hat, zu den drei Weltmarktführern für landwirtschaftliche Nutzfahrzeuge zu gehören, vergleicht es sich in einem sogenannten „Benchmarking" mit anderen Unternehmen der Branche, um herauszufinden, ob es vielleicht nicht noch geeignetere Mittel zur Produktion von Traktoren gibt.

In der Suchlogik gilt dabei das Sprichwort „Der Zweck heiligt die Mittel" (Luhmann 1973a, S. 46). Schließlich ist es ja die Funktion von Zwecken, möglichst viel Phantasie bei der Auswahl geeigneter Mittel zu mobilisieren. Aber in der Regel ist das Spektrum der Mittel, die zur Zweckerreichung eingesetzt werden dürfen, immer begrenzt. Wenn das Management eines Herstellers von Wasserkraftwerken als Zweck verkündet, die Märkte in Griechenland und der Türkei zu erobern, dann ist es zumindest fraglich, ob Bestechung als legitimes Mittel akzeptiert werden würde, um dieses Ziel zu erreichen.

Der Blick auf die als legitim betrachteten Mittel zur Erreichung eines Zweckes sagt dabei viel über die Organisation aus. Halten sich die Sicherheitskräfte eines Landes an das Folterverbot oder sind sie angesichts einer vermeintlichen oder real existierenden Terrorgefahr so verzweifelt, dass ihnen „fast jedes Mittel" recht ist? Ist für ein Pharmaunternehmen das Ziel der Entwicklung eines neuen Krebsmedikamentes so wichtig, dass man die Parole ausgibt, ein geeignetes Mittel zu finden, „koste es, was es wolle", oder werden klare Vorgaben gemacht, wie viele Mittel maximal dafür investiert werden dürfen?

Diese Suche nach den besten Mitteln, um einen Zweck zu erreichen, wird in der Organisationsforschung von einem speziellen Begriff geleitet: *„Zweckrationalität"*. Die Rationalität bezieht sich dabei *nicht* auf die Auswahl des Zweckes. Dieser ist gesetzt. Vielmehr geht es um die Suche nach den geeigneten Mittel für die Erreichung des Zweckes. Die Zwecke einer Organisation selbst können den Beobachtern höchst fragwürdig erscheinen – die Errichtung von Straflagern für politisch Andersdenkende, die Ausbildung von Selbstmordattentätern oder die Herstellung von Haarsprays. Trotzdem würde man der Organisation ein hohes Maß an Zweckrationalität zugestehen, wenn sie bei der Wahl der Mittel für die Zweckerreichung möglichst effektiv und effizient vorgeht. Es handle, so eine prominente Formulierung des Soziologen Max Weber (1976,

S. 13), derjenige zweckrational, der in seinem Handeln erst verschiedene Zwecke gegeneinander abwägt, dann die günstigsten Mittel zur Erreichung der definierten Zwecke wählt und in dem Auswahlprozess mögliche unerwünschte Nebenfolgen mit in Betracht zieht.

Die Schwierigkeit mit den Zwecken
Nicht wenige Organisationsforscher erachten Zwecke als so bedeutsam, dass Organisationen in ihren Augen nichts anderes sind als Mittel zur Erreichung dieser Zwecke. So bezeichnet der Philosoph und Soziologe Theodor Adorno (1990, S. 441) eine Organisation als einen bewusst geschaffenen und gesteuerten Zweckverband. Die Soziologen Peter M. Blau und Richard W. Scott (1962, S. 5) identifizieren als das charakteristische Merkmal von Organisationen, dass sie „ausdrücklich zum Zweck der bestimmten Ziele geschaffen wurden". Der Soziologe Amitai Etzioni (1964, S. 3) definiert Organisationen dann noch direkter als soziale Einheiten, die „zur Verfolgung spezifischer Ziele" gebildet wurden. Die Ökonomen Peter Gomez und Tim Zimmermann (1993, S. 14 ff.) bestimmen die Organisation als „zielgerichtetes soziales System". Die Zahl der Definitionen, die vom Zweck oder Ziel einer Organisation ausgehen, ist inzwischen Legion.

Aber so einfach ist es leider nicht. Zwar haben Zwecke in vielen Organisationen eine wichtige Strukturierungswirkung, aber häufig ist ihre Rolle viel komplizierter, als durch solche an Zweckerreichung orientierten Organisationsdefinitionen suggeriert wird.

Konflikte zwischen Zwecken
Organisationen bekennen sich häufig zu einer ganzen Sammlung unterschiedlicher Zwecke und implizieren dabei, dass diese Zwecke miteinander vereinbar sind oder sich gar gegenseitig stützen. Rektoren von Universitäten propagieren gleichzeitig Exzellenz in der Forschung, eine exquisite wissenschaftliche Ausbildung (häufig einer Vielzahl) von Studierenden und eine punktgenaue Vorbereitung auf die Berufspraxis – suggerierend, dass die Erreichung dieser Zwecke gleichzeitig möglich sei. In der Praxis stehen Zwecke von Organisationen jedoch häufig in Konflikt zueinander.

Manche Unternehmen definieren ihre Ziele etwa dahin gehend, dass das operative Geschäft Gewinne bringen soll, neue Märkte erschlossen, grundlegend neue innovative Produkte entwickelt, die Mitarbeiter hervorragend behandelt und auch Leistungen für das Gemeinwesen erbracht werden sollen. Diese Zwecke mögen in ferner Zukunft – in einer konsequent umgesetzten Marktwirtschaft, in einer klassenlosen Gesellschaft oder im durch Gott geschaffenen Paradies – vereinbar sein, faktisch handelt es sich für Unternehmen jedoch um konkurrierende

Zwecksetzungen. Die Entwicklung neuer innovativer Produkte drückt den kurzfristigen Profit und damit auch die Möglichkeit zur Zahlung von höheren Dividenden, Löhnen oder Steuern. Eine Erhöhung der Dividenden für Aktionäre kann häufig nur durch Reduzierung der Investitionen in die Entwicklung neuer Produkte, Reduzierung von Lohnzahlungen oder Verminderung von Steuerabgaben erreicht werden (vgl. Luhmann 1981a, S. 405).

Öffentlich geförderte Theater sollen einerseits ein attraktives Kulturangebot für möglichst viele Bürger ihrer Stadt unterbreiten und möglichst jeden Abend ein ausverkauftes Haus haben. Ein solches Ziel wäre leicht zu erreichen, wenn ein Stadttheater von den öffentlichen Zuschüssen ein Musical wie „König der Löwen" einkaufen würde. Gefüllte Säle wären garantiert und in guten Jahren würden sogar Gelder in den Stadtsäckel zurückfließen. Aber andererseits haben städtische Theater auch die Aufgabe, einen Beitrag zur Förderung innovativer Kunst zu leisten, was nicht selten bedeutet, dass Zugeständnisse in Bezug auf gefüllte Theatersäle oder – unter Kostendeckungsgesichtspunkten – in Bezug auf die Preise von Theaterkarten gemacht werden müssen. Die ganz eigene „Kunst" der Intendanz eines Theaters besteht darin, diesen Zweckkonflikt so zu managen, dass das Theater weder permanente Geldnachforderungen an die Stadt stellt noch zu einer Abspielstätte für Andrew-Lloyd-Webber-Musicals verkommt.

Es mag Organisationen geben, die lediglich einen klar definierten Zweck verfolgen und deswegen in der Lage sind, jede Entscheidung im Hinblick auf die effiziente und effektive Erreichung dieses Zweckes hin zu optimieren. Der Normalfall ist jedoch, dass Organisationen eine Vielzahl häufig widersprüchlicher Zwecke anstreben und allein dies schon eine Durchrationalisierung der Organisation verhindert.

Zwecke als Dekoration nach außen
Nicht alle Zwecke, so bereits eine frühe Erkenntnis Niklas Luhmanns (1973a, S. 94), sind so instruktiv, dass sich aus ihnen richtige Mittel, geschweige denn „einzig-richtige" Mittel ableiten ließen. Formulierungen wie „Der Kunde ist König", „Humanisierung der Arbeitswelt", „Maximierung des Profits" oder „Schutz unserer Umwelt" können bestenfalls abstrakte Verhaltenserwartungen darstellen. Sie lassen aber offen, welche Handlungen in einer konkreten Situation erwartet werden. „Optimiere alles, was gut ist, auf einmal" – daraus lassen sich nur schwer Anleitungen für Einzelhandlungen ableiten (Luhmann 1973a, S. 106 ff.). Wie weit soll man beim „Schutz unserer Umwelt" gehen? Darf man dafür im Notfall auch töten? Wie soll man sich verhalten, wenn ein Verhalten zwar dem „König Kunde" nutzt, aber den Mitarbeitern – dem „wichtigsten Kapital" des Unternehmens – schadet?

Die Formulierung von eher abstrakten Zwecken – man kann auch *Werte* dazu sagen – soll aber häufig auch gar nicht die Funktion haben, konkretes Handeln anzuleiten. Sie soll vielmehr dazu dienen, Akzeptanz in der Umwelt der Organisation zu erzeugen (vgl. grundlegend Meyer und Rowan 1977; präziser vorher schon Luhmann 1964, S. 108 ff.). Ein Management, das sich in einer kapitalistischen Wirtschaft nicht offensiv zum Wert der Gewinnmaximierung bekennt, bekommt vermutlich genauso Schwierigkeiten mit den Aktionären des Unternehmens wie eine Gewerkschaftsfunktionärin mit Gewerkschaftsaktivisten, wenn sie sich nicht für das Ziel einer möglichst erfolgreichen Vertretung der Mitglieder einsetzt – oder dies zumindest so kommuniziert.

Deswegen sind Organisationen häufig wahre „Bekenntnismaschinen", die sich regelmäßig zu allen möglichen in der Gesellschaft gefragten Werten bekennen, sich in ihren konkreten Handlungen davon aber kaum beeinflussen lassen. Aus dem lauten und farbigen Bekenntnis zu Umweltschutz, zu Arbeitsschutz, zur Gleichstellung von Frauen und Männern oder zur Förderung von Minderheiten folgen nicht automatisch auch die entsprechenden Taten seitens der Organisation.

Im Gegenteil: Je größer die Chance ist, über abstrakte Wertformulierungen Akzeptanz in der Umwelt zu erzeugen, desto größer sind die Probleme, wenn diese Werte in konkretes Verhalten umgesetzt werden sollen (vgl. Luhmann 1972a, S. 88 f.). Das Problem besteht darin, dass sich die Maßnahmen zur Erzeugung von Akzeptanz in der externen Umwelt und die möglichst präzise Anleitung von Entscheidungen im Inneren oftmals gegenseitig ausschließen. Organisationen lösen das Problem dadurch, dass sie in der Regel beides machen – sich nach außen zu einer Vielzahl von attraktiven Werten bekennen und nach innen klare Ziele vorgeben, die bestenfalls nur noch in einer losen Verbindung zu diesen Werten stehen. Dass diese beiden Strategien nicht zueinander passen, ist eine andere Geschichte.

Der Wechsel von Zwecken
Zwecke eignen sich – so eine frühe Einsicht der Organisationsforschung nach dem Zweiten Weltkrieg – allein schon deshalb nicht als Ausgangspunkt für Organisationsanalysen, weil selbst die „letzten", „obersten" Zwecke einer Organisation modifiziert werden können (Blau 1955). Organisationen, die ursprünglich Gummistiefel hergestellt haben, können – siehe das Beispiel Nokia – ihren Zweck auf die Produktion von Gasmasken und Übertragungskabel sowie anschließend auf Entwicklung, Montage und Vertrieb von Handys verlagern. Betriebe, die vorwiegend Stahlrohre produzieren, ändern ihre Zwecke so, dass sie als Experten für den Betrieb von Handy-Netzen angesehen werden.

Selbstverständlich sind Organisationen nicht völlig frei, ihre Zwecke zu wechseln. Dies allein schon deswegen nicht, weil Unternehmen, Verwaltungen oder Krankenhäuser viel Geld in den Ankauf von Maschinen, die Aus- und Fortbildung von Personal oder die Entwicklung von Abläufen gesteckt haben, Dinge also, die dann nicht ohne Weiteres für einen anderen Zweck der Organisation verwandt werden können. Aus Schwertern mögen sich vielleicht Pflugscharen machen lassen, aber keine Computer. Ingenieure mögen sich mit einigem Aufwand zu Call-Center-Mitarbeitern umschulen lassen, aber nicht zu Elitesoldaten. Ökonomen sprechen hier von „sunk costs" – „versenkten Kosten", die bereits für einen bestimmten Zweck aufgewandt wurden und eben nicht mehr für anderes zur Verfügung stehen. Aber trotz der Bindung, die Organisationen durch vergangene Entscheidungen eingegangen sind, ist die Schnelligkeit, mit der Organisationen ihre Zwecke wechseln, faszinierend.

Diese Wechsel von Zwecken laufen von Kunden, Mitarbeitern oder Zulieferern häufig weitgehend unbeobachtet und manchmal selbst für die Organisationsspitzen überraschend ab. Bei einem ersten oberflächlichen Blick würden wir McDonald's als eine große Frittenbude bezeichnen, deren Zweck der möglichst profitable Verkauf von Hamburgern, Pommes Frites und koffeinhaltigen Warm- und Kaltgetränken ist. Faktisch lässt sich McDonald's jedoch eher als einer der größten Immobilienvermieter der Welt mit einem Grundbesitz im Wert von über dreißig Milliarden US-Dollar beschreiben. Das Geschäftsmodell des Konzerns basiert darauf, Kleinunternehmern eine Immobilie zur Verfügung zu stellen, um von ihnen nicht nur Einnahmen für den Verkauf von tiefgekühlten Hackfleischscheiben und Gebühren für die Verwendung des McDonald's-Logos, sondern vor allem stattliche Miet- und Pachtzinsen zu kassieren. Harry J. Sonneborn, in der Frühzeit von McDonald's die graue Eminenz hinter dem Vorstandsvorsitzenden Ray Croc, brachte es gegenüber Banken einmal mit der Aussage auf den Punkt, dass McDonald's nicht in der Fastfood-Branche tätig sei, sondern in erster Linie auf dem Grundstücksektor (siehe zu McDonald's Love 1995).

Der Grund für den Wechsel von Zwecken kann vielfältig sein: plötzliche Verschiebungen in den Prioritäten des Managements, gesetzliche Neuregelungen, Verselbstständigung einzelner Abteilungen, zufällige Innovationen, die als Abfallprodukt ganz anders geplanter Forschungen entstanden sind und plötzlich den Aufmerksamkeitsfokus verlagern, das Erreichen eines einmal gesetzten Zweckes oder auch das Scheitern bei der Erreichung eines Zweckes. Es lohnt sich, einige dieser Anlässe für Zweckwechsel genauer anzusehen.

Das Erreichen von Zwecken

Häufig setzen sich Organisationen Zwecke, die nie zu erreichen sind. Die Beförderung des Seelenheils durch die Kirche, die Beschulung von Kindern und Jugendlichen oder die Produktion von Lebensmitteln können nie endgültig erreicht werden, weil immer neu gesündigt wird, immer neue Kinder gezeugt werden oder immer neue Hungergefühle entstehen. Andere Organisationen haben jedoch Zwecke, die eines Tages tatsächlich erfüllt werden können: die Ausrottung einer Krankheit, die Durchführung eines überregionalen Straßenbauprojektes, die Einführung des Frauenwahlrechts oder die Ausmerzung einer ethnischen Minderheit.

Wären Organisationen lediglich Instrumente zur Erreichung von Zwecken – wie es die klassische zweckrationale Sichtweise von Organisationen vorsieht –, dann müssten sie sich nach Erreichen ihres Zweckes eigentlich auflösen. Aber eine Vielzahl von Studien zeigt, dass Organisationen weiterexistieren, auch wenn ihr ursprünglicher Zweck erreicht wurde. Nach Erreichen des Zwecks wird innerhalb der Organisation offensichtlich ein hohes Maß an Phantasie motiviert, um herauszufinden, welche anderen Zwecke sie auch noch anstreben könnte.

Ein eindrucksvolles Beispiel für dieses Beharrungsvermögen von Organisationen ist die Stiftung „March of Dimes", deren Zweck ursprünglich die Bekämpfung der Kinderlähmung war. Die Stiftung sammelte in groß angelegten Aktionen kleinere Geldbeträge – die Dimes – ein, mit denen medizinische Forschungen über Kinderlähmung finanziert wurden. Mit der Entwicklung eines Impfstoffes gegen Kinderlähmung gelang es, diese Erkrankung weitgehend auszurotten, und der Zweck dieser Organisation war erreicht. Statt sich aufzulösen, wandte sich die Organisation anderen Zwecken wie der Entdeckung von genetischen Defekten bei Neugeborenen und der Versorgung von Frühgeborenen zu (Sills 1957). Die „March of Dimes" war ein so erfolgreiches Instrument zum Sammeln von Spenden und bei öffentlichen Geldgebern bereits so gut als „Marke" eingeführt, dass die Organisation scheinbar nicht „sterben" konnte. Statt die Organisation einfach aufzulösen, wurden mit der Unterstützung der virologischen Grundlagenforschung, der Ausarbeitung von Programmen für professionelle Bildung an medizinischen Hochschulen und der Entwicklung von Maßnahmen zur Unterstützung von Menschen mit Behinderungen neue Zwecke für die Organisation generiert.

Das Verfehlen von Zwecken

Bei Organisationen, die einen Zweck offensichtlich erreicht haben, könnte man argumentieren, dass sie als „Task Force" für Sonderaufgaben erhalten bleiben sollten – schließlich hätten sie ja ihre Effizienz bereits unter Beweis gestellt.

Dieses Argument entfällt jedoch bei Organisationen, die ihren Zweck offensichtlich nicht erreicht haben. Aber die empirische Forschung zeigt, dass selbst Organisationen, die ihre Zwecke sichtbar verfehlen, nicht selten ihr Scheitern überleben.

Ein gutes Beispiel für die Beständigkeit selbst bei offensichtlichem Verfehlen von angestrebten Zielen sind die Organisationen, die gegründet werden, um ein Großereignis in eine Stadt oder ein Land zu holen. Als sich beispielsweise fünf deutsche Städte um die Ausrichtung der olympischen Spiele 2012 bewarben, hätte man davon ausgehen können, dass die Organisationen, die die Bewerbung von Düsseldorf, Frankfurt, Hamburg, Leipzig und Stuttgart vorbereitet hatten, spätestens dann aufgelöst worden wären, als die Städte aus dem Bewerbungsverfahren ausgeschieden waren. Aber die eigentlich für ein konkretes Projekt gegründeten Organisationen existierten teilweise weiter, veränderten ihre Zwecke in Richtung auf Förderung der Sportlandschaft in der Stadt generell, das Stadtmarketing oder andere Formen der Stadtentwicklung. Das Beharrungsvermögen einer einmal eingerichteten Organisation und die Phantasie bei der Generierung neuer Zwecke scheinen häufig größer zu sein als die Enttäuschung über das offensichtliche Scheitern dieser Organisationen.

Man kann aber auch auf den ersten Blick abstrus klingende Beispiele wie den Fall einer UFO-Sekte um die Chicagoer Hausfrau Marion Keech heranziehen. Keech, die stark durch Ideen des späteren Science-Fiction-Autors und Gründers der Scientology Church L. Ron Hubbard beeinflusst war, verkündete, dass ihr in einer Reihe von Botschaften aus dem Weltraum mitgeteilt worden war, dass am 21.12.1954 eine große Flut die Erde überschwemmen würde. Es bildete sich ein kleiner Kreis von Personen um Keech, die – so die Ankündigung – kurz vor der Flut mit Hilfe einer fliegenden Untertasse in die Sicherheit des Weltalls gebracht werden sollten. Die Sozialforscher Leon Festinger, Henry Riechen und Stanley Schachter, die sich als Mitglieder des Kults anwerben ließen, beobachteten, wie der von Keech angekündigte Termin zur Abholung durch die Außerirdischen verstrich und sich zunehmend Verzweiflung in der Gruppe breitmachte. Marion Keech brach zusammen und begann, bitterlich zu weinen. Die „Botschaften wurden immer wieder gelesen, um festzustellen, ob nicht vielleicht ein wichtiger Hinweis übersehen worden war." „Eine Erklärung nach der anderen über das Nichterscheinen des Besuchers wurde herangezogen und wieder verworfen." Dann, um 4:45 am Morgen, rief Mrs. Keech die Gruppe zusammen und kündigte an, dass sie eine Botschaft erhalten habe. „Im Stile eines Propheten aus dem Alten Testament verkündete sie, dass Gott die Welt vor der Zerstörung gerettet habe, weil die Gruppe, die die ganze Nacht zusammen gesessen habe, so viel Licht verbreitet habe, dass dieses nun, nicht Wasser, die Erde überflute."

Die UFO-Sekte überlebte das Scheitern erfolgreich und versuchte in der Folge weitere Unterstützer zu rekrutieren (Festinger et al. 1956; siehe für die Zitate die kompakte Zusammenfassung von Mann 1999, S. 186 f.).

Eine Möglichkeit scheint zu sein, das eigene Scheitern zu einem Erfolg umzudefinieren, indem die ursprünglichen Ziele modifiziert oder vergessen werden. Da, wo dies nicht möglich ist – Stichwort Bewerbung für Olympische Spiele –, scheint die Strategie darin zu bestehen, positive Nebenerfolge zu identifizieren, die eine Weiterexistenz der Organisation rechtfertigen. Nicht selten werden solche Uminterpretationsversuche auch von außen unterstützt, weil dies zum Beispiel den Sponsoren einer offensichtlich gescheiterten Organisation den Nachweis ermöglicht, dass die Gelder nicht vergeblich ausgegeben wurden.

Zweck-Mittel-Verdrehung
In der Tradition einer zweckrationalen Sichtweise von Organisationen dienen Mittel dazu, den Zweck einer Organisation zu erreichen. In der Praxis gewinnen die Mittel jedoch oft eine eigene Qualität. Die Zwecke, für die die Mittel ursprünglich einmal entwickelt wurden, werden vergessen und an den Mitteln wird mit einem solchen Enthusiasmus festgehalten, als ob sie der Zweck der Organisation selbst wären. Zensuren sind dann nicht mehr das Mittel, um Schülern eine Kontrolle ihrer Lernfortschritte zu ermöglichen, sondern werden zum eigentlichen Grund für das Lernen (Illich 1973, S. 17 ff.). Das Zusammentreffen in kirchlichen Jugendgruppen, in Seniorentreffs, in Gemeindehäusern und im postgottesdienstlichen Kaffeeklatsch ist dann irgendwann nicht mehr Teil der Lobpreisung Gottes im Sinne eines „Wenn zwei oder drei in meinem Namen zusammen sind", sondern die Pflege der Geselligkeit wird zum Hauptinhalt der Gemeindearbeit.

Solche Zweck-Mittel-Verdrehungen vollziehen sich schleichend, sodass sie von den Organisationen selbst häufig kaum wahrgenommen werden. Das Einwerben von zusätzlichen Forschungsgeldern wurde lange Zeit nur als ein Mittel angesehen, um aufwendige Forschungen an Universitäten zu finanzieren. Niemand wäre aber auf die Idee gekommen, das Einwerben einer Geldsumme *für* Forschung bereits mit einem wissenschaftlich interessanten Forschungsergebnis zu verwechseln. Aufgrund der Suche nach quantifizierbaren Erfolgsmaßstäben in der Wissenschaft hat sich jedoch die Einwerbung von Forschungsgeldern vielfach vom Mittel zum Zweck gewandelt. Bereits das Einwerben der Gelder für ein Großprojekt, für einen Sonderforschungsbereich oder für ein Forschercluster wird als Zeichen wissenschaftlicher Exzellenz gewertet – und nicht erst die Forschungsergebnisse, die von Wissenschaftlern produziert werden. So scheint die Frage nach den eingeworbenen Forschungsgeldern bei Bewerbungsverfahren für Professuren – „Wie viele Millionen Forschungsgelder haben Sie denn schon generiert?" – häufig eine wichtigere Rolle zu spielen als die Frage nach der Qualität der publizierten Arbeiten (siehe zur Verwechslung von Input- und Outputsteuerung in der Wissenschaft Münch 2006).

Zweck-Mittel-Verdrehungen sind häufig nur von außen zu beobachten und zu kritisieren. Die Kritik an Organisationen des Gesundheitswesens verweist darauf, dass bei der Behandlung von Kranken der eigentliche Zweck – Gesundheit – vergessen wird. Obwohl wir „Gesundheit" wollen, wenn wir in ein Krankenhaus, eine Rehabilitationseinrichtung oder Spezialklinik gehen, bekämen wir, so der Vorwurf, lediglich „medizinische Versorgung". Die Ärzte, aber auch Patienten würden, so Ivan Illich (1975), das Mittel „medizinische Versorgung" mit dem „Zweck" verwechseln und übersehen, dass mehr medizinische Versorgung häufig sogar zu weniger Gesundheit führt. Aus der Perspektive von Patienten ist dies sicherlich als „Pathologie" von Organisationen zu werten, aus der Perspektive der Organisationsforschung sind solche Verschiebungen der Aufmerksamkeit weg von den angestrebten Zwecken hin zu den Arbeitsverfahren alltägliche Praxis.

Zwecke werden nachträglich gesucht
In Untersuchungen über Entscheidungsprozesse in Organisationen wurde die Kritik am zweckrationalen Modell noch weiter radikalisiert. Unternehmen, Verwaltungen oder Universitäten stellen sich auf der Schauseite so dar, dass erst die anzustrebenden Zwecke definiert werden – in aufwendigen Strategieprozessen, in Zielfindungsworkshops oder durch einsame Entscheidungen einer Geschäftsführerin – und dann alle weiteren Entscheidungen auf die Erreichung dieser Zwecke ausgerichtet werden. Die Suggestion ist, dass erst die Ziele und Zwecke kommen und dann die Handlungen.

Solche Fälle kommen in Organisationen sicherlich vor, aber vielfach werden die Zwecke erst gesucht, *nachdem* gehandelt wurde. In Organisationen, so das Ergebnis vieler Untersuchungen über Entscheidungen in Organisationen, wird permanent entschieden, ohne dass immer klar ist, warum und auf welcher Grundlage. Sind durch eine Entscheidung erst einmal Effekte produziert worden, sucht man mögliche Zwecke, die sich zur Rechtfertigung der Entscheidung eignen. Das Entscheidungsverhalten ist, so der Organisationssoziologie James G. March, nicht nur ein an Zwecken orientiertes Handeln von Organisationsmitgliedern, sondern ebenso ein permanenter Prozess zur Findung von Zwecken, die die bereits stattgefundenen Handlungen legitimieren können. Kurz: Die „Tat geht häufig dem Ziel voran" und die „Verkündigung des Ziels ist dann eine Rechtfertigung bereits getaner Schritte" (March 1976, S. 72).

Solche nachträglichen Definitionen von Zwecken kann man z. B. bei Beratungsprojekten untersuchen, in denen sich die Zwecke erst langsam herauskristallisieren. Durch Ausschreibungsunterlagen und Beratungsverträge suggerieren Unternehmen, Verwaltungen und Krankenhäuser, dass sie klare Vorstellungen haben, welche Ziele durch den Einsatz von Beratern erreicht werden sollen – und zwar *bevor* sie einen Auftrag an ein Beratungsunternehmen vergeben. Es gibt Projekte, die sich an solchen ursprünglich vereinbarten Zwecken orientieren; aber werden durch den Einsatz von Beratern nichterwartete Effekte produziert, dann müssen hierfür nachträglich die legitimierenden Zwecke gesucht werden. Als Zweck eines Beratungsprojektes wird dann am Ende etwa ausgegeben, dass der Bedarf neuer Weiterbildungsangebote identifiziert wurde, obwohl das Projekt ursprünglich im Kontext einer Diskussion über leistungsgerechte Bezahlungsmodelle stand.

Der Psychologe Karl Weick bezeichnet diesen Prozess der nachträglichen Zweckfindung als „Sensemaking" – als den Prozess des „Sich-einen-Reim-auf-etwas-machens". Der Sinn einer Handlung oder Entscheidung werde, so Weick, häufig erst nachträglich konstruiert, weil man in der Regel erst durch Handlungen näher herausfindet, wozu diese eigentlich nützten. „Wie kann ich wissen, was die Zwecke der Organisation sind", so der klassische, Zweckrationalisten in Wallung versetzende Grundgedanke, „solange ich nicht sehe, was in der Organisation entschieden wird?" Die Aufgabe des Managements bestehe, so die Schlussfolgerung Weicks, nicht so sehr darin, geeignete Zwecke für die Organisation zu definieren und daraus Mittel abzuleiten, sondern vielmehr darin, einen Rahmen zu schaffen, in dem die vielen verschiedenen Entscheidungen, die in der Organisation getroffen werden, interpretiert und geordnet werden können (Weick 1995, S. 9 ff.).

Zwecke als ein Strukturierungsmerkmal unter anderen

Die Anhänger einer zweckrationalen Sichtweise auf Organisationen brauchen sich durch solche vielfältigen „Verschmutzungen" ihres auf Zweckoptimierung ausgerichteten Organisationsbildes nicht irritieren zu lassen: Existiert eine Organisation weiter, obwohl der bei der Gründung identifizierte Zweck bereits erreicht ist, kann eine Schlampigkeit der Aufsichtsorgane vermutet und der „Mut" zur Schließung der Organisation eingefordert werden. Werden Zweck-Mittel-Verdrehungen in der Organisation beobachtet, kann in Strategieklausuren die „Besinnung" auf die ursprünglichen Zwecke der Organisation verlangt werden. Verhindert die Ausrichtung auf zwei widersprüchliche Zwecke die Durchrationalisierung von Prozessen, dann wird eine klare Strategie der Aufspaltung in zwei unterschiedliche Organisationen mit je einem klaren Zweck gefordert.

Auf diese Weise kann man sich erfolgreich gegen die verschiedenen Verunsicherungen des klassischen Zweckmodells durch die alltägliche Praxis in Organisationen immunisieren. Motto: Entspricht die Realität nicht meinen PowerPoint-Folien mit ihren schlichten Zweck-Mittel-Schemata – schlecht für die Praxis. Die Abweichung wird von Managern, Beratern oder Wissenschaftlern zum Anlass genommen, „klarere Ziele", „eindeutigere Definitionen von Zwecken" oder die „Aufhebung von Zweckkonflikten" zu verlangen. Der Zweck wird zu einer Art Fetisch, an dem man bei der Organisationsanalyse festhält. Als Beobachter fühlt man sich an Sisyphos erinnert, der den Stein immer wieder auf den Hügel der Zweckrationalität zu rollen versucht, obwohl der Stein ihm immer wieder entgleitet. Aber gerade dieses ewige Scheitern an den eigenen Rationalitätsansprüchen, so könnte man ketzerisch anmerken, hält Sisyphos in Bewegung – sowie Manager und Berater beschäftigt (Kühl 2015c, S. 18). Und vermutlich ist das in gewissem Grade – Stichwort Scheuklappen – gut so.

Das Bild der Organisation verkommt jedoch zur Karikatur, wenn man am Fetisch einer komplett auf einen Zweck ausrichtbaren Organisation festhält. Das aus Zweck-Mittel-Beziehungen gebaute Bild der Organisation ist zugegebenermaßen einfach, übersichtlich und verständlich. Analysen von Organisationen lassen sich so relativ einfach anfertigen. Je nach Komplexität des Problems braucht man einfach nur mehr oder weniger Rechnerkapazitäten, Stabsstellenmitarbeiter oder wissenschaftliche Hilfskräfte, um die richtige Lösung zu „errechnen". Aber leider hat dieses Bild von Organisationen nur noch wenig mit der Realität zu tun.

Produktiver ist es, nach der Logik hinter all diesen „Verschmutzungen" des klassischen, an Zwecken ausgerichteten Bildes von Organisationen zu fragen. Weshalb machen der Wechsel von Zwecken, die Weiterexistenz bei Erfolg oder Zweckverfehlungen und Zweck-Mittel-Verdrehungen Sinn? Was ist die Rationalität hinter der Ausrichtung auf mehrere konkurrierende Zwecke einer Organisation? Warum können Organisationen auf möglichst attraktive, die Entscheidungen aber kaum anleitenden Formulierungen nicht verzichten?

Zwischen Zweckrigidität und Zweckwillkürlichkeit
Man stelle sich nur vor, dass der Traum der Zweckrationalisten – nämlich die Ausrichtung auf einen einzigen Zweck – wirklich wahr würde. Man kann sich dieses Problem an Personen deutlich machen: Was wären die Effekte, so das Gedankenexperiment (siehe dazu Kieserling 2004), wenn eine Person sich lediglich einem einzigen Zweck verschreiben würde?

Vermutlich würde die Person sehr schnell an ihrer rigiden Ausrichtung an nur einem Zweck zerbrechen. Eine Forscherin, die den einzigen Sinn ihres

Lebens darin sähe, eines der wissenschaftlichen Welträtsel zu lösen, müsste
irgendwann künstlich ernährt werden, weil ihr eine so banale Sache wie die
Nahrungsaufnahme zu unwichtig erschiene. Sie würde also quasi von außen
gezwungen, auch andere Zwecke ernst zu nehmen. Ein Mann, dessen einziger
Gedanke dem Sex gälte und für den jede Situation – das Erteilen von Befehlen
im Betrieb, das Unterrichten in Universitätsseminaren oder das Agitieren auf
Parteiversammlungen – ausschließlich die Möglichkeit zur Rekrutierung neuer
Geschlechtspartner oder Geschlechtspartnerinnen darstellt, würde irgendwann
ein Fall für die Anonymen Sexsüchtigen, weil die ausschließliche Orientierung an
Sex in vielen Situationen als unangebracht wahrgenommen wird.

Trotzdem können Zwecke von Personen auch nicht völlig erratisch
gehandhabt werden. Personen können an Zweckrigidität zerbrechen, aber sie
können ebenso an der Unfähigkeit zugrunde gehen, sich wenigstens für kurze
Zeit auf einen und nur einen Zweck zu konzentrieren. Die Mitarbeiterin, die in
einem Meeting zur Positionierung einer neuen elektrischen Zahnbürste nicht
nur phasenweise, sondern andauernd durch andere interessante Gedanken wie
die romantischen Erlebnisse der gestrigen Nacht, einen neuen Rekord beim
Computerspiel Pac Man und die noch nicht ausgeräumte Geschirrspülmaschine
abgelenkt wird, stößt auf Akzeptanzprobleme. Umkehrt wird aber auch der
Manager Akzeptanzprobleme bekommen, wenn er beim romantischen Dinner
mit seiner neuen Geliebten durch Anrufe, SMS und E-Mails permanent an
andere Verpflichtungen erinnert wird und dann nicht mehr sicher ist, an welchen
Zwecken er sich eigentlich orientieren soll.

In der Praxis dominiert der *Zweckopportunismus* – die mehr oder minder
sprunghafte Anpassung der jeweils verfolgten Zwecke an die existierenden
Möglichkeiten und Zwänge (Cyert und March 1963, S. 35 f. und 118; siehe ausführlich dazu Luhmann 2010, S. 226 ff.). Man wechselt – je nach Druck und
Möglichkeiten – zwischen den unterschiedlichen Zwecken hin und her. Wenn
man gerade verliebt ist, dann lässt man die Arbeit ein bisschen schleifen. Und
bekanntlich schreiben sich die besten Bücher in Phasen, in denen man nicht durch
das alltägliche Chaos der Liebe abgelenkt wird. „Mal kommt das Fressen, mal die
Moral."

Zwecke als *eine* Möglichkeit der Strukturierung
Zwecke sind *eine* Möglichkeit, eine Organisation zu programmieren, aber eben
nur eine. Es kann vorkommen, dass Zwecke als „Führgröße" für die Suche beispielsweise nach geeigneten Personen und nach sinnvollen organisatorischen
Zuordnungen genutzt werden. Genauso kann es aber auch vorkommen, dass man
eine Person bereits hat und für sie geeignete Aufgaben – einen Zweck – sucht,

oder dass allein die Menge von vorhandenen Stellen als „Symbol für die Größe und Bedeutung einer Organisationseinheit" gehandelt werden und man für diese Aufgaben und Personen sucht (Luhmann 2000, S. 235).

Die vielfältigen Abweichungen von der Ausrichtung auf einen einzigen Zweck erscheinen aus dieser Perspektive nicht mehr wie im klassischen zweck-rationalen Organisationsmodell als Pathologie, sondern vielmehr als Ausdruck der Anpassungsfähigkeit von Organisationen. Der bewusste oder unbewusste Wechsel von Zwecken, die Weiterexistenz der Organisation bei Erreichen oder Verfehlen des Zweckes, die Verdrehung von Zwecken und Mitteln oder die Nutzung von Zwecken zur nachträglichen Rechtfertigung von Ent-scheidungen sind dann gerade Ausdruck der – um das große Wort zu verwenden – „Intelligenz" von Organisationen.

2.3   Hierarchien – Die „heilige Ordnung" der Organisation

In fast allen Organisationen fallen sofort die Hierarchien ins Auge. Schon ein einfacher Blick auf das Organigramm der Deutschen Bank zeigt uns, dass die Bereiche, Abteilungen und Gruppen hierarchisch angeordnet sind. In der US-amerikanischen Armee gab es eine Zeitlang sechsundzwanzig verschiedene Hierarchiestufen – vom einfachen Gefreiten, dem sogenannten E1, bis zum Fünfsternegeneral, eine Position, die bisher lediglich George Washington und Dwight D. Eisenhower eingenommen haben. Und manche staatliche Ent-wicklungshilfeorganisation, die sich für ihre flache Hierarchie loben lässt, verfügt bei 5000 Mitarbeitern selbst nach vorsichtigen Zählungen über acht Hierarchie-stufen.

Hierarchie wurde lange Zeit kritiklos als der zentrale Steuerungs- und Koordinationsmechanismus für Unternehmen, Verwaltungen, Armeen, Kranken-häuser, Gefängnisse, Universitäten, Schulen und – mit Abstrichen – auch für Vereine, Parteien und politische Organisationen akzeptiert. Abgesehen von ver-einzelten Demokratisierungsversuchen in einigen Organisationen besonders in der zweiten Hälfte des zwanzigsten Jahrhunderts galt die Hierarchie lange Zeit als das Steuerungsinstrument, um komplexe Entscheidungsprozesse miteinander zu verknüpfen. Dabei beschränkte sich die Akzeptanz nicht nur auf die oberen Führungskräfte, die eigentlichen Hierarchen. Auch der Großteil der Mitarbeiter, deren Rolle im Betrieb sich auf die Entgegennahme von Weisungen und deren Ausführung beschränkte, akzeptierte die zentrale Bedeutung von hierarchischen Strukturen. Hierarchie macht ihrer Bedeutung als „heilige Ordnung" – so die wörtliche Übersetzung – in der betrieblichen Praxis alle Ehre. Insofern scheint es fast konsequent, dass die Organisation an sich manchmal pauschal als „Hierarchie", als „Herrschaftsverband" oder als „Herrschaftsinstrument" dargestellt wird.

Warum spielen Hierarchien in Organisationen überhaupt eine Rolle, wenn das Prinzip der hierarchischen Anordnung in einer auf Gleichrangigkeit aller Bürger ausgerichteten Gesellschaft doch eher verpönt ist? Warum bilden sich in vielen selbstverwalteten Betrieben spätestens ab einer Größe von fünfundzwanzig Mitarbeitern hierarchische Oben-Unten-Unterscheidungen aus? Warum wurde in den staatssozialistischen Großversuchen in der Sowjetunion und Osteuropa, die ja letztlich unter der Parole der Gleichheit aller Bürger standen, selbst in den Betrieben, Verwaltungen, Krankenhäusern oder Universitäten nicht auf das Prinzip der Hierarchie verzichtet?

Hierarchie – die Stabilisierung der Führung
Theoretisch könnte man die Ausbildung von Führung in Organisationen dem freien Spiel der Kräfte überlassen. Die Rangordnung in einer Organisation könnte bei jeder Entscheidung immer wieder neu ausgerangelt werden. Jeder Mitarbeiter, jede Mitarbeiterin müsste dabei begründen, warum gerade sie in dieser Frage eine Führungsrolle zu übernehmen beansprucht. Abhängig von der jeweils im Mittelpunkt stehenden Sachfrage könnte mal der eine, mal der andere Mitarbeiter „in Führung" gehen. Aber Organisationen tendieren dazu, die Rolle des Führers oder der Führerin nicht punktuell zu vergeben, sondern eine stabile Hierarchie festzulegen.

Hierarchien werden in der Regel *zeitlich* unbegrenzt eingerichtet. Es mögen Modelle von zeitlich begrenzter Vertretung von Vorgesetzten, von Interims-Management oder auch zeitlich befristeten Führungsaufgaben existieren. Aber die Regel ist, dass jedes Mitglied in der Organisation davon ausgehen kann, dass der Hierarch von heute auch noch der Hierarch von morgen ist. Niemand ist überrascht, wenn die Chefin von heute am nächsten Morgen auch noch ganz selbstverständlich ihren Assistenten um eine Tasse Kaffee bittet. Und für Mitglieder, die Führungsrollen in Organisationen wahrnehmen, ist klar, dass sie sich mit der Übernahme dieser Führungsrolle von nun an „dauernd und bewusst als Führer verhalten" müssen (Luhmann 1964, S. 208).

Die Hierarchie legt darüber hinaus eindeutig fest, wer wem in der Organisation unterstellt ist. Ein hierarchisch aufgebautes Organigramm reguliert die maßgeblichen *sozialen* Beziehungen in der Organisation und trägt so dazu bei, das Verhalten der einzelnen Organisationsmitglieder zu koordinieren (Luhmann 1964, S. 209). Sicherlich – es gibt in Organisationen immer wieder einmal Mitarbeiter, die nicht genau wissen, wem sie zugeordnet sind, und es existieren Phasen, in denen sich Vorgesetzte darum streiten, wer für eine Mitarbeiterin verantwortlich ist. Aber man kann feststellen, dass solche Unklarheiten der sozialen Zuordnung sehr schnell ausgeräumt werden. Halten sich Widersprüchlichkeiten oder Unklarheiten in der Zuordnung von Mitarbeitern, dann ist es die Aufgabe der vorgesetzten Stelle, die Sache wieder in (die) Ordnung zu bringen.

Weiterhin werden durch die Hierarchie die *sachlichen* Zuständigkeiten in der Organisation verteilt – und zwar nicht nur horizontal zwischen den Abteilungen auf gleicher Ebene, sondern auch vertikal zwischen den einzelnen Hierarchiestufen. Dabei bleibt aber die prinzipielle Möglichkeit erhalten, dass jedes Thema von unten nach oben gezogen werden kann (Kühl 2015c, S. 115 ff.). Zwar greifen Hierarchen nur in Ausnahmesituationen zu der Maßnahme, dezentral angesiedelte Verantwortungen an sich zu ziehen, sie behalten sich aber immer die prinzipielle Möglichkeit und das formale Recht vor, jede weiter unten angesiedelte Entscheidungssituation an sich zu reißen und einen Problembereich zur „Chefsache" zu erklären.

Die Akzeptanz der Hierarchie als Mitgliedschaftsbedingung
Stabilität in der Führungsstruktur wird dadurch sichergestellt, dass ihre Akzeptanz zur Mitgliedschaftsbedingung gemacht wird. Wenn man in eine Organisation eintritt – und dort bleiben möchte –, muss man die Anweisungen seines Vorgesetzten akzeptieren, auch wenn man diese als nicht besonders sinnvoll empfindet. Wer sich von der Wirkmächtigkeit dieses Mechanismus überzeugen will, kann dies über ein einfaches Krisenexperiment tun. Man muss lediglich seiner Vorgesetzten verkünden, dass man künftig nicht mehr bereit ist, von ihr Anweisungen zu empfangen – und dann der entsprechenden Reaktionen harren.

Die Akzeptanz der Hierarchie als Mitgliedschaftsbedingung hat einen wichtigen Effekt: Der Vorgesetzte kann bei Entscheidungen in letzter Konsequenz auf die persönliche Achtung seiner Untergebenen als Einflussbasis verzichten (Luhmann 1964, S. 209). Ein Kommandant kann seine Soldaten in den Kampf schicken, ohne selbst aus Motivationsgründen an vorderster Front zu sein. Vorgesetzte können es sich ersparen, in jedem Einzelfall den Untergebenen die Sinnhaftigkeit einer Anweisung deutlich zu machen – sei es die Durchführung einer riskanten militärischen Operation, die aufwendige Entwicklung eines neuen Brotaufstrichs oder die rechtlich umstrittene Verfolgung von Raubkopierern. Dadurch hat die Organisation die Möglichkeit, auch solche Personen auf hohe hierarchische Positionen zu setzen, die zwar fachlich geeignet, aber nicht zum Charismatiker geboren sind.

Dieser Gedanke – die Entlastung von der Notwendigkeit, die Achtung der Untergebenen zu erlangen – führt bei den Schreibern und Lesern moderner Führungsliteratur in der Regel zu heftigen Protesten. Wenn der Gründer und langjährige Vorstandsvorsitzende des Internetversandhändlers Amazon, Jeff Bezos, mit seinen Managern während des Weihnachtsgeschäfts an den Fließbändern eines seiner Logistikzentren aushilft, dann sei das doch ein deutliches Zeichen dafür, wie wichtig es sei, seinen Untergebenen ein Vorbild zu sein. Eine Vorgesetzte, die nur aufgrund ihrer hierarchischen Stellung, aber nicht aufgrund ihrer Person geachtet werde, könne, so die Suggestion der Führungsliteratur, doch in der Organisation nichts bewirken. Man müsse, das zeige jede Erfahrung in Organisationen, seine Untergebenen auch immer von der Sinnhaftigkeit jeder einzelnen Anweisung überzeugen.

Sicherlich – es spricht wenig dagegen, dass Mitarbeiter ihren Vorgesetzten auch persönliche Achtung entgegenbringen und dass sie Anweisungen ausführen, weil sie von ihrer Richtigkeit überzeugt sind.

Aber dies ist häufig nur in Schönwetterphasen der Organisation der Fall: Wenn die Geschäfte gut laufen, keine einschneidenden Einsparungsmaßnahmen notwendig sind und die Mitarbeiter sich ihrer Position sicher sind. Aber Organisationen könnten nicht langfristig existieren, wenn ihre Mitglieder nur dann bereit wären zu folgen, wenn der Vorgesetzte sie auch persönlich mitreißt oder sie die Sinnhaftigkeit der Anweisung sofort erkennen.

Welche Möglichkeiten ergeben sich dadurch, dass Führungskräfte durch die Schaffung einer Hierarchie von der Notwendigkeit der Achtung durch ihre Mitarbeiter entlastet werden?

Die Ausrichtung an den Anforderungen der Umwelt
In den idealisierten Vorstellungen von Organisationen geht die Ausrichtung am Markt, am Volk oder am Recht immer einher mit der Ausrichtung der Organisation am Glück jedes einzelnen Mitarbeiters. In Sonntagsreden deklarieren die Geschäftsführer von Unternehmen oder die Leiter von Behörden, dass die „begeisterten und begeisternden Mitarbeiter" das wichtigste Instrument seien, um „zufriedene Kunden" zu bekommen. Und selbst von Gewerkschaftern hört man – in der Argumentationsrichtung leicht gedreht – die Aussage, dass die Ziele von Unternehmen, Verwaltungen, Gefängnissen oder Armeen nur zu erreichen seien, wenn die Mitarbeiter nicht nur für ihre Arbeit entsprechend vergütet werden, sondern sich auch in ihrer Organisation wohlfühlen.

Aber das Leben in Organisationen ist kein Ponyhof – um das Motto des für
seine äußerst tiefsinnigen Lieder bekannten Musikproduzenten Dieter Bohlen
(2008, S. 328) zu paraphrasieren. Einstellungen und Haltungen des Vorgesetzten
können nicht in erster Linie „herrschaftlich–fürsorglich" auf die Mitarbeiter ausgerichtet sein, sondern müssen Ansprüche von Kunden, Klienten oder Wählern
im Auge behalten (Luhmann 1964, S. 210). Und häufig stehen die Ansprüche,
die von außen an die Organisation herangetragen werden, im Widerspruch zu den
Ansprüchen, die von innen – von den Mitarbeitern – kommen. Klienten wollen
Leistungen zu möglichst günstigen Preisen bekommen, Mitarbeiter wollen für
ihre Arbeit anständig bezahlt werden. Kunden verlangen, möglichst immer einen
Ansprechpartner in der Organisation verfügbar zu haben, Mitarbeiter wollen
irgendwann auch nach Hause.

Hierarchien bewirken, dass Organisationen sich auf die spezifischen
Anforderungen ihrer Umwelt einstellen können, ohne in jedem Fall Rücksicht
auf die Empfindlichkeiten ihrer Mitglieder nehmen zu müssen. Unternehmen
können sich überlegen, welche Märkte sie erobern wollen, und sind nicht darauf
angewiesen, zu überlegen, ob ihre Mitarbeiter auch bereit sind, sich in diese
Region versetzen zu lassen. Kirchen können sich darüber Gedanken machen, mit
welchen Glaubenssätzen sie am besten Gläubige gewinnen und halten können,
ohne bei jeder Entscheidung gleich an der Folgebereitschaft ihres hauptberuflichen Personals zu zweifeln.

Die Durchsetzbarkeit von Ungewohntem
Viele Organisationen pflegen in ihren Selbstbeschreibungen die Vorstellung, dass
alle Mitarbeiter die Sinnhaftigkeit von „notwendigen Veränderungen" bei sich
wandelnden Umweltbedingungen erkennen müssten. Es wird deshalb viel Zeit
darauf verwandt, für eine neue Ausrichtung der Organisation zu werben oder
den Verkauf eines Unternehmensteils zu rechtfertigen. Aber fast alle empirischen
Studien zeigen, dass gerade bei tief greifenden Veränderungen die Möglichkeiten
der Akzeptanzvermehrung durch Argumentation an ihre Grenzen stoßen.

Weil Hierarchien es überflüssig machen, dass Führungskräfte sich auf die
„persönliche Achtung" ihrer Mitarbeiter stützen, hat das Management die
Möglichkeit, unpopuläre, bisherige Erwartungen verletzende Entscheidungen
zu treffen (Luhmann 1964, S. 209, 2000, S. 322). Es kann Produktionsbereiche
ins Ausland verlagern, ohne die Zustimmung der betroffenen Mitarbeiter voraus-
setzen zu müssen. Es kann neue Produktionsverfahren einführen, auch wenn
man damit das Wissen der langjährig beschäftigten Mitarbeiter entwertet. Und
es kann mit der Entwicklung und dem Verkauf umstrittener Produkte wie Mittel-
streckenraketen, Brennstäben oder Einwegflaschen beginnen, ohne auf politische,

religiöse oder moralische Vorstellungen der Mitglieder Rücksicht nehmen zu müssen.

Die Fähigkeit von Hierarchen, Neuanfänge in Organisationen zu initiieren, wird gerade im Kontrast zu solchen Organisationen deutlich, die nur sehr begrenzt auf Hierarchien zurückgreifen können, z. B. weil sie aus politischen Überzeugungsgründen darauf verzichten oder weil sie ihre Mitglieder nicht bezahlen können und damit auch nicht die Unterwerfung unter eine Hierarchie verlangen können. Die empirische Organisationsforschung zeigt, dass solche Organisationen eher an der Erhaltung des Status quo orientiert sind und gerade ein grundlegender Wandel nur sehr schwer möglich ist, während Organisationen mit ausgeprägter Hierarchie tief greifende Veränderungen häufiger und schneller bewältigen können (siehe dazu auch March und Simon 1958, S. 194 ff.).

Die Brüche der Hierarchie
Die zentrale Rolle von Hierarchien in Organisationen hat die Entstehung von heroisch denkenden Managementansätzen befördert, die den Erfolg und Misserfolg einer Organisation als Ergebnis des Handelns einzelner Führungskräfte präsentieren. Letztlich handeln die Erzählungen – man sehe sich nur die Biographien von Unternehmensführern wie dem Vorstandsvorsitzenden von General Electric, Jack Welch, von Heeresführern wie Dwight D. Eisenhower oder von Politikern wie Helmut Kohl an – von „heroischen Führern" und zunehmend von „heroischen Führerinnen", die letztlich fast „alles wussten", „alles konnten" und „jedes Problem lösten". Zwar werden in den Heldenerzählungen immer brav die Beiträge des „einfachen Mitarbeiters", des „einfachen Soldaten" und des „einfachen Referatsleiters" gepriesen, aber letztlich erscheint die Organisation als eine durch die Spitze geschickt geführte Hierarchie. Das „eigene" Unternehmen, die „eigene" Verwaltung oder die „eigene" Armee erscheint als „(Gesamtkunst-) Werk" des Managements, das letztlich nur das „Ergebnis des Gestaltungswillens des Managers" ist (Neuberger 1994a, S. 46).

Aber die Realität von Hierarchien sieht anders aus, als uns diese heldenartigen Vorstellungen von Führungskräften in Organisationsbeschreibungen glauben machen wollen.

**Informationen über die Umwelt der Organisation fallen nicht nur oben an –
Der Einfluss der Grenzstellen**
Die klassische Vorstellung einer hierarchisch strukturierten Organisation beinhaltet, dass der relevante Außenverkehr an der Spitze der Organisation monopolisiert werden kann. Aber diese Monopolisierung von Außenkontakten an der Spitze funktioniert vermutlich nur in Kleinstorganisationen, in denen

jeder Brief – das Symbol für den Außenkontakt – noch über den Schreibtisch der Chefin geht und von ihr unterzeichnet wird. Hier mag es noch möglich sein, dass jeder Kunde direkt bei der Chefin anruft, jedes Gespräch mit Zulieferern oder Kooperationspartnern über die Chefin läuft und der Kontakt zur Gemeinde- oder Stadtverwaltung von der Chefin selbst gepflegt wird (vgl. Luhmann 1971a, S. 98 ff.).

Je größer eine Organisation ist, desto mehr müssen die Außenkontakte in der Organisation delegiert werden. Die Grenzstellen zu Kunden, Zulieferern, Kooperationspartnern oder Massenmedien verteilen sich dann breit über die ganze Organisation. Wichtige Kunden eines Unternehmens werden nicht mehr durch die Chefs, sondern durch sogenannte „Key-Account-Manager" betreut. Pressesprecher bekommen häufig schneller als ihre Vorgesetzten mit, wenn etwas „im Busch" ist, weil sie – im Gegensatz zu ihren Vorgesetzten – aus dem gleichen Milieu stammen wie die Journalisten, die über eine Organisation recherchieren.

Ihre direkten Kontakte zur Umwelt können die Personen an den „Grenz- stellen" nutzen, um ihren Einfluss innerhalb der Organisation zu erhöhen (Crozier und Friedberg 1979, S. 51 f.). Sie können in der Organisation Informationen darüber streuen, was Kooperationspartner vermeintlich denken. Sie können – basierend auf ihren privilegierten Kontakten zu Zulieferern, Partnern oder Kunden – andeuten, dass sich ein wichtiger Kooperationspartner sicherlich zurückziehen wird, wenn die Organisation eine bestimmte Strategie einschlagen sollte, und können auf diese Weise versuchen, die von ihnen selbst bevorzugten Strategien durchzusetzen.

Die Bestrebung des Managements kann sein, diese Informationen, die an den Grenzstellen der Organisation anfallen, „nach oben" melden zu lassen – zum einen, um selbst informiert zu sein, aber auch, um den Einfluss der Mit- arbeiter an den Grenzstellen einzudämmen. Alle für die Organisation relevanten Informationen sollen, so die Vorstellung, an der Spitze der Organisation zusammengeführt werden können. Für diesen Zweck richtet die Organisation aufwendige EDV-gestützte Managementinformationssysteme ein, mit denen es der Spitze der Organisation möglich sein soll, alle relevanten Informationen wie im Cockpit eines Flugzeugs zu kontrollieren. Dafür werden teilweise große Stabsstellen direkt unterhalb des Vorstandes einer Organisation gebildet, die die Informationen zusammentragen und für die Vorstände in verdau- bare Informationshäppchen aufbereiten sollen. Die ganze Organisation wird darauf trainiert, „Kurzvermerke" oder „maximal einseitige Stellungnahmen" zu schreiben, damit die Spitze einerseits gut informiert, aber andererseits auch nicht völlig überlastet ist.

Aber trotz der Ausbildung von Managementinformationssystemen, der Einrichtung von Stabsstellen und der Trainingsmaßnahmen zum Abfassen von Vermerken werden diese Informationen von den verschiedenen Grenzstellen der Organisation immer nur zeitverzögert nach oben gemeldet. Henry Ford, der Begründer der Ford-Autowerke und einer der Managementvordenker des zwanzigsten Jahrhunderts, erklärte, dass es nichts Gefährlicheres gebe als die aufwendig gestalteten und klare Kommunikationswege suggerierenden Organigramme. Diese Organigramme hätten die Form eines Baumes, an dem „nette kleine Trauben" hingen, die jeweils immer den Namen eines Verantwortlichen tragen würden. Aber es daure sechs Wochen, bis die Nachricht von einem Menschen in einer Traube in der unteren linken Ecke des Organigramms den Vorstandsvorsitzenden erreiche (zitiert bei Milgrom und Roberts 1992, S. 4).

Häufig werden diese Informationen auf dem Weg durch die Organisation immer wieder geändert und modifiziert (vgl. Luhmann 2010, S. 202). Jede Stelle, durch die die Information läuft, ergänzt, verändert oder kürzt, sodass die Information, die an der Spitze der Organisation ankommt, häufig wenig mit der ursprünglichen Information zu tun hat. Man braucht sich nur mal mit einer Sachbearbeiterin zu unterhalten, die durch Zufall einen Vermerk in die Hand bekommt, für den sie ursprünglich den ersten Entwurf geschrieben hat und den sie nach der Veränderung auf den nächsthöheren Hierarchiestufen kaum noch wiedererkennt. Alles erinnert ein wenig an das Kinderspiel „Stille Post", bei dem eine ursprünglich abgeschickte Information am Ende nicht mehr wiederzuerkennen ist.

Gerade bei problematischen Informationen – dem drohenden Verlust eines Kunden, Problemen bei einem Zulieferer oder der anstehenden Veränderung eines Gesetzes – zögern Untergebene häufig, diese in all ihrer Dramatik in das Informationssystem einzuspeisen. In vielen Organisationen herrscht die – häufig nicht unberechtigte – Vermutung, dass letztlich nicht der Verursacher, sondern der Überbringer schlechter Informationen „geköpft" wird. Weil viele Chefs davon ausgehen, dass bei ihnen in der Armee, im Unternehmen oder in der Verwaltung eine „offene Kommunikationskultur" herrscht, bekommen sie diese Filterprozesse gar nicht mit. Die Spitze der Organisation hat – häufig ohne es zu merken – nur noch einen vagen Eindruck davon, was im Umfeld ihrer Organisation passiert.

Untergebene sind häufig sachverständiger als Vorgesetzte – der Einfluss der Experten
In der klassischen Vorstellung der hierarchischen Organisation fällt die hierarchische Position mit dem notwendigen Sachverstand in eins. Die für Personalfragen zuständige Sachgebietsleiterin – so die Vorstellung – wäre notfalls

in der Lage, die Lohnabrechnungen, Reisekosten, Zeitkonten und Trennungs-
gelder selbst zu erstellen bzw. zu bearbeiten, und beherrsche selbstverständlich
auch die notwendige Personalverwaltungssoftware. Die Regierungschefin eines
Staates kennt sich – so die Vorstellung – in den verschiedenen Fragen der Außen-,
Entwicklungs-, Innen-, Justiz-, Bildungs-, Finanz- und Wirtschaftspolitik so gut
aus, dass sie nicht nur die Kompetenzen ihrer Minister einschätzen kann, sondern
im Notfall diese Ministerien auch selbst leiten könnte.

Aber die Spezialisierung in den meisten Organisationen hat es unwahrscheinlich gemacht, dass Vorgesetzte auf allen Gebieten ebenso gut Bescheid wissen
wie ihre Untergebenen. Die Anforderungen in einem Arbeitsbereich sind so
unterschiedlich, dass sie von einer Person – und sei es die Chefin oder der Chef –
nicht mehr allein beherrscht werden können. Effekt: Die hierarchische Autorität
und die fachliche Autorität fallen auseinander (Thompson 1961, S. 485 ff.).

Selbstverständlich kann das Management versuchen, die Expertisen zu
zentralisieren. Schon der Gewerkschaftler und Publizist Harry Braverman stellte
– ganz in der Tradition von Karl Marx (1962, S. 445 f.) – fest, dass die in Unternehmen, aber auch in Verwaltungen, Krankenhäusern und Schulen sich immer
mehr durchsetzenden Rationalisierungsstrategien dazu dienen, den Arbeitsprozess
zunehmend von Erfahrungen, Kenntnissen und Traditionen des handwerklichen
Könnens des Arbeiters zu trennen. Das Wissen, das die Arbeiter über Jahrzehnte
und Jahrhunderte angesammelt haben, werde systematisch auf das Management
verlagert. Dies solle, so die Vermutung Bravermans (1974, S. 124 ff.), die
Organisation von den Qualifikationen des Arbeiters unabhängig machen und es
ihr ermöglichen, die Mitarbeiterschaft ganz den Zielen, Vorstellungen und Plänen
des Managements zu unterwerfen.

Aber trotz der Bestrebungen zur schriftlichen Dokumentation aller nötigen
Wissensbestände, der Etablierung von zentralen EDV-gestützten Datenbanken
und der Steuerung der ganzen Organisation über Prozesssoftware à la SAP sind
solche Versuche nur begrenzt erfolgreich geblieben. Das zentrale Speichern von
Wissen setzt „gut dokumentierbare Sachverhalte" voraus, aber in der Realität entstehen viele Informationen in „hochambivalenten, kontextabhängigen Formen"
und können schlecht „registriert" werden (Luhmann 2000, S. 86). Viele Wissensbestände von Organisationen existieren nur im Schatten der zentralen Datenbanken und selbst wenn es gelingen würde, einen Großteil der Informationen in
den Datenbanken zu sammeln, wüssten vermutlich nur wenige Personen, wie
man in den Datenbanken die relevanten Informationen findet. Faktisch wird es
also immer so sein, dass für die Organisation relevantes Wissen nur an einzelnen
und nicht unbedingt hierarchisch oben angesiedelten Stellen in der Organisation
verfügbar ist.

Das Fachwissen verschafft den Mitarbeitern Einfluss in der Organisation. In einer bekannten Studie des Organisationssoziologen Michel Crozier (1963, S. 79 ff.) über die staatliche französische Tabakindustrie wird beispielsweise deutlich, dass Wartungsarbeiter eine dominierende Machtstellung hatten, weil sie als Einzige in der Lage waren, die hochkomplexen Maschinen zu reparieren. Damit konnten sie weitgehend selbst bestimmen, wie häufig die Maschinen – und damit die gesamte Produktion – ausfielen, wer bei Reparaturen bevorzugt werden sollte und wie lange es gegebenenfalls dauerte, bis die Produktion wieder anlief. Mit diesem Wissen verfügten sie faktisch über mehr Einfluss als die Werkstattleiter oder gar die Zentraldirektion, weil deren Ziele von außen vorgegeben wurden, die Produktionsmethoden weitgehend festgelegt waren und es aufgrund der starken Gewerkschaften kaum Möglichkeiten gab, Personal zu entlassen oder zu versetzen. „Wissen ist Macht" – so schon der englische Philosoph Francis Bacon Ende des 16. Jahrhunderts.

Kontrolle der informalen Kommunikationswege – der Einfluss der Gatekeeper
In der klassischen Vorstellung werden die Kommunikationswege innerhalb der Organisation über die Hierarchie kontrolliert. Die Vorgesetzten können – so die Vorstellung – festlegen, wer zu welchen Personen Zugang haben soll, wer sich mit wem zusammensetzen soll und welche Kontakte in der Organisation zu unterlassen sind.

Parallel zu den durch die Hierarchie kontrollierten Kommunikationswegen bilden sich jedoch in Organisationen immer auch „Trampelpfade" der Kommunikation aus, die durch die Hierarchie nicht festgelegt sind. Man denke nur an den schnellen Austausch zwischen Mitarbeitern zweier Abteilungen in der berühmt-berüchtigten Kaffeeküche, an die Kontakte, die nur deswegen bestehen, weil zwei Personen vor Jahrzehnten einmal in der gleichen Ausbildungsgruppe gewesen sind, oder an die Kommunikationsmöglichkeiten, die allein dadurch entstehen, dass man zufällig an einer Stelle sitzt, an der verschiedene Informationen zusammentreffen.

Die Hierarchiespitze mag dazu tendieren, diese informalen Kommunikationen zu formalisieren oder wenigstens zu beeinflussen. Führungskräfte lernen inzwischen in speziellen Managementseminaren die Kunst des „Storytelling", um eine Erfolgsgeschichte, eine wichtige Lektion oder eine Interpretation in der informalen Kommunikation der Organisation zu verankern. Eine Hauptaufgabe von PR-Abteilungen scheint es inzwischen zu sein, Mitarbeitern und Außenstehenden „Geschichten" über das Spitzenpersonal nahezubringen. Die ersten Organisationen fangen an, ein eigenes „Gerüchtemanagement" einzurichten, um den Klatsch und Tratsch in der Organisation zu steuern.

Aber all diese Versuche wirken ziemlich hilflos. Sicherlich: Manche Mitarbeiter mögen der im Storytelling-Seminar entwickelten Geschichte der Vorgesetzten fasziniert lauschen. Aber die meisten werden sich wohl lediglich darüber amüsieren. Es kann passieren, dass die von oben gestreuten Gerüchte von den Mitarbeitern gezielt weitererzählt werden. Es kann aber auch genau das Gegenteil passieren und das Gerüchtemanagement lediglich zu Misstrauen bei den Mitarbeitern führen. Denn die informalen Kommunikationswege entstehen nicht als Ergebnis von Entscheidungen der Organisationsspitze, sondern bilden sich kontinuierlich, langsam und unmerklich aus (Luhmann 1962, S. 16).

Die Beherrschung der informalen Kommunikationswege ist ein Pfund, mit dem der „kleine Mann" und die „kleine Frau" in Organisationen wuchern können. Wer die Gerüchte, das Geschwätz und den Klatsch in der Organisation kontrolliert, kontrolliert wichtige Informationswege.

Die Besonderheit von Einflussquellen jenseits der Hierarchie

Die Einflussmöglichkeiten niedrig gestellter Mitarbeiter speisen sich zu erheblichen Teilen aus organisationsinternen Quellen. Es mag vorkommen, dass eine Außendienstlerin bereits vorher gute Kontakte zu einem Kunden hatte und vielleicht auch speziell deswegen eingestellt wurde, aber häufig entstehen die guten Kontakte erst durch die Tätigkeit an der Grenzstelle einer Organisation. Auch die Expertise über die Funktionsweise von Maschinen, die Eigenarten von EDV-Programmen oder die Besonderheiten chemischer Prozesse kann schon vor Beginn der Organisationsmitgliedschaft, etwa in der Ausbildung, erworben worden sein. Aber die für die Organisation relevanten Kenntnisse sind häufig das Ergebnis einer langjährigen Tätigkeit genau in dieser Organisation. Auch die informalen Kontakte basieren vereinzelt auf Berührungspunkten außerhalb der Organisation – auf dem gemeinsamen Studium an einer Universität, der Mitgliedschaft in einer Burschenschaft oder dem gemeinsamen sonntäglichen Kicken im lokalen Fußballverein. In der Regel bestehen die persönlichen Netzwerke jedoch aus Personen, die man erst in der Organisation kennengelernt hat.

Aber obwohl diese Einflussquellen maßgeblich auf der Stellung in der Organisation basieren, kann die Organisation sie nicht ohne Weiteres von dort abziehen. Die Organisationsspitze kann die „guten Beziehungen", über die die vielen Grenzstellen verfügen, nicht ohne Weiteres in der Zentrale bündeln. Das Expertenwissen kann den Mitarbeitern nicht einfach wieder genommen werden und Mitarbeiter können auch nur begrenzt dazu gezwungen werden, dieses Wissen zu teilen. Und auch die Kommunikationswege jenseits der Formalstruktur entziehen sich dem Einfluss der Hierarchie. „Gute Beziehungen" nach außen, Expertisen darüber, wie etwas funktioniert, und die Kontakte innerhalb der

Organisation sind „Arbeitsmittel im notwendigen Privatbesitz" und können nicht wie andere Betriebsmittel wie z. B. Computer, Maschinen oder Gebäude einfach in den Besitz der Organisation überführt werden (Luhmann 1971a, S. 98 ff.).

Von der „Überwachung von Mitarbeitern" und der „Unterwachung von Vorgesetzten"

Dies alles, die für die Organisation häufig äußerst wichtigen Außenkontakte von hierarchisch sehr weit unten angesiedelten Grenzstellen, die „ganz unten" in der Organisation vorhandenen Expertisen und die Kontrolle der informalen Kommunikationswege durch einfache Mitarbeiterinnen und Mitarbeiter, führt dazu, dass die aus dem Organigramm ersichtliche formale Hierarchie selten die wirklichen Einflussbeziehungen widerspiegelt. Häufig fallen die formal zugewiesene Befehlskompetenz und der faktische Einfluss auf Entscheidungen in einem Unternehmen, einem Krankenhaus, einer Verwaltung oder einer Universität weit auseinander. Dadurch entsteht oftmals der Eindruck, dass – um ein Bonmot von Niklas Luhmann zu zitieren – in Organisationen nicht nur eine „Überwachung von Untergebenen" existiert, sondern auch eine mehr oder minder effiziente „Unterwachung von Vorgesetzten".

Funktionen der „Unterwachung" von Vorgesetzten

Die Unterwachung von Vorgesetzten ist in der Regel nicht das Ergebnis von Intrigen, von Versuchen, am Stuhlbein des Vorgesetzten zu sägen, und auch nicht Ausdruck von persönlichen Antipathien gegenüber dem Vorgesetzten. Im Gegenteil: Häufig kann eine Organisation nur funktionieren, wenn Vorgesetzte effektiv „unterwacht" werden. Schließlich hat ein Vorgesetzter nur 24 h am Tag zur Verfügung (zeitliche Beschränkung), nur eine begrenzte Anzahl von Kontaktmöglichkeiten (soziale Beschränkung) und nur wenige „graue Gehirnzellen" – jedenfalls im Vergleich zu der Vielzahl der Mitarbeiter unten (sachliche Beschränkung). Unter dem Gesichtspunkt der Unterwachung lohnt sich ein Blick auf diese drei Beschränkungen (Luhmann 2016).

Vorgesetzte sind in der *Sachdimension* häufig damit überfordert, alle relevanten Informationen selbst zusammenzutragen. Sie beauftragen deshalb ihre Untergebenen mit der Sammlung dieser Informationen. Über die Weitergabe von Informationen steuern Untergebene dann maßgeblich die Entscheidungsfindung ihrer Vorgesetzten. Denn je nachdem, welche Informationen gefunden, als relevant betrachtet und kondensiert nach oben gegeben werden, liegt die eine oder die andere Entscheidung der Vorgesetzten näher. Motto des Untergebenen: Wenn ich die Informationen für die Entscheidungen zusammenstellen darf, dann kann der Vorgesetzte gern für die Entscheidung selbst und für ihre Durchsetzung verantwortlich sein (Luhmann 1971a, S. 98).

Anweisungen werden deshalb in Organisationen häufig nicht oben ersonnen und kommen dann aus heiterem Himmel in Form von Dienstanweisungen, Verordnungen oder Bitten nach unten, sondern sie sind oft nur die Formalisierung dessen, was unten sowieso schon geplant war. So wissen wir beispielsweise, dass die Entscheidungen für die bürokratisch geplante Ermordung der Juden während des Nationalsozialismus häufig sehr weit „unten" in der Verwaltung des Reichssicherheitshauptamtes vorbereitet und dann „oben" durch Reinhard Heydrich oder Heinrich Himmler lediglich formal abgesegnet wurden. Zentrale Dokumente – z. B. die Anweisung, „eine endgültige Lösung der Judenfrage" vorzubereiten, die Einladung zur Planung der „Endlösung" auf der Wannseekonferenz oder die Anweisung zur Verhinderung der Emigration belgischer und französischer Juden im Referat von Adolf Eichmann – wurden im Reichssicherheitshauptamt vorbereitet und dann durch die Spitzen des Reiches unterschrieben (vgl. Lozowick 2000, S. 73 f.).

Auch in der *Sozialdimension* sind die Möglichkeiten von Vorgesetzten, Kontakte in der Organisation zu halten, limitiert. Die Kontaktflächen von Vorgesetzten reichen nicht aus, um alle Anforderungen von Untergebenen, Kollegen oder eigenen Vorgesetzten, geschweige denn von Personen außerhalb der Organisation, zu befriedigen. Man braucht sich zur Illustration nur anzusehen, wie knapp Untergebenen die Zeit ihres Vorgesetzten erscheint und wie dankbar Vorgesetzte häufig sind, wenn Untergebene Termine kurzhalten, Termine absagen oder ihnen gar Termine abnehmen. Deshalb ist es funktional, wenn bei der Kooperation möglichst wenig über den „offiziellen Dienstweg" auf den Vorgesetzten zurückgegriffen wird und Lösungen stattdessen von niederrangigen Abteilungen vorbereitet und den jeweiligen Vorgesetzten nur noch zur Absegnung vorgelegt werden.

Wir wissen aus der organisationswissenschaftlichen Forschung über Ministerien, dass es unter Vorgesetzten eine Präferenz für „abgestimmte Vorlagen" gibt. Zwar versuchen die Ministeriumsmitarbeiter, sich bei der Vorbereitung an vermuteten Absichten und Bewertungsmaßstäben ihres Leitungspersonals zu orientieren, aber weil bei dieser Form der Koordination die Zustimmung aller betroffenen Referate notwendig ist, kommen häufig nur Entscheidungen mit dem kleinsten gemeinsamen Nenner zur Vorlage. Statt den mühsam zwischen den Referaten ausgehandelten Kompromiss „aufzudröseln", stimmt der Minister oder die Ministerin diesem kleinsten gemeinsamen Nenner zu. Der Politikwissenschaftler Fritz Scharpf (1993) bezeichnet dies als „negative Koordination" – als eine Abstimmung, bei der jede Einheit nur noch prüft, ob erwogene Entscheidungsalternativen den Status quo negativ verändern würden, und am Ende die für alle am wenigsten schmerzhafte Alternative ausgewählt wird.

In der *Zeitdimension* ist es eine häufige Erfahrung von Mitarbeitern in Verwaltungen, Unternehmen oder Krankenhäusern, dass Führungskräfte immer dann nicht verfügbar sind, wenn man sie für eine wichtige Unterschrift, für die Lösung eines Konflikts oder für die Besänftigung eines aufgebrachten Kunden braucht. Klassischerweise gelten Vorgesetzte als das Nadelöhr von Organisationen, das alle Entscheidungen auch bei Zeitdruck passieren müssen. Die Reaktion sind vielfältige Versuche, die Zeitverwendung von Vorgesetzten zu steuern, mithin auch in dieser Hinsicht eine Unterwachung von unten einzuführen. Sekretäre legen die Termine der Vorgesetzten fest. Mitarbeiter blockieren über Outlook Zeiten ihrer Chefs für wichtige Treffen. Je höher Personen auf der Hierarchieleiter steigen, desto weniger Zeitautonomie scheinen sie faktisch zu haben.

Die Erkenntnis wie zentral die Unterwachung von Vorgesetzten ist, hat maßgeblich dazu beigetragen, dass die Vorstellungen von „Hierarchen als Helden der Organisation" inzwischen zur mehr oder minder gepflegten Mythologie von Organisationen gezählt werden. Durchzusetzen scheinen sich heute dagegen eher Vorstellungen von „postheroischem Management" (Handy 1989). In einer simplifizierten Version ist damit gemeint, dass die Aufgabe des Managements darin besteht, Mitarbeiter so zu entwickeln, dass sie Probleme selbst lösen können. Häufig handelt es sich dabei aber lediglich um eine Spielart des heroischen Managers, nur dass der Held diesmal als „Coach", „Mentor" oder „Enabler" auftritt, der den Sieg bereitwillig mit „seinen" Mitarbeitern teilt. In einer fortgeschrittenen Variante wird unter „postheroischem Management" verstanden, dass sich Vorgesetzte von unten führen lassen und sich ihrer Begrenzungen bewusst sind.

Gerade neue Führungskräfte beherrschen häufig noch nicht die Technik, sich von Mitarbeitern effizient unterwachen zu lassen. Geprägt durch Autobiographien großer „Unternehmensführer", verdorben durch die in vielen MBA-Schmieden immer noch unterrichtete klassische Führungslehre und beeinflusst durch das Mantra einiger vermeintlicher Managementgurus, dass in Organisationen endlich weniger gemanagt und mehr geführt werden solle, verbinden sie Führung immer noch vorrangig mit der Führung von oben nach unten. Aber Mitarbeiter haben vielfältige Möglichkeiten, Vorgesetzte so zu disziplinieren, dass sie die Unterwachung akzeptieren.

Ein bewährtes Mittel ist es, die Welt der Vorgesetzten durch die Steuerung von Informationsflüssen kleiner werden zu lassen. Manchmal reicht es aus, eine kritische Information nicht oder nicht sofort nach oben zu geben, um eine

Ministerin, einen Geschäftsführer oder eine Verwaltungsleiterin darauf hin-
zuweisen, dass sie nicht auf die Informationsaufbereitung von unten verzichten kann. Manchmal mag es nötig sein, die Vorgesetzte systematisch von
Informationsflüssen abzuschneiden und sich selbst bei expliziten Nachfragen
dumm zu stellen (Luhmann 1962, S. 22).

Aber man kann auch umgekehrt die Komplexität an der Spitze größer werden
lassen. Vorgesetzte sind darauf angewiesen, dass möglichst viele Entscheidungen
dezentral getroffen oder wenigstens vorbereitet werden, weil nur „unten" die
Fachkompetenz dafür vorhanden ist. Tendiert ein Vorgesetzter dazu, ein Ent-
scheidungsmonopol bei sich aufbauen zu wollen, können ihm Untergebene
zeigen, wohin das führt, indem sie ihm jeden einzelnen Punkt zur Entscheidung
vorlegen. An der Unternehmensspitze kommt es so häufig zu einer Komplexitäts-
explosion, der nur durch eine Verlängerung der Arbeitstage des Vorgesetzten oder
eben – wenn der Arbeitstag nicht mehr verlängerbar ist – durch die Akzeptanz der
Unterwachung durch Mitarbeiter begegnet werden kann.

Aber bei aller durch die Organisationsforschung abgesicherten Lobpreisung
des postheroischen Managements darf nicht vergessen werden, worin die
Funktion der Hierarchie liegt.

Funktionen der Überwachung von Untergebenen
Prinzipiell kann man sich verschiedenste Möglichkeiten vorstellen, verbindliche
Entscheidungen in Organisationen kollektiv herzustellen. Man diskutiert so lange,
bis alle sich einig sind, sei es, weil man sich im „herrschaftsfreien Diskurs"
gegenseitig überzeugt hat, sei es, weil man vor lauter Erschöpfung nicht mehr die
Kraft hat, auf seiner ursprünglichen Position zu beharren (vgl. Habermas 1981,
der eher an die erste Variante denkt). Oder man stellt verschiedene Alternativen
zur Abstimmung und entscheidet sich dann für die Vorgehensweise, für die sich
die Mehrheit der Betroffenen ausspricht. Oder – was in Konfliktfällen gerade in
illegalen Organisationen wie den Hells Angels, der Mafia oder terroristischen Vereinigungen vorkommen soll – man folgt derjenigen Person, die bereit ist, ihren
Führungsanspruch mit körperlicher Gewalt gegen alle anderen durchzusetzen.
Aber in den meisten Organisationen ist der zentrale Mechanismus, mit dem Entscheidbarkeit hergestellt wird, die Hierarchie, deren Akzeptanz als Mitgliedschaftsbedingung ausgeflaggt ist.

Offene Entscheidungssituationen können von Hierarchen allein dadurch gelöst
werden, dass sie auf ihre Rolle als Chef verweisen. Weil Mitglieder mit dem Eintritt in die Organisation sich nicht nur mit der Erfüllung der von ihnen erwarteten
Aufgaben, sondern auch mit der Unterwerfung unter die Hierarchie einverstanden
erklären, können Chefs Folgebereitschaft erwarten und bei Nichtbefolgung die

Mitgliedschaftsfrage stellen. Das heißt, dass in Organisationen in einem beeindruckenden Maß „Entscheidbarkeit" hergestellt werden kann, die alle Mitglieder der Organisation einschließt, alle relevanten Themen einer Organisation umfasst und notfalls sehr schnell ablaufen kann.

Wenn in einem hierarchisch aufgebauten Organigramm eindeutig markiert wird, wer wem unterstellt ist, können damit in der *Sachdimension* alle Fragen der Organisation einer vorläufigen Klärung zugeführt werden. Letztlich können alle Unklarheiten, Widersprüchlichkeiten und Ambiguitäten so lange nach oben geschoben werden, bis sie an eine Stelle kommen, die die Sache wieder „in (die) Ordnung" bringt. Aus dieser Perspektive war beispielsweise das Interessante an der Kubakrise im Jahr 1962, dass die amerikanische Reaktion auf die Stationierung von sowjetischen Atomraketen auf der karibischen Insel letztlich vom US-Präsidenten formuliert wurde. Sicherlich: Das Pentagon hatte drei alternative Reaktionsmöglichkeiten ausgearbeitet – Seeblockade, gezielter Luftangriff auf die Raketenbasis oder groß angelegte Invasion zu Lande – und damit die Handlungsmöglichkeiten des Präsidenten als Oberstem Befehlshaber eingeschränkt. Aber auch wenn in den Analysen der Kubakrise eher der willkürliche, zufällige Charakter der Entscheidungen der Kennedy-Administration herausgestellt wird, ist sie doch ein gutes Beispiel dafür, wie ein Thema in der Hierarchie nach oben gezogen und so entscheidbar wurde (Allison 1969). In der Politik spricht man von der „Bastakompetenz" eines Regierungschefs.

Mit der Hierarchie steht der Organisation ein Mechanismus zur Verfügung, der in der *Sozialdimension* den Konflikt zwischen allen Personen in der Organisation wenn auch nicht auflösen, so doch vorläufig entschärfen kann. Während bei Auseinandersetzungen in Diskotheken, in Cliquen oder zwischen Liebespaaren Konflikte in letzter Konsequenz häufig nur durch Trennung, Gewalt oder Eingriffe staatlicher Rechtsinstanzen entspannt werden können, kann in Organisationen im Fall von Konflikten zwischen Personen auf die Hierarchie zurückgegriffen werden. Weil in der Regel jedes Mitglied einer Organisation in die Hierarchie eingefügt ist, ist damit auch prinzipiell jeder Konflikt zwischen Personen in der Verantwortung einer oder eines Vorgesetzten. Sollten Konflikte eskalieren, können Vorgesetzte sie mit Verweis auf ihre Weisungsbefugnis für entschieden erklären. Die Hierarchie befreit die Beteiligten von der Notwendigkeit, bei der Lösung eines Problems aufwendige Machtkämpfe zur Klärung unklarer Verhältnisse zu führen (Luhmann 1975a, S. 52). Anders ausgedrückt: Hierarchie übersetzt die Unruhe einer persönlichen Hackordnung in eine Ordnung des sozialen Vergleichs, an die alle Beteiligten über die Mitgliedschaftsbedingungen gebunden werden (Baecker 1999, S. 198 ff.).

Dabei kann notfalls die Entscheidungsfindung – dies ist die *Zeitdimension* – auch sehr schnell ablaufen, weil die Vorgesetzten ihre Mitarbeiter nötigen können, die eigenen Selektionen sofort zu übernehmen. Die Suche nach Entscheidungen kann abgekürzt werden mit Aussagen wie: „Vielen Dank für Ihre Meinung, als Vorgesetzte bestimme ich jetzt, dass wir es so und so machen". Letztlich gehört es zur berechtigten Erwartung von Vorgesetzten, dass ihre eigenen Zeitvorstellungen bei der Entscheidungsfindung übernommen werden. Das dadurch mögliche Verfahren der Entscheidungsfindung ist ressourcenschonend, weil es – im Gegensatz beispielsweise zur Entscheidungsfindung über Konsens oder Gewalt – aufwendige Aushandlungsprozesse erspart.

Die Grundlage dafür, dass Vorgesetzte ihren Mitarbeitern ihre eigenen Selektionen aufnötigen können, liegt darin, dass die Akzeptanz der Hierarchie eine Mitgliedschaftsbedingung ist. Der zentrale Mechanismus, mit dem Vorgesetzte ihre Entscheidungen durchsetzen können, ist deshalb ihre „Exit-Macht" (Luhmann 1975a, S. 104 ff.). Häufig reicht eine kleine Andeutung, manchmal bedarf es aber auch einer Abmahnung durch den Vorgesetzten, um die Organisationsmitglieder daran zu erinnern, dass ihre Mitgliedschaft von Bedingungen abhängt. Und dazu gehört nicht zuletzt die Bedingung, die Entscheidungen des Vorgesetzten zu akzeptieren.

Das Problem besteht darin, dass die Drohung mit Entlassung – der Einsatz der Exit-Macht – ein sehr grobes Instrument ist. Deshalb wird die Folgebereitschaft von Untergebenen zusätzlich durch weitere Mittel stimuliert. „Karriere-Macht" – die Beeinflussung des Fortkommens des Untergebenen – kann wesentlich subtiler eingesetzt werden als „Exit-Macht": durch Nichtberücksichtigung bei der Neubesetzung einer Stelle oder durch Versetzen auf eine formal gleichrangige, aber leicht unattraktivere Stelle (Luhmann 1975a, S. 104). Der Vorgesetzte kann aber auch seine „Ressourcen-Macht" einsetzen, indem er z. B. die zur Erledigung einer Aufgabe nötigen Ressourcen eines Untergebenen reduziert. Nicht zuletzt verfügt er schließlich auch über „informale Macht", indem er z. B. Regelüberschreitungen seiner Untergebenen mehr oder minder dulden kann.

Der doppelte Machtprozess der Hierarchie

„Hierarchie gehört abgeschafft." So lässt sich das Credo nicht weniger Organisationen auf den Punkt bringen. Kannte man solche Forderungen anfangs vor allem von selbst verwalteten Betrieben oder politischen Basisorganisationen, hört man solche Forderungen nun auch zunehmend von profitorientierten Unternehmen, die sich von strikt hierarchischen Entscheidungsstrukturen zu verabschieden scheinen. Managementberater stoßen nicht selten in das gleiche Horn.

So fordert der Managementguru und Bestsellerautor Tom Peters, dass Hierarchien abgerissen, auseinandergebaut und zerstückelt gehören. Es wird der „Todesstoß" für die Hierarchie angekündigt, der in Gestalt von Agiler Führung, Cost- und Profitcenter-Strukturen sowie Projektmanagement daherkommt. Und es wird von Hierarchie als „auslaufendem Modell" geschrieben. Aber je lauter die Diskreditierung von Hierarchie in der Managementliteratur, desto stärker scheinen sich Hierarchien in Organisationen zu halten.

Statt eine „Krise der Hierarchie" oder eine „Hierarchiesackgasse" zu konstatieren und gar ein „Ende der Hierarchie" auszurufen oder – genau entgegengesetzt – ein „Loblied auf die Hierarchie" anzustimmen, scheint vielmehr interessant zu sein, dass Hierarchien sowohl Untergebenen als auch Vorgesetzten jeweils Einflussmöglichkeiten übereinander verschaffen. Hierarchien schaffen Möglichkeiten dafür – so die gegen den Ersteindruck gerichtete Erkenntnis der Organisationswissenschaft –, dass Macht sowohl von oben nach unten als auch von unten nach oben ausgeübt werden kann.

Der doppelte Machtprozess der Hierarchie – die Einflussnahme von unten nach oben und von oben nach unten – darf nicht zu dem gedanklichen Kurzschluss einer Machtsymmetrie zwischen Vorgesetzten und Untergebenen führen. Hierarchien sind, darauf haben die Soziologen Michel Crozier und Erhard Friedberg (1979, S. 40 f.) hingewiesen, Beziehungen, in denen zwar beide Seiten etwas zu bieten haben, aber eine Seite – aufgrund der beherrschten Machtquellen – immer etwas mehr herausholen kann als die andere. Diese Asymmetrie in der Machtbeziehung fällt sicherlich häufig zugunsten der in der Hierarchie Höherstehenden aus. Das Verhältnis zwischen der Filialleiterin und der Verkäuferin eines Supermarktes, zwischen einem Unteroffizier und einem Gefreiten in der Armee oder der Alleinbesitzerin eines Unternehmens und ihren Mitarbeitern, all das mag dazu gehören. Aber häufig können auch die in der Hierarchie niedriger vortreten Mitarbeiter einen größeren Einfluss entwickeln. Man denke nur an die Mitarbeiterinnen mit exklusivem Fachwissen, an „graue Eminenzen" in Parteizentralen, die wissen, wie man verschiedene Flügel zusammenbekommt, oder an Professoren, die einerseits auf ihrer Stelle durch lebenslange Verträge abgesichert sind und andererseits mehr Wert auf gute Reputation in der wissenschaftlichen Fachgemeinschaft als beim Rektor oder Dekan ihrer Universität legen.

Man kann nun versuchen, durch Hierarchien geprägte Machtbeziehungen daraufhin zu untersuchen, wer mehr von diesen Beziehungen profitiert. Aber dies ist lediglich dann interessant, wenn man wissen will, ob man Chancen hat, eine bestimmte „Sache" durchzusetzen, oder – die finale Frage – ob es sich lohnt, in einer hierarchischen Beziehung zu verbleiben oder nicht. Von einem übergreifenden Verständnis der Funktion von Hierarchie her ist die Feststellung interessanter, dass gerade in der Gegenläufigkeit der beiden Machtprozesse im Rahmen einer Hierarchie – sowohl von oben nach unten als auch von unten nach oben – wohl ein nicht unerheblicher Grund für die Leistungsfähigkeit von Organisationen liegt.

Maschinen, Spiele und Fassaden: Die drei Seiten der Organisation

3

„Mülltonnen", „Marktplätze", „Datenverarbeitungsanlagen", „Eingeborenen-stämme" oder „Kraken" – Organisationen werden von Wissenschaftlern mit ganz unterschiedlichen Bildern belegt. Sie werden mit „Raumschiffen" und „Gehirnen" verglichen oder es werden Assoziationen mit „Gefängnissen" – Stichwort „stählernes Gehäuse der Hörigkeit"– oder mit „Bienenstämmen" geweckt. „Bilder der Organisation" – so der Titel eines Buches des Organisations-forschers Gareth Morgan (1986) – lassen sich nutzen, um Unterschiede zwischen Organisationen zu verdeutlichen. So lässt sich das an ein Sinfonie-orchester erinnernde, genau durchprogrammierte Großunternehmen von einer eher flexiblen und dezentralisierten, einer Jazz-Band ähnelnden Organisation und einem permanent gegen Regeln verstoßenden, in manchen Bereichen an eine Rockgruppe erinnernden Wachstumsunternehmen unterscheiden. Die Organigramme von Verwaltungen, Unternehmen oder Vereinen lassen uns bei Organisationen wahlweise an „Pyramiden", an „Zwiebeln" oder an „Trompeten" denken, je nachdem, wie tief die Hierarchie gestaffelt ist und wie „breit" oder „dünn" die mittleren Managementfunktionen im Organigramm erscheinen.

Besonders drei Typen von Metaphern spielen in der Organisationsforschung eine zentrale Rolle, die auf unterschiedliche Aspekte von Organisationen fokussieren. Werden Organisationen mit *„Maschinen"*, „Uhrwerken" oder „Robotern" verglichen, wird die Berechenbarkeit der organisatorischen Prozesse markiert. Mit dem Bild der Organisation als *„Spiel"* wird dagegen in Abgrenzung zur Maschinenmetapher markiert, dass in Organisationen „das Leben tobt" – und zwar jenseits des offiziellen Regelwerks der Organisation. Mit dem Bild von Organisationen als *„Fassaden"*, „Bühnen" oder „Theater" heben Beobachter hervor, dass es für Organisationen wichtig ist, durch eine geglättete Außendarstellung Unterstützung in ihrer Umwelt zu mobilisieren.

© Springer Fachmedien Wiesbaden GmbH, ein Teil von Springer Nature 2020
S. Kühl, *Organisationen*, https://doi.org/10.1007/978-3-658-29832-6_3

Gerade diese drei Metaphern lohnt es sich etwas genauer anzusehen, um deutlich zu machen, welche Aspekte von Organisationen dadurch ins Blickfeld gerückt werden.

Metaphern für die drei Seiten der Organisation

Die Metapher der *„Maschine"* zielt auf die Berechenbarkeit von Organisationen ab. Wie Maschinen setzten sich auch Organisationen aus präzise definierten Einzelteilen zusammen. Jedes Einzelteil diene dabei einer genau festgelegten Funktion innerhalb der Maschinerie. Erst diese Einbindung in das operative Ganze verleihe den Einzelteilen einen Sinn. Ohne diese Einbindung verliere das Einzelteil seine Funktion. Wie bei einer Maschine müsse auch in der Organisation „ein Rad ins andere greifen". Die Arbeit des Maschinenführers – man könnte auch sagen des „Managers" – bestehe darin, das Räderwerk einzurichten, in Gang zu setzen und zu regulieren. Dabei mögen Organisationen wie auch Maschinen aus sehr vielen Einzelteilen und Verknüpfungen bestehen, aber letztlich ist ihre Komplexität durch präzise Beschreibungen der Abläufe handhabbar; die Maschinenanleitung – oder das Organisationshandbuch – wird nur entsprechend dicker (vgl. Ward 1964, S. 37 ff.).

Durch das Bild des *„Spiels"* wird der Charakter der Organisation als ein Feld erfindungsreichen Handelns hervorgehoben, in dem „Chancennutzung", „Risikobereitschaft", „Freude an Varianten" und „Überraschungen" eine wichtige Rolle spielen. Wie Wettkampfspiele seien Organisationen durch Widersprüche zwischen „Freiheit und Zwang", „Berechenbarkeit und Spontaneität", „Zufall und Gesetzmäßigkeit", „Taktik und Regeltreue" „Kreativität und Konventionalität", „Konkurrenz und Kooperation", „Fairness und Täuschung" gekennzeichnet (Neuberger 1990, S. 163). Das Spiel basiert auf unvollständigen Informationen, es kommt deswegen auf Täuschen und Bluffen an, es lässt häufig mehrere Lösungen oder auch Pattsituationen zu und ist letztlich ungerecht, weil einige Spieler durch die Spielregeln stark bevorteilt werden (Ortmann 1988, S. 21). Der Sozialpsychologe Karl Weick (1976, S. 1) vergleicht Organisationen mit einem Spiel auf einem runden, schräg geneigten Spielfeld mit einer Vielzahl von Toren. Verschiedene Leute – aber selbstverständlich nicht alle – können mitspielen oder auch aufhören. Sie können zusätzliche Bälle ins Spiel werfen oder diese aus dem Spielfeld zu entfernen versuchen. Jeder strebt danach, diese Bälle auf eines der Tore zu schießen oder zu werfen, muss bei einem Treffer aber höllisch aufpassen, dass das Tor auch ihm zugeschrieben wird. Man fühlt sich ein bisschen an das „Fußballspiel der Tiere" aus Walt Disneys „Tollkühne Hexe in ihrem fliegenden Bett" erinnert.

Die „*Fassade*" eines Hauses ist die Schauseite und soll durch ihre Aus-schmückungen, durch ihre Ornamente oder auch nur durch ihre Ebenmäßigkeit Eindruck machen. Sie ist für die Öffentlichkeit gedacht. Die Fassade ist, wie ein Sprichwort besagt, „ein Geschenk für die Straße" (Rottenburg 1996, S. 191 ff.). In der Fassade gibt es Fenster, damit die Bewohner nach außen sehen können, aber auch, damit der Öffentlichkeit einige Einblicke ins Innere gewährt werden können. Auch die Fenster werden durch hübsche Vorhänge geschmückt, die man im Notfall schnell zuziehen kann. Im Englischen spricht man von „window dressing" – vom Ausschmücken der Fenster. Organisationen geht es, so die Suggestion dieses Bildes, darum, nach außen hin einen möglichst günstigen Ein-druck zu machen, um auf diese Weise den Zuspruch der Kunden, eine positive Grundhaltung in den Massenmedien oder Legitimität bei politischen Kräften einzuwerben. Was im hinteren Teil des „Geschäfts" abläuft, ist nicht völlig unwichtig, aber das Überleben einer Organisation hängt maßgeblich davon ab, dass die „Fassade" mit ihren „Schaufenstern" entsprechend aufgehübscht wird.

Die Spezialisierung auf eine Seite
Die Metaphern der „Fassade", der „Maschine" und des „Spiels" wurden von Vertretern unterschiedlicher Organisationstheorien eingeführt, um ihre Sicht-weise auf Organisationen zu verdeutlichen, und sie haben sich teilweise auch in der Sprache von Organisationspraktikern durchgesetzt. Das Bild der *Maschine,* sicherlich eine der ältesten Metaphern für Organisationen, wird immer dann genutzt, wenn für einen bestimmten Zweck die „ideale" Formalstruktur definiert wird (vgl. schon Weber 1976, S. 561 f.). Dabei kann man wie die Organisations-forscher in der unmittelbaren Nachfolge von Max Weber davon ausgehen, dass es für die moderne Gesellschaft eine ideale Form von Organisation gibt, oder man kann – wie die Anhänger der sogenannten Kontingenztheorie, aber auch des Transaktionskostenansatzes – versuchen, je nach Kundenkreis, Produkt oder Technologie die jeweils spezifische „optimale Maschine" zu definieren. Gerade in Abgrenzung von den durch das Bild der Maschine hervorgerufenen Assoziationen mit Regelmäßigkeit, Berechenbarkeit und Planbarkeit heben Anhänger der mikro-politischen Organisationstheorie durch die Metapher des *Spiels* die Abweichungen, Unberechenbarkeiten und Unplanbarkeiten von Organisationen hervor (vgl. einschlägig Crozier und Friedberg 1979). Die Funktion von *Fassaden* für Organisationen wird dabei besonders von den sogenannten Neoinstitutionalisten hervorgehoben. Organisationen sind ihrer Meinung nach vorrangig darum bemüht, Legitimation in ihrer Umwelt zu erhalten. Deshalb richten sie Stellen für Umwelt-schutz-, Geschlechtergleichstellungs- oder Effizienzbeauftragte ein, passen ihre Programme den aktuellen Managementmoden an und rekrutieren ein nach

Geschlecht, Rasse und Klassenherkunft homogenes (oder neuerdings unter dem neuen Managementschlagwort „Diversity" eher heterogenes) Personal – selbst dann, wenn es unter Effizienzgesichtspunkten gar keinen Sinn macht (vgl. Meyer und Rowan 1977, S. 340 ff.).

Organisationen haben für alle drei Seiten – die Maschinen-Seite, die Spiel-Seite und die Fassaden-Seite, – Spezialisten ausgebildet. Im mittleren Management dominieren Spezialisten für die formale Programmierung von Organisationen. Hier werden Zielvorgaben ersonnen und neue Regeln formuliert, an die sich die Mitarbeiter zu halten haben. In den operativen, wertschöpfenden Bereichen einer Organisation müssen diese formalen Vorgaben umgesetzt werden. Dies erfordert aber häufig viel spielerische Kreativität beim Auslegen, Reinterpretieren und Unterlaufen der formalisierten Vorgaben. Spezialisten für die informale Seite werden verständlicherweise nicht – beispielsweise als „Chief Informality Officer" – im Organigramm einer Organisation ausgeflaggt, aber häufig übernehmen Mitarbeiter aus der Personalentwicklung oder aus der Aus- und Fortbildung die Rolle des Ansprechpartners für alles, was sich nicht ohne Weiteres in der Formalstruktur der Organisation auffangen lässt. Eine vorrangige Aufgabe der Spitzenpositionen in Organisationen ist es – unterstützt durch Kommunikations-, Presse- und Marketingabteilungen –, die Schauseite der Organisation herzurichten. Der Soziologe Talcott Parsons (1960, S. 59 ff.), der drei grundlegend getrennte Funktionen des Managements unterscheidet, nennt dies die „institutionelle Funktion" des Managements.

Diese Organisationsspezialisten, die jeweils vorrangig eine Seite der Organisation bedienen, greifen wiederum auf externe Dienstleister zurück. Für die Formalstruktur werden die McKinseys, Boston Consulting Groupler und PricewaterhouseCoopers dieser Welt gerufen. Von ihnen wird erwartet, die formalen Prozesse der Organisation zu „re-engineeren", das Organigramm durch die Auflösung von Abteilungen oder Hierarchiestufen „leaner" – schlanker – zu machen oder die formale Zuordnung von Mitarbeitern neu zu „designen". Wegen der Verwerfungen, die solche Reorganisationen mit sich bringen, werden dann in Form von Prozessberatern, Trainern oder Coaches „Kulturspezialisten" von außen hereingeholt, die dafür sorgen sollen, dass die „Chemie" – die informalen Abstimmungen jenseits der formalen Vorgaben – zwischen den Mitarbeitern wieder stimmt. Für die Schauseite werden schließlich Marketingspezialisten, Werbefirmen oder PR-Agenturen engagiert, die die Fassade der Organisation aufbauen, pflegen und notfalls reparieren sollen.

Gestützt wird diese Fokussierung auf jeweils nur eine Seite der Organisation durch die Art und Weise, wie in Ausbildungen, Studiengängen und Weiterbildungen Wissen über Organisationen vermittelt wird. Überspitzt ausgedrückt:

Die formale Seite steht im Fokus der klassischen Betriebswirtschaftsausbildung, in der in den Modulen „Organisation I" und „Organisation II" zwar verschiedene Organisationsformen wie die Einlinienorganisation, die Divisionalorganisation und die Matrixorganisation eingetrichtert werden, Informalität aber häufig nur als Kulturphänomen von Organisationen abgehandelt wird, ohne jedoch die Fähigkeit zu vermitteln, die informalen Prozesse von Organisationen systematisch zu erfassen. Für die „informalen Prozesse", das „Kulturelle" der Organisation, das „Unterleben" erklären sich dann die Arbeits- und Organisationspsychologie, die Betriebs- und Industriesoziologie oder die Organisationsanthropologie für zuständig, die ihre häufig interessanten Beobachtungen oft nur unzureichend an das Operieren der formalen Seite und der Schauseite zurückbinden (zu den Effekten dieser Arbeitsteilung zwischen Wissenschaftsdisziplinen siehe schon früh Luhmann 1965, S. 167). Wissen über den Aufbau, die Pflege und die Reparatur der Schauseite von Organisationen wird vorrangig in den Studiengängen für Kommunikation, Design oder Medien vermittelt. Eher selten wird dabei ein tieferes, durch die Organisationsforschung aufgeklärtes Verständnis dafür vermittelt, wie die Schauseite mit der formalen und der informalen Seite der Organisation zusammenhängt.

Die Betrachtung des Zusammenspiels der drei Seiten
Es gehört selbstverständlich zum guten Stil eines Experten, zu betonen, dass man zwar auf die eine Seite der Organisation fokussiert und spezialisiert sei, die anderen Seiten jedoch immer mit im Blick habe. Die auf die Veränderung der Formalstruktur fokussierten Organigrammneuzeichner, Programmoptimierer und Fusionierer betonen, dass bei einer Veränderung der Organisation selbstverständlich Rücksicht auf die Kultur der Organisation genommen werden müsse, und empfehlen ein begleitendes „Kulturprogramm". Und auch die „Kulturspezialisten" – die Experten für Informalität – betonen, dass ihre Programme nur auf der Grundlage eines präzisen Verständnisses sowohl der Schauseite als auch der formalen Seite der Organisation durchzuführen sind. Die Fassadenspezialisten schließlich betonen, dass es zu ihrer Professionalität gehört, die Schauseite immer nur in enger Rückkopplung mit der formalen und informalen Struktur der Organisation zu gestalten.

Aber letztlich tendieren die Experten doch dazu, ihre eigene Sichtweise auf die Organisation zu verabsolutieren. Die Formalstrukturexperten haben auf die vielfältigen Ausprägungen von Informalität und die alltäglichen Regelverletzungen in Organisationen häufig nur eine Perspektive: Diese müssen „In Ordnung" gebracht werden. Es werden Berater für Qualitätsmanagement bestellt, die die häufig vorkommenden Regelabweichungen identifizieren und eliminieren sollen. Umfangreiche Computerprogramme zur Steuerung der Organisation werden eingekauft, um durch technische Vorkehrungen die Abweichungen von den Standards zu verhindern. Oder es werden eigene Abteilungen für Controlling oder Konformität – neudeutsch: Compliance – eingerichtet, die die Aufgabe haben, die Regelabweichungen in der Organisation zu minimieren. Schließlich sehen die „Kulturexperten" nicht selten in den informalen Arbeitsprozessen sowohl den „Hort der Menschlichkeit" in einer entfremdeten Arbeitswelt als auch den „Schlüssel zu einer gesteigerten Wirtschaftlichkeit". Die Verbesserung der „Chemie" wird als Ansatzpunkt gesehen, sowohl glücklichere Mitarbeiter als auch bessere Organisationsergebnisse zu erzielen (siehe zu diesem Fokus im Human-Relations-Ansatz der Nachkriegszeit Luhmann 2000, S. 22 ff.). Beim Spitzenpersonal von Organisationen lässt sich dagegen beobachten, dass die Prozesse in der Organisation vorzugsweise von der „Schauseite" aus betrachtet werden. Schon Chester Barnard (1938, S. 120), selbst eine Zeitlang Spitzenmanager beim Telefonkonzern AT&T, hielt fest, dass das Spitzenpersonal das Regelwerk der eigenen Organisation häufig nicht überschaue und weitgehend ahnungslos sei, welche Einflüsse, Einstellungen und Verhaltensweise die Organisation im Alltag prägen.

Die Spezialisierung und Fokussierung auf je eine Seite der Organisation leuchtet im Sinne von Arbeitsteilung ein. Genauso wie es Sinn macht, dass in Unternehmen Spezialisten für Einkauf, Produktion und Vertrieb beschäftigt werden oder in Krankenhäusern jeweils gesonderte Experten für die ärztliche Behandlung, die Abrechnung von Leistungen und die Reinigung der Gänge zuständig sind, scheint es funktional zu sein, wenn Organisationen unterschiedliche Expertisen für die formale Seite, die informale Seite und die Schauseite der Organisation vorrätig halten. Eine Ministerin würde sich – und besonders ihr Ministerium – überfordern, wenn sie neben ihrer Schaufensterfunktion für politische Entscheidungen auch noch den Anspruch hätte, das für die Organisation relevante formale Regelwerk zu verstehen und die vielfältigen informalen Abstimmungsprozesse in ihrem Ministerium zu überblicken. Für eine Fließbandarbeiterin in einer Fischkonservenfabrik reicht es aus, wenn sie die für sie relevanten formalen Anforderungen mitgeteilt bekommt und sich ein Wissen aneignet, wie diese im Notfall informal unterlaufen werden können. Für den Aufbau der Schauseite des Unternehmens braucht sie sich nicht zuständig zu fühlen.

Mein Vorschlag, bei der Analyse von Organisationen systematisch drei Seiten von Organisationen zu unterscheiden, mag anspruchsvoll klingen. Selbst die Anhänger der meisten Organisationstheorien arbeiten – wenn überhaupt – nur mit einer Unterscheidung zwischen einer für die Darstellung gegenüber der Außenwelt geeigneten formalen Seite und einer eher vor der Außenwelt zu verbergenden informalen Seite. Will man jedoch ein umfassendes Verständnis von der Funktionsweise einer Organisation erhalten, dann muss man nicht nur in der Lage sein, alle drei Seiten der Organisation mit ihren jeweiligen Logiken zu erfassen, sondern darüber hinaus auch verstehen, wie diese drei Seiten in Organisationen ineinandergreifen.

3.1   Die formale Seite – Die Verteilung von Beweislasten

Man kann relativ viel über Organisationen lernen, wenn man ein neues Mitglied bei seinen ersten Schritten in einer Organisation beobachtet – gleich, ob es sich dabei um einen Ferienjob in einem Unternehmen zur Produktion von Waschmaschinen, um den ersten festen Arbeitsplatz nach der Ausbildung oder dem Studium in einer Anwaltskanzlei oder um die Übernahme einer Spitzenposition in einem Krankenhaus handelt. Man erhält einen Betriebsausweis, wird kurz durch den Arbeitsbereich geführt, den Kolleginnen und Kollegen vorgestellt, lernt seine künftige Chefin kennen und stellt sich – wenn nötig – selbst bei den Untergebenen vor. Weil im Arbeitsvertrag die künftigen Aufgaben nur grob umrissen sind, wird konkretisiert, was die Organisation an Arbeitsleistungen erwartet. Man bekommt ein Handbuch mit Arbeitsabläufen in die Hand gedrückt oder wird an einen Kollegen oder eine Kollegin verwiesen, der bzw. die einem die relevanten Prozesse erklären kann.

Das neue Mitglied versucht – um ein häufig verwandtes Bild zu benutzen – zu verstehen, wie die Maschinerie funktioniert, welches Rädchen es selbst in der Maschinerie darstellt und wie dieses mit anderen Rädchen ineinandergreift. Oder mit anderen Worten: Es macht sich mit der formalen Struktur der Organisation vertraut. Aber was ist das genau – die Struktur einer Organisation? Und was ist genau das Formelle an diesen Strukturen?

Die formalen Strukturen der Organisation
Struktur ist ein schillernder Begriff. Wer von der Notwendigkeit einer „Steuerstrukturreform" spricht, will sagen, dass sich etwas grundlegend ändern muss, drückt sich aber um die Aussage herum, wie – und ob überhaupt – man künftig die finanzielle Belastung der Bürger reduzieren wird. Als Reaktion auf Polizeirazzien gegen Mitglieder autonomer Gruppen wird gegen die Diskriminierung „linker Strukturen" protestiert und man macht sich nicht die Mühe, zu sagen, wer und was da eigentlich diskriminiert wurde. Fußballtrainer verkünden vollmundig, ihr zentrales Ziel sei es, „Strukturen zu schaffen, die dafür sorgen, dass der Verein

künftig wieder eine höhere Erfolgswahrscheinlichkeit hat", und lassen im Dunkeln, was genau geändert werden wird. Der Strukturbegriff scheint sich gut dafür zu eignen, sich in Denklücken zu schmiegen. Er wird häufig dann benutzt, wenn ein genauerer Begriff fehlt oder man zu faul ist, einen solchen zu präzisieren. Man ahnt, worum es geht, wenn man von Organisationsstrukturen spricht – um „relativ beständige Ordnungsmuster der Organisation" (Mayntz 1963, S. 81), um die Mechanismen, mit denen eine Organisation auf „Dauer gestellt wird" (Schnelle 2006, S. 20). Aber es scheint schwer zu sein, den Strukturbegriff genau zu fassen zu bekommen. Dabei ist eine Definition einfach.

Die Strukturen
In Organisationen scheint ein Typ von Entscheidungen auf besonderes Interesse zu stoßen: nämlich diejenigen Entscheidungen, die künftige Entscheidungen beeinflussen werden. Mitarbeiter diskutieren aufgeregt darüber, welche Abteilungen ihres Handelsunternehmens zusammengelegt werden sollen, weil sie sicher sind, dass dies Auswirkungen auf ihre Arbeit in den nächsten Jahren haben wird. Parteimitglieder verfolgen interessiert die Wahl einer neuen Bundes-vorsitzenden, weil sie wissen, dass diese Wahl Einfluss auf die künftige Verortung der Partei haben wird. Studierende ahnen, dass die Verabschiedung einer neuen Prüfungsordnung wichtiger ist als die Festlegung des Seminarangebots für das kommende Semester, weil damit der Rahmen geschaffen wird, in dem künftig die Lehrenden Entscheidungen über ihr „Sein oder Nichtsein" als Studierende treffen werden.

Über diese erste Annäherung an einen besonderen Typus von Entscheidungen lässt sich bereits bestimmen, was Organisationsstrukturen sind. Sie sind, so Herbert A. Simon (1957, S. 34 ff.), Entscheidungen, die als Prämissen – also Voraussetzungen – für andere Entscheidungen in der Organisation dienen. Bei Organisationsstrukturen geht es also immer um solche Entscheidungen, die sich nicht in einem einzelnen Ereignis verbrauchen, sondern eine Vielzahl künftiger Entscheidungen in der Organisation prägen. Die Entscheidung eines Wartungs-arbeiters, die ausgefallene Maschine in einem Fertigungsbereich zu reparieren, ist noch keine Entscheidungsprämisse, weil sie nur für dieses eine Ereignis relevant ist. Aber es ist eine Entscheidungsprämisse, wenn die Geschäftsführerin ent-scheidet, dass bei allen Maschinenausfällen in einem Fertigungsbereich innerhalb von zehn Minuten ein Mitglied der Wartungsmannschaft vor Ort zu sein hat (vgl. Luhmann 1988, S. 172).

Das Formale

Strukturen gibt es selbstverständlich nicht nur in Organisationen. Die Vorschrift, dass auf Straßen rechts (oder links) gefahren werden muss, stellt genauso eine Struktur dar wie die Vereinbarung in einer Wohngemeinschaft, dass das Badezimmer wöchentlich geputzt werden soll, oder die Übereinkunft in einer Familie, dass einer der Ehepartner seine Arbeitskraft möglichst teuer auf dem Markt verkauft, während der andere sich um die Aufzucht der Kinder kümmert. Nur wenn sich Erwartungen ausbilden, was geschehen wird, kann sich überhaupt so etwas wie ein Halt in Strukturen ausbilden.

Die zentrale Besonderheit von Organisationen besteht darin, dass sie die Mitgliedschaft unter Bedingungen stellen können: Die Bedingung lautet, eine Entscheidung darüber treffen zu müssen, ob man bereit ist, die Erwartungsstrukturen der Organisation zu akzeptieren. Es wird spezifiziert, von wann bis wann man in den Räumlichkeiten der Organisation anwesend sein muss, was während der Anwesenheit zu tun ist, auf welche anderen Organisationsmitglieder man zu achten hat und welche man ignorieren kann. Wenn man nicht bereit ist, sich an diese Erwartungen zu halten, kann man nicht Mitglied der Organisation bleiben.

Diese mitgeteilten Mitgliedschaftsbedingungen sind – so kann man einfach sagen – die *Formalstruktur* der Organisation. Über sie wird festgelegt, welche Programme zum Beispiel in Form von Zielvorgaben oder Procedures akzeptiert werden müssen. Sie bestimmen, welche Kommunikationswege man zu akzeptieren hat, z. B. welchen Mitarbeitern gegenüber man weisungsbefugt ist oder welche Berichtspflichten man gegenüber Kollegen hat. Und sie spezifizieren, dass man eine Vielzahl von Personen als Kommunikationspartner akzeptieren muss, mit denen man privat keine Minute verbringen würde.

Um aber überhaupt ein bestimmtes Verhalten zur Mitgliedschaftsbedingung machen zu können, ist es erforderlich, dass die Anforderungen der Organisation an ihre Mitglieder relativ konsistent sind. Es ist problematisch, einem Sozialarbeiter einen Regelverstoß nachzuweisen, wenn eine formale Regelung vorgibt, dass ausschließlich im Falle der Vorlage eines Berechtigungsscheins Unterstützungsmaßnahmen freigegeben werden dürfen, gleichzeitig aber von ihm verlangt wird, im Falle einer starken Verwahrlosung unmittelbar Maßnahmen zur Unterstützung einzuleiten.

Nur wegen dieser Konsistenzanforderungen an die Formalstruktur von Organisationen kann sich überhaupt die Metapher von der Organisation als „Maschine" ausbilden. Weil die formalen Erwartungen aufeinander abgestimmt sein müssen und sich nicht grundsätzlich widersprechen dürfen, wirkt die Organisation für den auf die Formalstruktur fixierten Betrachter in ihrer Routinemäßigkeit, Verlässlichkeit und Effizienz wie eine Maschine.

Natürlich gibt es in jeder Organisation inkonsistente Regeln; jedes Mitglied einer Organisation kann ein Lied davon singen. Aber gerade die Widersprüchlichkeiten in den formalen Regeln führen dazu, dass die Mitglieder tendenziell von Verhaltenserwartungen entlastet werden, weil sie sich ja jeweils auf die ihnen genehme Regel beziehen können (vgl. Luhmann 1964, S. 155). Organisationen reagieren deshalb auf das Bekanntwerden von Widersprüchlichkeiten im Regelwerk meist mit dem Reflex, das „in Ordnung zu bringen". Wenn bekannt wird, dass eine Landesverordnung die private Nutzung von Dienstwagen durch Politiker widersprüchlich regelt, reicht schon das Bekanntwerden eines Falles problematischer Nutzung aus, um Druck in Richtung auf Klärung des Regelwerkes aufzubauen. Das Bestreben von Organisationen, Verhaltensweisen als Mitgliedschaftsbedingung auszuflaggen, führt offensichtlich dazu, dass das Regelwerk jedenfalls einigermaßen konsistent gehalten wird.

Die formalen Strukturen
Organisationsmitglieder brauchen eine Erkennungsregel, mit der sie die Mitgliedschaftserwartungen der Organisation – die Formalstruktur – identifizieren können. Dafür scannen die Mitglieder, ob die Erwartung, die an ein Mitglied herangetragen wird, durch eine „Entscheidung" der Organisation kodifiziert wurde oder nicht. Die Lehrerin kontrolliert, welche „Entscheidungen" – z. B. in Form von Lehrplänen – über die Gestaltung des Unterrichts in ihren Klassen getroffen wurden. Der Mitarbeiter im Finanzamt prüft, ob es eine „Entscheidung" gegeben hat, der zufolge die Umsatzsteuer künftig zu anderen Terminen deklariert werden muss.

Die Formalstrukturen sind, so könnte man es auf den Punkt bringen, die „entschiedenen Entscheidungsprämissen" einer Organisation. Auch wenn diese Definition auf den ersten Blick etwas sperrig wirken mag, hat sie den Vorteil, unmittelbar den Blick auf verschiedene Aspekte zu öffnen. Diese Definition schärft den Blick dafür, über welche verschiedenen Typen von Entscheidungsprämissen die Organisation Entscheidungen beeinflussen kann. Durch sie erschließt sich schnell, dass es in Organisationen mit Mehrheitsabstimmungen, mit Konsens oder mit Befehlen „per ordre de mufti" verschiedene Arten gibt, zu entschiedenen Entscheidungsprämissen zu gelangen. Und nicht zuletzt ermöglicht sie ein Verständnis davon, dass sich – Stichwort Organisationskultur – auch „nicht entschiedene Entscheidungsprämissen" in Organisationen ausbilden können.

Die Funktion der Formalstruktur
Entscheidungsprämissen sind zunächst einmal Einschränkungen (Luhmann 1988, S. 174). Eine Arbeitszeitregelung beschränkt, wann in einer Organisation

kommuniziert, marschiert, protokolliert oder regiert werden darf. Eine Stellenhierarchie legt fest, wer mit wem offiziell reden darf und wer nicht. Die formal festgelegte Arbeitsteilung bestimmt, wer welche Arbeiten machen muss und – besonders interessant – wer welche Arbeiten nicht verrichten muss und selbst wenn er wollte, gar nicht erledigen darf.

Warum tun sich Organisationen dies überhaupt an? Weswegen bilden sie eigene Strukturen aus?

Die Entlastung von der Prüfung

Organisationsstrukturen sind Voraussetzungen, die bei ihrer Verwendung nicht mehr geprüft werden müssen (Luhmann 2000, S. 222). Wenn für Forschungszwecke ein Budget von einer Million Dollar vorgesehen ist, braucht – und soll – die für die Vergabe zuständige Sachbearbeiterin nicht mehr prüfen, ob die Mittel nicht vielleicht doch besser für Naturschutz ausgegeben werden sollten. Strukturen entmutigen nicht nur das Hinterfragen von Entscheidungen, sie machen es geradezu unnötig. Genau dies ist mit dem Begriff der „Prämisse" gemeint.

Das heißt nicht, dass jede Prämisse in der Organisation unumstritten sein muss. Die Einstellung einer neuen Trainerin eines Profiteams mag im Vorstand heftig diskutiert und durch die Fanclubs nicht mitgetragen worden sein. In dem Moment, in dem über die Prämisse entschieden worden ist, kann und darf sie jedoch nicht mehr bei jeder einzelnen Entscheidung in Frage gestellt werden. Strukturkritik wird – wenn überhaupt – Spezialisten überlassen oder auf kurze Zeitfenster beschränkt.

Dadurch haben Entscheidungsprämissen in Organisationen auf allen Ebenen eine stark entlastende Funktion. Mitarbeiter in ausführenden Funktionen brauchen nur noch zu prüfen, ob ihre Entscheidungen mit den formalen Vorgaben der Organisation übereinstimmen, und nicht, warum diese Regeln verabschiedet wurden, welche Argumente gegen die Regeln sprechen könnten und welche Alternativen zu den Regeln bestehen. Mitarbeiter in Führungspositionen können davon ausgehen, dass Entscheidungen entsprechend der formalen Vorgaben getroffen werden und auf den ausführenden Ebenen keine aufwendigen Prüfungen über deren Sinnhaftigkeit stattfinden.

Man kann dies durch ein Krisenexperiment leicht überprüfen. Man muss als Organisationsmitglied nur die Forderung mancher Managementratgeber ernst nehmen und die zugewiesenen Aufgaben nicht stupide ausführen, sondern jedes Mal grundsätzlich hinterfragen. Bei jedem Handgriff am Fließband eines Unternehmens, jedem Aktenvorgang einer Behörde oder jedem neuen Antrag für ein Entwicklungshilfeprojekt würde dann die Frage nach der Sinnhaftigkeit gestellt werden. Bei jeder Anweisung von oben würde man prüfen, ob der Chef oder die Chefin nicht nur die amtliche, sondern auch die fachliche Kompetenz dafür hat. Die meisten Organisationen würden – wenn sie sich nicht recht schnell von dem betreffenden Mitglied trennen würden – an der dadurch produzierten Komplexität zugrunde gehen.

Die in der Organisationsforschung prominenten Begriffe der *Unsicherheitsabsorption* (March und Simon 1958, S. 158), der *Komplexitätsreduktion* (Luhmann 1973a, S. 182 ff.) und der *Kontingenzverdichtung* (Luhmann 1993, S. 291) dienen alle dazu, diese Entlastungswirkung von Strukturen zu beschreiben. Angesichts der Vielzahl von möglichen Entscheidungsalternativen sind es die Entscheidungsprämissen, die dazu beitragen, die grundlegende Unsicherheit bezüglich der richtigen Entscheidung zu absorbieren, die Komplexität der Organisation zu reduzieren bzw. die Kontingenz – die zur Verfügung stehenden Wahlmöglichkeiten – erheblich einzuschränken.

Die Verteilung von Beweislasten
Aber Organisationsstrukturen – die Prämissen für künftige Entscheidungen – *determinieren* nicht, wie Entscheidungen genau gefällt werden. Selbst stark standardisierte Arbeitsprozesse beispielsweise am Fließband, im Call-Center oder in der Marschformation können nicht alle einzelnen Entscheidungen determinieren. Auch Fließbandarbeiterinnen, Call-Center Mitarbeiter und marschierende Soldaten weichen, das haben arbeitssoziologische und arbeitswissenschaftliche Studien nachgewiesen, häufig von den strikt programmierten Tätigkeiten ab (siehe eindrucksvoll immer noch die Arbeit von Burawoy 1979, S. 71 ff.). Organisationsstrukturen können also keine endgültige Gewissheit über Entscheidungen von Organisationsmitgliedern geben.

Aber wenn es nicht möglich ist – trotz aller Bemühungen des Managements –, die Auswirkungen von Entscheidungsprämissen auf die Einzelentscheidungen zu berechnen, welchen Effekt haben sie denn?

Kurz: Organisationsstrukturen – Entscheidungsprämissen – verteilen Beweislasten. Wenn man sich in Übereinstimmung mit der Formalstruktur verhält, kann man dies unauffällig, geräuschlos und ohne Rechtfertigungszwänge tun. Das Organisationsmitglied braucht sein Handeln nicht durch „Sinn-Argumente" weiter zu legitimieren, sondern es reicht aus, dass es auf sein programmkonformes Verhalten verweist. Ein Soldat kann sich beim Bombardieren des Gegners auf der sicheren Seite wissen, wenn er den Programmen der Armee und den Befehlen seines Vorgesetzten folgt.

Organisationsmitglieder können sich immer auch gegen die Orientierung an den Prämissen entscheiden – aber wenn sie dies tun, tragen sie die Beweislast. Wenn

man nicht den vorgeschriebenen Dienstweg nutzt, sondern quer über Abteilungs-
grenzen hinweg kommuniziert, muss man sich im Konfliktfall dafür rechtfertigen,
weshalb man diese Abkürzung gewählt hat. Wenn man einen Arbeitsprozess in
effektiver, aber formal verbotener Weise ausführt, sollte man, wenn dies auf-
fliegt, gute Argumente dafür haben, dass diese Vorgehensweise der Organisation
nur Nutzen und keinen erkennbaren Schaden bringt. Man muss darauf hoffen,
dass solches Handeln als „organisatorisch sinnvoll" erachtet und entweder stillschweigend geduldet oder in einer Auseinandersetzung als vorteilhaft anerkannt
wird (vgl. Dalton 1959, S. 237).

Organisationsstrukturen machen also lediglich bestimmte Entscheidungen
wahrscheinlicher als andere. Sie bestimmen nicht direkt – so der Organisationssoziologe Erhard Friedberg – die Verhaltensweise von Organisationsmitgliedern,
sondern strukturieren deren „Verhandlungsspielräume" (Friedberg 1993, S. 151).
Sie bilden, um es in der Sprache der Institutionenökonomie zu sagen, ein Netz
aus „Verträgen", bei denen die Akteure aber nie sicher sein können, ob der andere
sie auch wirklich befolgt (Reve 1990, S. 133 ff.). Strukturen lenken Handlungen
in bestimmte Bahnen, machen einige Entscheidungen rechenschaftspflichtig,
andere nicht. Einige Kommunikationen, so die systemtheoretische Formulierung,
werden durch sie „entmutigt, andere ermutigt" (Baecker 1993, S. 8).

Erst diese Wirkweise von Entscheidungsprämissen ermöglicht es
Organisationen, sich sicher in dem Spannungsfeld von zeitgleich bestehenden
Anforderungen an Stabilität einerseits und Wandel andererseits zu bewegen.
Wegen der Beweislastverteilung bei Strukturverletzungen sind grundlegende
Veränderungen „von unten" eher unwahrscheinlich, weil jede Abweichung die
Gefahr heraufbeschwört, in einen Rechtfertigungszwang zu geraten. Gleichzeitig
können sich aber für die Organisation funktionale Abweichungen einspielen und
dadurch die Rigidität der von oben vorgegebenen formalen Strukturen abmildern.

**Welche Typen von formalen Strukturen gibt es? Programme, Kommunika-
tionswege und Personal**
Man kann sich relativ schnell auf die Elemente einigen, die zur Formalstruktur
einer Organisation gehören: Je nach Art der Organisation sind das etwa Organigramme, Produktionsanlagen, Arbeitsprozesse, Arbeitszeitordnungen, betriebswirtschaftliche Zielsysteme, Dienstanweisungen, Organisationshandbücher,
Verfahren, EDV-Programme, Geschäftsordnungen, die Ordnung der Hierarchiestufen, Procedures und Policies, Unterschriftsregelungen oder Prozess-
anweisungen.

Aber wie kann man diese vielfältigen Elemente der Formalstrukturen so
ordnen, dass man darüber Einsichten in die Funktionsweise der Organisation

bekommt? Soll man drei „harte Faktoren" („Strategie", „Struktur" und „System") von vier „weichen Faktoren" („Selbstverständnis", „Stammpersonal", „Spezialkenntnisse" und „Stil") unterscheiden und das Zusammenspiel dieser Faktoren in einem „7-S-Modell" zum Erfolgsrezept für alle Organisationen ausrufen, wie es die Managementberater Tom Peters und Robert Waterman (1982, S. 32) versucht haben? Soll man, wie der kanadische Organisationsforscher Henry Mintzberg (1979, S. 19 ff.), mit einer „strategischen Spitze", einem „operativen Kern", einer „mittleren Linie", einer „Technostruktur" und „Hilfsstäben" fünf Bereiche der Organisation unterscheiden und dann untersuchen, wie diese zusammenwirken? Oder soll man, wie schon früh der Betriebswirt Fritz Nordsieck (1932), mit einer simplen Unterscheidung von „Aufbauorganisation" und „Ablauforganisation" arbeiten, um einerseits die Anordnung der Abteilungen und andererseits die Prozesse der Arbeitsorganisation ins Blickfeld zu bekommen?

Es hat sich bewährt, drei grundlegend unterschiedliche Strukturtypen zu unterscheiden. Der erste Typ sind *Entscheidungsprogramme*. Dazu lassen sich beispielsweise betriebswirtschaftliche Zielsysteme, Dienstanweisungen, EDV-Programme oder Policies zählen. Mit ihnen wird festgelegt, welches Handeln in Organisationen als richtig und welches als falsch anzusehen ist. Den zweiten Typ stellen *Kommunikationswege* dar. Zu ihnen gehören etwa die Geschäftsordnung, die Aufgabenteilung, die Informationswege, die Mitzeichnungsrechte, der hierarchische Aufbau oder die Unterschriftsregelungen. Hier wird festgelegt, auf welche Art und auf welchen Bahnen in der Organisation kommuniziert werden kann oder muss. Als dritten Typ von Strukturen bzw. Entscheidungsprämissen kann man *Personal* begreifen. Dies basiert auf der Überlegung, dass es für künftige Entscheidungen einen Unterschied macht, mit welcher Person (oder welchem Typ von Person) eine Position besetzt wurde (siehe ausführlich Luhmann 2000, S. 221 ff.).

Programme

Programme bündeln Kriterien, nach denen entschieden werden muss. Sie legen fest, was man in einer Organisation tun darf und was nicht. Insofern haben Programme die Funktion, bei Fehlern Schuld zurechenbar zu machen und so Vorwürfe in der Organisation zu verteilen. Wenn eine Mitarbeiterin nicht das durch ein Programm vorgegebene Ziel einer 10 %igen Umsatzsteigerung erreicht, kann sie zwar Ausflüchte suchen, aber letztlich erlaubt es die Programmierung, den Fehler zuerst ihr zuzurechnen. In Organisationen gibt es dabei zwei prinzipiell verschiedene Programmtypen: Konditional- und Zweckprogramme (vgl. kompakt Luhmann 2000, S. 260 ff.).

Konditionalprogramme legen fest, was getan werden muss, wenn in einer Organisation ein bestimmter Impuls wahrgenommen wird. Wenn beispielsweise in der Fließbandmontage an einer Station ein vormontiertes Teil ankommt, dann muss gemäß einem durch die Firma vorgegebenen Konditionalprogramm eine spezifizierte Handlung vorgenommen werden. Wenn ein Antrag auf Arbeitslosengeld bei einer Agentur für Arbeit eingeht, kann der Sachbearbeiter nach den gesetzlich grundlegend geregelten und durch die Agentur spezifizierten Konditionalprogrammen genau identifizieren, ob dies als Anlass für die Zahlung von Arbeitslosengeld gelten kann.

Bei Konditionalprogrammen gibt es mithin eine feste Kopplung zwischen der Bedingung einer Handlung – dem „Wenn" – und der Ausführung einer Entscheidung – dem „Dann". Dabei ist die Vorgehensweise genau festgelegt: Das Programm bestimmt, was zu tun ist – und was nicht ausdrücklich erlaubt ist, ist bei Konditionalprogrammen verboten. Für einen ausschließlich konditional programmierten Mitarbeiter kann es höchstens kleinere Ermessensspielräume geben.

Entsprechend funktioniert die Zuweisung von Verantwortung, wenn Fehler begangen wurden. Der Ausführende macht einen Fehler, wenn er bei einem eingegangenen Impuls nicht den vorgeschriebenen Arbeitsschritt vornimmt, und kann dafür zur Rechenschaft gezogen werden. Umgekehrt gilt, dass bei korrekter Befolgung des Programms für das Ergebnis des Arbeitsprozesses nicht der Ausführende verantwortlich ist, sondern derjenige, der das Programm entwickelt hat. Wenn beispielsweise die Sozialarbeiterin ihre Fälle entsprechend den vorgegebenen Konditionalprogrammen bearbeitet, ist nicht sie schuld, wenn am Ende ein Obdachloser auf den Straßen Wiens stirbt, sondern diejenigen in der Verwaltung, die die Konditionalprogramme so eingerichtet haben, dass sein Tod nicht verhindert werden konnte.

Bei Konditionalprogrammen ist die Ausrichtung mithin *„inputorientiert"* – der Ausführende erhält einen Input in Form von Anträgen, Strafanzeigen oder Bewegungen am Fließband und dadurch wird eine vorgegebene Folge von Arbeitsschritten ausgelöst. Prozesse in Organisationen, die durch Konditionalprogramme gesteuert sind, sind deshalb gut vorhersehbar, aber wenig flexibel und ergebnissensibel.

Zweckprogramme sind ganz anders gebaut als Konditionalprogramme. Sie legen fest, welche Ziele oder Zwecke erreicht werden sollen. Zweckprogrammierungen findet man an der Spitze einer Organisation, wenn beispielsweise als Zweck eines Unternehmens ausgegeben wird, auf dem Markt für Waschmaschinen der führende Anbieter zu sein. Sie treten aber auch bei der Tätigkeit des mittleren und unteren Managements auf, wenn versucht wird, dieses über Zielvorgaben – das sogenannte „management by objectives" – zu steuern. Aber selbst einfache Tätigkeiten können über Zweckprogramme gesteuert werden, beispielsweise wenn eine Chefin von ihrem Assistenten verlangt, möglichst kostengünstig 2000 Blatt neues Druckerpapier zu besorgen.

Bei Zweckprogrammen ist die Wahl der Mittel freigegeben: Der angegebene Zweck soll erreicht werden – egal wie. Dabei muss die Mittelwahl sich zwar innerhalb gewisser Grenzen bewegen, die durch die Regeln der Organisation oder auch durch Rechtsvorschriften gesetzt werden. Der Assistent darf das Papier nicht einfach in der Nachbarabteilung stehlen und dann darauf verweisen, dass dies die kostengünstigste Variante gewesen sei. Aber es gilt die Faustregel: Jedes Mittel, das nicht durch die Organisation (oder gar durch Gesetze) verboten ist, ist erlaubt, wenn es der Erreichung des Ziels dient.

Dabei trägt bei Zweckprogrammen die Person, die das Programm ausführt, die Schuld, wenn der Zweck oder das Ziel nicht erreicht wird oder wenn die eingesetzten Mittel für die Organisation problematische Nebeneffekte produziert haben. Der Assistent gerät in Erklärungsnöte, wenn das Druckerpapier nicht zur Verfügung steht, oder auch nur, wenn er bei der Beschaffung des Druckerpapiers zu viel Aufwand betrieben hat. Er kann zwar Ausflüchte suchen und beispielsweise auf die Eigenlogiken eines über SAP gesteuerten Beschaffungssystems verweisen, aber schon diese Rechtfertigungsversuche weisen darauf hin, dass der Fehler zunächst bei ihm gesucht wird.

Weil Zweckprogramme *„outputorientiert"* sind, können sie auf eine unbestimmbare Zukunft ausgerichtet werden. Die Aufforderung an den Assistenten, immer dafür zu sorgen, dass genügend Druckerpapier vorhanden ist, stellt den Papiernachschub sicher und zwar unabhängig davon, ob der Papierverbrauch in der nächsten Zeit massive Schwankungen nach oben oder nach unten erlebt. Durch Zweckprogrammierung erlangt die Organisation somit eine gewisse Elastizität, die sie bei einer reinen Konditionalprogrammierung nicht hätte.

Kommunikationswege
Den zweiten grundlegenden Typus von Entscheidungsprämissen machen die Kommunikationswege einer Organisation aus. Durch das Festlegen von legitimen Kontaktpunkten, „Instanzenzügen" und Zuständigkeiten werden zunächst einmal die Möglichkeiten der Kommunikation in der Organisation massiv eingeschränkt. Es wird auf einen großen Teil der möglichen Kontakte und die Mitwirkung aller möglicherweise hilfreichen und interessierten Stellen bei Entscheidungen verzichtet. Es wird nur eine kleine Zahl legitimierter Kontakte und Entscheidungsbefugnisse zugelassen, die die Mitglieder zu respektieren haben, wenn sie ihre Mitgliedschaft nicht aufs Spiel setzen wollen. Nur durch die Festlegung solcher

Kommunikationswege kann der „communication overkill" in Organisationen verhindert werden. Andere soziale Gebilde wie Familien, Gruppen oder Gespräche mögen sich als „All-Channel-Netzwerke" organisieren: Jedes Familienmitglied, jeder Gesprächsteilnehmer oder jedes Gruppenmitglied kann mit jedem anderen kommunizieren und wenigstens den prinzipiellen Anspruch erheben, in wichtigen Fragen mitreden zu können. Bei Organisationen wird genau diese Möglichkeit durch die Festlegung von Kommunikationswegen ausgeschlossen (vgl. zu All-Channel-Netzwerken Luhmann 1973b, S. 42).

Für die Mitglieder einer Organisation hat die Einrichtung von Kommunikationswegen – wie alle anderen Strukturtypen auch – eine entlastende Funktion. Diejenigen, die für eine bestimmte Entscheidung zuständig sind, können davon ausgehen, dass diese systemintern als richtig angesehen und nicht angezweifelt wird. Sie müssen im Problemfall aber auch die Verantwortung übernehmen und haben für eventuelle Fehler oder negative Konsequenzen ihrer Entscheidungen geradezustehen. Dies entlastet nicht nur die Vorgesetzten, weil sie davon ausgehen können, dass die Untergebenen ihre Weisungen befolgen – oder wenigstens offiziell so tun, als würden sie sie befolgen. Auch die Untergebenen werden entlastet, weil sie wissen, mit wem man reden darf und mit wem nicht (vgl. Luhmann 2016). Festgelegte Kommunikationswege entlasten aber auch bei der Kooperation zwischen Personen auf gleicher Ebene, weil z. B. eine Abteilung die Information einer anderen nicht auf ihre Stimmigkeit oder ihren Nutzen überprüfen muss.

In Organisationen gibt es ganz unterschiedliche Formen der Regelung von Kommunikationen. Die prominenteste Art der Fixierung von Kommunikationswegen ist sicherlich die *Hierarchie*. Über Hierarchien wird einerseits festgelegt, wer wem über- und untergeordnet ist, es wird mithin Ungleichheit etabliert. Gleichzeitig wird durch Hierarchien aber auch Gleichheit produziert, weil festgelegt wird, welche Abteilungen sich auf der gleichen hierarchischen Ebene der Organisation befinden. Die zentrale Funktion von Hierarchien ist dabei – wie gezeigt –, mit Verweis auf die Mitgliedschaftsbedingung Sachkonflikte innerhalb der Organisation schnell auflösen zu können.

Eine weitere wichtige Art der Festlegung von Kommunikationswegen sind *Mitzeichnungsrechte*. Mitzeichnungsrechte werden in der Regel auf einer hierarchischen Ebene eingerichtet: Verschiedene Minister müssen zustimmen, bevor eine Verordnung in Kraft treten kann; oder die Abteilungsleiter müssen eine Arbeitsanweisung gegenzeichnen, bevor sie offiziell in der Organisation verkündet werden kann. Mitzeichnungsrechte basieren auf der Gleichrangigkeit der beteiligten Organisationseinheiten und sind damit entsprechend anfällig, weil es keine einfachen Wege gibt, um Konflikte aufzulösen (Luhmann 1988, S. 177).

Eine weitere, zunehmend wichtige Art der Definition von Kommunikationswegen sind *Projektstrukturen*. Dazu werden Mitglieder aus unterschiedlichen Abteilungen zusammengezogen, um ein zeitlich befristetes Vorhaben – ein Zweckprogramm – zu bearbeiten. Häufig sind die Leiter der Projekte dabei nicht oder nur begrenzt mit Weisungsbefugnissen ausgestattet. Die Projektmitglieder fühlen sich häufig noch dem sie entsendenden Hierarchiezweig verpflichtet und schwächen so den über die Projektgruppe zusätzlich eingerichteten Kommunikationsweg.

Hierarchien, Mitzeichnungsrechte und Projektstrukturen können miteinander kombiniert werden, sodass sich ganz eigene Formen und Netzwerke von Kommunikationswegen ausbilden. Je nachdem, welche Kombination von Hierarchien, Mitzeichnungsrechten und Projektstrukturen gewählt wird, verändern sich die Wahrscheinlichkeiten für Kooperation, Konkurrenz oder Konflikt in der Organisation. In der Organisationsforschung wird ein hohes Maß an Phantasie mobilisiert, um solche Netzwerke von Kommunikationswegen zu entwickeln, zu benennen und zu beschreiben. Mit Begriffen wie Funktionalorganisation, Divisionalorganisation oder Matrixorganisation wird zum Ausdruck gebracht, welches Anordnungsprinzip der Kommunikationswege dominiert.

Personal
Während die Einstufung von Programmen und Kommunikationswegen als Strukturen der Organisation in der Organisationsforschung gebräuchlich ist, hat der Vorschlag, Personal als dritten, gleichrangigen Typ von Organisationsstruktur zu betrachten, mehr Überraschungswert. Die Ursache für die weitgehende Ignorierung des Strukturtyps Personal ist ein blinder Fleck, der sich durch die klassische Betriebswirtschaftslehre in die Organisationsforschung eingeschlichen hat. Wegen der Orientierung am klassischen Zweck-Mittel-Schema wird in der betriebswirtschaftlichen Organisationsforschung Personal häufig nur als Mittel zum Zweck betrachtet, das selbst aber keine Struktur der Organisation darstellt. Dieser Fehlschluss führt dann zu so absonderlichen Wortkombinationen wie „Organisation und Personal" bei der Benennung von Abteilungen, Instituten oder Lehrstühlen, die suggerieren, dass das Personal analytisch irgendwie außerhalb der Organisation – und der Organisationsstruktur – zu verorten ist (siehe dazu schon Luhmann 1971c, S. 209).

Aber mit dem oben erläuterten Begriff von Organisationsstrukturen ist es leicht, den Strukturcharakter von Entscheidungen über Personal nachzuweisen. Jeder Beobachter kann feststellen, dass in Organisationen nicht nur *über* Personal entschieden wird, sondern dass Personalentscheidungen wichtige Prämissen für weitere Entscheidungen in der Organisation sind. Es macht für künftige

Entscheidungen einen Unterschied, welche Person die für die Entscheidung zuständige Stelle besetzt. Auf der gleichen Stelle entscheiden Juristen häufig anders als Betriebswirte und diese wiederum anders als Soziologen. Personen mit Oberschichtsozialisation entscheiden tendenziell anders als Personen aus der Unterschicht. Und auch das Entscheidungsverhalten von Frauen soll tendenziell ein anderes sein als das von Männern.

Die Bedeutung dieses Strukturtyps lässt sich auch daran ablesen, dass in Organisationen ein großes Interesse an Personen besteht. Dabei geht es – bei allem Klatsch über vermeintliche Affären von Vorstandsvorsitzenden mit ihren Fitnesstrainerinnen – nicht vorrangig darum, dass Personen privat interessant gefunden werden. Vielmehr ist das Interesse an Personen in Organisationen deshalb so ausgeprägt, weil man davon ausgeht, dass Personen in einer ihnen je eigenen Art und Weise entscheiden. Man kann beobachten, dass jedes Organisationsmitglied bei der Art der Ausführung von Programmen und der Bedienung von Kommunikationswegen einen eigenen (Führungs-)Stil entwickelt (vgl. Jackall 1983, S. 121). Und man stellt fest, dass bei jedem personellen Wechsel in einer Organisation Diskontinuitäten entstehen, und zwar auch dann, wenn die Kommunikationswege und Programme der Organisation identisch bleiben.

Organisationen haben verschiedene Möglichkeiten, an der Stellschraube Personal zu drehen (siehe hierzu Luhmann 1971c, S. 208). Mit der *Einstellung* wird fixiert, welcher Typus von Person künftig in der Organisation Entscheidungen treffen wird. Schon bei der Formulierung von Stellenanzeigen, Kandidatenprofilen und Ausschreibungsunterlagen wird heftig darum gerungen, welche Merkmale – und damit letztlich für die Organisation relevanten Entscheidungsstile – eine Person mitbringen soll.

Mit der *Entlassung* von Personen kann signalisiert werden, welche Art von Entscheidungen man künftig in der Organisation nicht mehr haben möchte. Gerade bei Spitzenpositionen wird diese Möglichkeit häufig genutzt, um nach außen und innen zu signalisieren, dass andere Formen von Entscheidungen zu erwarten sind. Bei vielen Stellen innerhalb von Organisationen sind Entlassungen jedoch nicht möglich. Dann bleibt häufig nur noch die Möglichkeit, zum Mittel der Versetzung zu greifen, also Personen auf Stellen zu versetzen, wo sie mit ihren Entscheidungen „nicht so viel anrichten können".

Die *interne Versetzung* kann nach oben (als Karriereschritt oder als Ruhigstellung auf Frühstücksdirektorenposten), nach unten (als Degradierung) oder auch zur Seite erfolgen. Der Vorteil bei Versetzungen besteht darin, dass die Person in der Organisation bereits bekannt ist und eingeschätzt werden kann. Allerdings stellt das von der Organisation positiv honorierte Verhalten auf einer

Stelle keine Garantie dafür dar, dass sich die Person auch auf anderen Stellen entsprechend verhält. Umgekehrt bedeutet das Versagen auf einer Stelle nicht, dass die Person auch für andere Stellen ungeeignet ist.

Mit *Personalentwicklung* wird versucht, das Verhalten einer Person so zu verändern, dass sie künftig auf der gleichen Position andere Entscheidungen trifft. Dabei wird häufig der Eindruck erweckt, dass das Personal gewissermaßen die „Software" der Organisation darstellt, die durch Trainings, Coachings und Supervisionen beliebig umprogrammiert werden kann, während die Programme, Technologien und Dienstwege die „Hardware" ausmachen. Plausibel scheint eher das Gegenteil zu sein. Während sich Organisationspläne und Aufgabenbeschreibungen „leicht, praktisch mit einem Federstrich ändern lassen", sind Personen „schwer, wenn überhaupt umzustellen" (Luhmann 2000, S. 280). Selbst wenn einzelne Personen bereit sind, sich aufgrund einer Personalentwicklungsmaßnahme zu ändern, werden sie von ihrem Umfeld doch häufig mit der Erwartung konfrontiert, dass sie sich so verhalten sollen, wie sie sich immer verhalten haben.

Zum Verhältnis von Programmen, Kommunikationswegen und Personal
Man kann das Zusammenspiel von Programmen, Kommunikationswegen und Personal schon auf der „kleinsten organisatorisch zu definierenden Organisationseinheit" (Bühner 2004, S. 61) beobachten: der *Stelle*. Eine Stelle muss mit einer Person besetzt werden, sie wird über in Organisationshandbüchern oder Computerprogrammen festgelegte Auslösebedingungen (Konditionalprogramme) oder über anzustrebende Ziele (Zweckprogramme) programmiert und ihre Kontaktmöglichkeiten werden durch die vorgegebenen Kommunikationswege beschränkt (Luhmann 1973b). Aber auch bei *Abteilungen* von Organisationen spielen immer alle drei Strukturtypen zusammen. Sie werden durch ihr Personal mit seinem oft ganz eigenen Entscheidungsstil geprägt und ihre Arbeit wird durch vorgegebene Zweck- und Konditionalprogramme sowie durch die Einbindung in die Kommunikationswege der Organisation strukturiert. Schließlich kann das Zusammenwirken der drei Strukturformen auch auf der Ebene der *Organisation* selbst beobachtet werden: So zum Beispiel, wenn festgestellt wird, dass ein Unternehmen immer nur einen ganz bestimmten „Typ" von Mitarbeiter einstellt, dass mit der Veränderung im Organigramm ganz neue, ungewohnte Kommunikationswege entstehen oder dass organisationsweite Veränderungen von Zielvorgaben oder Abläufen beobachtet werden.

Was tun? Ansätze zur Analyse und Veränderung von Organisationsstrukturen
Die Formalstruktur einer Organisation in die drei genannten Typen von Entscheidungsprämissen zu zerlegen, erscheint zunächst einmal als wenig
befriedigende Fingerübung. Sie schafft ein Mehr an analytischer Begrifflichkeit,
liefert aber der Organisation noch keine Entscheidungsempfehlungen. Durch den
Blick auf das Zusammenspiel von Programmen, Kommunikationswegen und
Personal können jedoch Fragen gestellt werden, durch die sowohl Veränderungs-
möglichkeiten als auch Veränderungsbegrenzungen von Organisationen ins Blickfeld genommen werden können.

Welche Strukturtypen entstehen während des Wachstums?
In ihrer Entstehungsphase sind Organisationen meist zurückhaltend, feste
Strukturen – Entscheidungsprämissen – auszubilden. Auf die eindeutige
Programmierung von Abläufen wird oft verzichtet, weil noch keine Notwendigkeit zu einer Standardisierung gesehen wird und die Mitarbeiter Routinen
durch „learning by doing" entwickeln. Ebenso wird oft auch auf formal vor-
geschriebene Kommunikationswege verzichtet und jedes Mitglied hat zu jedem
anderen weitgehend problemlos Zugang, weshalb diese Organisationen auch als
„Face-to-Face-Organisationen" bezeichnet werden können. Dadurch gewinnt
jedoch die Entscheidungsprämisse *Personal* eine zentrale Bedeutung, was man
unter anderem daran erkennt, dass gerade bei der Gründung von Organisationen
immer wieder betont wird, dass die „Chemie" zwischen den Gründungsmit-
gliedern stimmen müsse und das Ausscheiden einzelner Personen häufig einschneidende Effekte auf die Organisation habe (siehe zur Bedeutung von Personal
bei politischen Basisinitiativen Freeman 1972, S. 151 ff.; bei neuen Ministerien
Stucke et al. 1985, S. 7 und bei Unternehmensgründungen Kühl 2003, S. 125 ff.).
  Relativ schnell bilden sich jedoch nach der Gründung bewährte „Praktiken"
der Vorgehensweise und „Trampelpfade" der Kommunikation heraus. Aber diese
„Praktiken" und „Trampelpfade" sind nur in der alltäglichen Routine abgesichert.
Man kann daher nur begrenzt dagegen protestieren, wenn von ihnen abgewichen
wird. Mit dem weiteren Wachstum der Organisation werden diese Entscheidungsprämissen, über die nie wirklich entschieden wurde, deshalb nach und nach durch
offizielle Entscheidungen kodifiziert, modifiziert oder auch geächtet.
  Im Anschluss an die Gründungsphase kann man bei Start-ups, neuen
Ministerien, alternativen Zeitungsprojekten oder politischen Initiativen
beobachten, wie diese Organisationen, die anfangs ihre Entscheidungen weitgehend ohne die Stütze von Prämissen getroffen haben, immer mehr versuchen,
über die Festlegung verbindlicher Ziele, die Etablierung von standardisierten
Abläufen, die Einrichtung von Hierarchien und Mitzeichnungsrechten sowie

die Einführung einer offiziellen Personalpolitik versuchen, Halt in Strukturen zu finden. Dabei ist es interessant zu beobachten, in welchem Maß der Halt in festgezurrten Programmen oder formalisierten Kommunikationswegen gesucht wird und in welchem Maße die Entscheidungsprämisse Personal noch eine Rolle spielt.

Welche Strukturtypen sind immobilisiert?
Der Blick auf die verschiedenen Formen von Organisationsstrukturen ermöglicht zu erkennen, welche Strukturelemente der Organisation „immobil" sind – also nicht oder nur um den Preis des Identitätsverlustes geändert werden können. So kann beispielsweise bei Volkskirchen, islamischen Religionsgemeinschaften und jüdischen Glaubensgemeinschaften beobachtet werden, dass ein wichtiger Teil des *Programms* – nämlich der Bezug auf das Alte und Neue Testament, den Koran oder den Talmud – als sakrosankt behandelt und damit als Entscheidungsprämisse immobilisiert wird. Aber auch bei den marxistisch-leninistischen Parteiorganisationen des Staatssozialismus fand über die Dogmatisierung der Werke von Karl Marx und Friedrich Engels eine Immobilisierung von Programmen statt. Diese Konstellation hat zur Folge, dass Veränderungen nur unter Rücksichtnahme auf die immobilisierten Entscheidungsprämissen vorgenommen werden können. Wenn die Werke von Matthäus, Markus, Lukas und Johannes oder von Marx und Engels absolut gesetzt werden, besteht Programmflexibilität lediglich in Bezug auf die Interpretationen und Ausführungsrichtlinien dieser Programme (vgl. Luhmann 1988, S. 175 f.).

Aber auch *Kommunikationswege* von Organisationen können immobilisiert sein. Parteien in demokratischen Staaten etwa sind ja nicht nur Teilnehmer an einem „makrodemokratischen Spiel", sondern sie müssen selbst so tun, als ob ihre Kommunikationswege demokratisch seien. Auch wenn – wie schon Max Weber (1919, S. 39 f.) feststellte – erfolgreiche Politik darin besteht, Parteimitglieder zu „gut diszipliniertem Stimmvieh" zu machen und die Partei im Wesentlichen durch ihre eigene Oligarchie gelenkt wird, müssen sich die formalen Kommunikationswege anders präsentieren: als die einer von unten gesteuerten Organisation, in der alle wichtigen Fragen letztlich durch die Parteibasis entschieden werden. Der Versuch, diese Kommunikationswege in diktatorische Führungsformen umzuwandeln, würde in vielen Staaten an der Verfassung scheitern und das Verbot der Partei nach sich ziehen.

Auch das Strukturmerkmal *Person* ist in Organisationen vielfach immobilisiert. Besonders deutlich lässt sich dies an Familienunternehmen beobachten, die ihr Führungspersonal bevorzugt aus der Familie der Kapitalbesitzer rekrutieren. Damit ist die Flexibilität der Personalwahl stark eingeschränkt: Man kann zwar zwischen verschiedenen Familienmitgliedern – z. B. zwischen der erst- und der zweitgeborenen Tochter – wählen, einzelne Familienmitglieder langsam in Positionen hineinwachsen lassen oder auch ungeeignete Familienmitglieder auf eher unwichtige Positionen versetzen. Eine Besetzung von außen wird jedoch in der Regel vermieden, weil damit der Charakter des Familienunternehmens verloren gehen würde.

Wie können sich Strukturtypen gegenseitig ersetzen?
Die Strukturtypen einer Organisation kann man auch unter dem Gesichtspunkt „wechselseitiger Substituierbarkeit" beobachten (Luhmann 1971c, S. 208). Wenn eine Aufgabe – z. B. die Entwicklung eines neuen Medikaments, das Gewinnen einer Schlacht oder die Reform einer Schule – nicht im Detail programmiert werden kann, steigen fast automatisch die Anforderungen an die Person des Entscheiders. Oder umgekehrt: Wenn eine Person nicht alle benötigten Fähigkeiten besitzt, muss die Beteiligung anderer Stellen vorgeschrieben, die hierarchische Aufsicht verstärkt oder die „Programmschraube" angezogen werden. Wenn man sich weder auf die Programme noch auf das Personal verlassen kann, muss sich eine Organisation – siehe das Beispiel der Billiglohnfabriken in China oder Mexiko – auf ihre Kommunikationswege in Form einer tief gestaffelten Hierarchie verlassen (siehe zu diesem Denkprinzip grundlegend Luhmann 2000, S. 226).

Man kann solches Ersetzen von Strukturmerkmalen in jedem Reformprozess von Organisationen beobachten. Die Modularisierung und Standardisierung von Studiengängen an Universitäten führt tendenziell zu einem Bedeutungsverlust der Entscheidungsprämisse Personal. Prüfungsformen und Prüfungsinhalte – mit Einschränkung aber auch Lehrformen und -inhalte – werden so stark vereinheitlicht, dass es zweitrangig wird, wer lehrt und prüft. Im Extremfall werden Studienbriefe verteilt, vorgefertigte Graphiken an die Wand geworfen und Frage-Antwort-Schemata vorbereitet, sodass aufgrund der genauen Programmierung sekundär wird, welches Personal eine Veranstaltung anbietet. Das Wissen der Studierenden wird über Multiple-Choice-Klausuren abgefragt, die dann letztlich durch studentische Hilfskräfte, die Sekretärin oder auch gleich durch den Computer korrigiert werden können.

3.2   Die informale Seite – Von Tausch und Mobbing in Organisationen

Als Neuling erkennt man relativ schnell, dass man allein mit der Einhaltung der Formalstrukturen der Organisation nicht weiterkommt. Schon in den ersten Arbeitstagen wird man mit Erwartungen konfrontiert, die vorher weder in Stellenbeschreibungen niedergelegt noch in Prozesshandbüchern spezifiziert noch als direkte Anweisung des Chefs oder der Chefin ausgesprochen wurden. Im Vorfeld des Eintritts in eine Organisation sind jedoch nur die formalen Erwartungen formulierbar – an wen ein neuer Mitarbeiter berichten muss und welchen offiziellen Regeln er unterworfen sein wird. All dies kann durch formale Entscheidungen festgelegt werden. Die Einbindung in die informale Struktur der Organisation kann dagegen nicht fixiert werden, weil solche Anforderungen von dem angehenden Mitglied als unpassend zurückgewiesen werden könnten, weil die Organisation ihre informalen Strukturen häufig selbst nicht kennt und weil sie – selbst wenn sie diese kennen würde – diese offiziell nicht gutheißen dürfte. Einer neuen Außendienstmitarbeiterin in der Pharmaindustrie kann man nur sehr begrenzt andeuten, in welcher Form im Unternehmen auch Mittel eingesetzt werden, die sich an der Grenze der Legalität bewegen, um die Verschreibungspraxis eines Arztes zugunsten eines Medikamentes zu beeinflussen.

Aber die allgemeine Erfahrung lehrt, dass Mitglieder scheitern, wenn sie sich allzu sehr und ausschließlich an die formalen Anforderungen der Organisation halten. In der Welt der Organisation scheint es viel wilder zuzugehen, als die gut kommunizierbare Formalstruktur oder gar die Nichtmitgliedern gegenüber präsentierte Schauseite es vermitteln. Für dieses „wilde Leben" sind in der Organisationsforschung unterschiedliche Bezeichnungen gebräuchlich. Es wird in Abgrenzung gegen die Formalität von der „Informalität" einer Organisation gesprochen (Barnard 1938, S. 120 für eine frühe, aber noch unpräzise Verwendung des Begriffs). Es ist die Rede vom „Unterleben" einer Organisation, das sich jenseits der offiziellen Regeln ausbildet (Goffman 1973, S. 169 ff. in seiner Studie über Psychiatrien). Oder es wird von der „Organisationskultur" gesprochen, die maßgeblich das Handeln in einer Organisation prägt (Pettigrew 1979, S. 570 ff. für eine erste prominente Verwendung des Begriffs).

Aber was genau ist damit gemeint? Was macht die Informalität einer Organisation aus? Wie läuft das Unterleben einer Organisation ab? Was ist die Kultur einer Organisation?

Die informalen Strukturen der Organisation

Informalität wird gern als ein „Hort von Menschlichkeit" oder als Ort der „menschlichen Beziehungen" in einem stahlharten Gehäuse der Organisationen verstanden – und missverstanden. Hier könnten – so diese Auffassung – die Menschen noch Menschen sein, während die Organisation ansonsten durch „kapitalistische Ausbeutungsverhältnisse", „bürokratische Verwaltungsideologien" oder „entfremdete Arbeitstätigkeiten" geprägt sei. In der Informalität könne sich ein gefühlvoller, spielerischer Umgang zwischen Menschen entwickeln, während sie ansonsten als Rädchen in der Maschine zu funktionieren hätten (vgl. schon Mayo 1948 – und im Anschluss an ihn die sogenannte Human-Relations-Schule – für eine solche Sichtweise).

Aber dieser Versuch, den Begriff der Informalität mit einer humanistischen Stoßrichtung zu bestimmen, ist irreführend. Die Initiationsriten, mit denen Internate, Armeeeinheiten oder Burschenschaften Neulinge auch informal in die Organisation aufnehmen, sind nicht immer mit der UN-Charta für Menschenrechte vereinbar. Die Methoden, mit denen Cliquen in Organisationen ihre informalen Erwartungen durchsetzen, sind häufig brutaler als die – durch die Formalität beschränkten – Durchgriffsmöglichkeiten von Vorgesetzten. Statt eines moralisch positiv aufgeladenen Begriffs von Informalität benötigt man zunächst einmal eine präzise Bestimmung dessen, was Informalität – in Abgrenzung von formalen Strukturen – ist.

Die Strukturen

Bei einem einmaligen Abweichen von einer Regel, einer einmalig vorkommenden ungewohnten Vorgehensweise würde man aber noch nicht von Informalität, Unterleben oder Organisationskultur sprechen; dies geschieht erst dann, wenn zu erkennen ist, dass eine Abweichung mit einer gewissen Regelmäßigkeit – man könnte auch sagen Strukturhaftigkeit – auftritt. Erst wenn ein Deutungsmuster sich nicht nur bei einem einzigen Mitglied findet, sondern sich in Teilen der Organisation als erwartbar eingeschlichen hat, hat es den Status eines informal bewährten Denkschemas. Erst wenn die kurzfristige Abstimmung mit der Kollegin in der Nachbarabteilung nicht ausnahmsweise vorgenommen wird, sondern wiederkehrend als „kurzer Dienstweg" zur Abstimmung genutzt wird, hat man es mit einer informalen Struktur zu tun. Unter „Informalität" versteht man also nicht das einmalige Improvisieren, um sich den Weg durch den Dschungel aus Vorschriften und Vorgaben zu bahnen, sondern eher das Netzwerk bewährter Trampelpfade, die in einer Organisation immer wieder beschritten werden.

Ob es sich um informale Strukturen oder um eine einmalige Abweichung handelt, kann man leicht erkennen – nämlich an der Reaktion anderer. Wird ein bestimmtes Verhalten erwartet – auch wenn es einen Verstoß gegen formale Vorgaben der Organisation oder gar gegen Gesetze bedeutet –, dann handelt es sich um Strukturen. Reagieren andere dagegen irritiert, verunsichert oder gar verärgert, kann man sicher sein, dass das eigene Verhalten nicht durch informale Strukturerwartungen gedeckt ist. Bei Fußballspielen gibt es beispielsweise ein „ungeschriebenes Gesetz", dass eine Mannschaft den Ball freiwillig ins Aus spielt, wenn ein gegnerischer Spieler sich verletzt hat. Wagt ein Spieler dagegen zu verstoßen, werden die informalen Erwartungen nicht durch den Schiedsrichter durchgesetzt, der ja nur für die geschriebenen Gesetze zuständig ist, sondern durch die Pfiffe der Fans, durch klare „Ansagen" des Gegners oder auch durch den Druck der eigenen Mitspieler. Die dominante Erwartung – die Struktur – ist hier also der Verzicht auf das Ausnutzen einer Chance und nicht etwa das völlig regelkonforme Ausnutzen der Überzahlsituation für einen Torversuch.

Auch bei informalen Strukturen handelt es sich also um *„Entscheidungsprämissen"* – um Voraussetzungen, die für eine Vielzahl von Entscheidungen in der Organisation gelten. Aber was – so die naheliegende Anschlussfrage – unterscheidet diese informalen Entscheidungsprämissen von den durch die Formalstruktur vorgegebenen Entscheidungsprämissen?

Das Informale
Die Definition ist einfach: Informal sind alle Erwartungen in der Organisation, die *nicht* mit Bezug auf die Mitgliedschaftsbedingungen formuliert werden (oder werden können). Eine Chefin kann informale Erwartungen – beispielsweise länger als die vertragliche Arbeitszeit zu arbeiten – an ihre Mitarbeiter herantragen, aber sie kann bei Nichtbefolgung keine Abmahnung aussprechen. Jedes Justiziariat einer Verwaltung, jedes Militärgericht einer Armee und jedes Schiedsgericht einer Partei würde den Prozess verlieren, wenn es zugeben müsste, dass ein Mitarbeiter zwar formal richtig gehandelt, aber dadurch gegen informale Erwartungen der Organisation verstoßen hat.

Der Verzicht auf die offizielle Formulierung von Erwartungen als Mitgliedschaftsbedingung kann verschiedene Gründe haben. Vielleicht traut man sich nicht, eine bestimmte Erwartung durch Entscheidung in eine eindeutige Form zu gießen, weil das Bekanntwerden dieser Erwartung Legitimationsverluste für die Organisation bedeuten könnte. Vielleicht widerspricht die informale Erwartung einem offiziellen Dogma der Organisation und kann deshalb nur versteckt formuliert werden. Vielleicht sind manche Erwartungen so diffus und vage, dass sie jeder eindeutigen Formulierung widerstehen. All diesen Fällen ist jedoch gemein, dass über die jeweilige Erwartung *nicht* entschieden wurde und sie trotzdem innerhalb der Organisation als Erwartung besteht.

Informale Praktiken können sich auf dem Niveau einzelner Gruppen innerhalb einer Organisation etablieren. Dort bilden sich dann Normen aus, dass man ein Übermaß an Arbeit vermeiden soll, um nicht zum Akkorddrücker zu werden, gleichzeitig aber auch der Gruppe nicht durch Minderleistung schaden darf. Aber auch auf der Ebene ganzer Abteilungen oder Bereiche kann es informale Praktiken geben; man denke nur an eingespielte, aber illegale Methoden der Kundenbindung in manchen Vertriebsabteilungen von Pharmaunternehmen, die über mehrere Standorte verteilt sind. Und auch auf der Ebene der Gesamtorganisation können sich informale Erwartungen einspielen. So gilt in vielen Armeen die Erwartung, dass nie ein Verletzter oder Toter im Feindesland zurückgelassen werden soll, selbst dann nicht, wenn die an der Bergung beteiligten Soldaten ihr eigenes Leben riskieren.

Informale Strukturen: Nicht entschiedene Entscheidungsprämissen
Durch die Kombination dieser beiden Gedanken – die Strukturhaftigkeit der Erwartungen und die fehlenden Rückbindungsmöglichkeiten an die offiziell verkündeten Mitgliedschaftsbedingungen – ergibt sich eine ohne Bezug auf Menschen und Menschlichkeit auskommende Definition von Informalität: Das „Informale", das „Unterleben", die „Kultur" sind die in einer Organisation herrschenden *nicht entschiedenen Entscheidungsprämissen* (Rodríguez 1991, S. 140 f.). Diese Formulierung mag sich auf den ersten Blick nicht sofort erschließen, der Grundgedanke ist aber simpel. Es gibt Festlegungen über die Art und Weise, wie in Organisationen künftig entschieden werden soll, die nicht durch Entscheidungen eines Unternehmensvorstands, eines Parteitages oder eines Papstes zustande kommen, sondern die sich einfach erfolgreich als Gewohnheiten eingeschlichen haben. Selbst bei intensivem Suchen lassen sich keine Entscheidungen finden, auf die diese Festlegungen zurückgehen, sie sind aber trotzdem als Entscheidungsprämissen wirksam.

Diese „nicht entschiedenen Entscheidungsprämissen" können eine beachtliche Beständigkeit haben, gerade weil über sie ja nie entschieden wurde – sie folglich auch nicht so leicht weggewischt werden können. Es gibt Unternehmen, Verwaltungen oder Krankenhäuser, in denen sich bewährte Praktiken zur Auftragsgewinnung oder -vergabe über Jahrzehnte gehalten haben und sowohl offizielle Verbote durch den Vorstand als auch Gesetzesverschärfungen überstanden haben. Es gibt Fälle von Unternehmensfusionen, bei denen das offizielle Regelwerk der beiden Organisationen innerhalb der ersten sechs Monate vereinheitlicht wurde, aber die in den Ursprungsorganisationen angesiedelten informalen Prozesse über Jahrzehnte bestehen blieben (vgl. Hofstede 1993).

Warum bildet sich Informalität aus? Ein Blick auf die Funktionalität
Eine Organisation, die sich mit der Einhaltung der formalen Vorgaben durch die Mitarbeiter zufriedengeben würde, wäre verloren. Wer es nicht glaubt, probiere einmal aus, über mehrere Tage nichts anderes zu tun als das, was von der Organisation vorgeschrieben ist. Vermutlich würde der Arbeitsprozess weitgehend zum Erliegen kommen. Der Effekt wäre, dass der Druck von Kollegen und Vorgesetzten wachsen würde, doch einmal „fünfe gerade sein zu lassen" und den Ablauf nicht durch „übertriebenen Bürokratismus" – so nennt man dann die Einhaltung der formalen Erwartungen – zu gefährden.

Nicht umsonst gilt der „Dienst nach Vorschrift" als eine der effektivsten Streikformen. Dabei werden strikt die offiziellen Regeln angewandt, auch wenn sie für die konkrete Situation vielleicht gar nicht so gut verträglich sind und ihre Anwendung normalerweise stillschweigend unterbleiben würde. Man erinnert sich an die überholten, aber nie offiziell aufgehobenen Regeln und blockiert die Organisation durch deren Anwendung. Alle Regeln und Anweisungen werden von den Mitarbeitern buchstabengetreu ausgeführt und die Organisation wird eben dadurch lahmgelegt. Die Organisation droht gerade an der ausschließlichen Orientierung an ihren formalen Strukturen und der damit verbundenen Rigidität zu zerbrechen (siehe früh schon Crozier 1963, S. 247 ff.).

Die Erkenntnis, dass Organisationen sich nicht allein auf ihre Formalstrukturen stützen können, ist fast so alt wie die Forschung über Organisationen selbst. Schon Max Weber (1976, S. 551 ff.) stellte nicht nur ausführliche Betrachtungen zur Bürokratie an, sondern zeigte auch, wie bürokratische Strukturen mit den existierenden persönlichen Netzwerken in einer Organisation konkurrieren, aber auch kooperieren können. Chester Barnard (1938, S. 120) erkannte schon früh, dass man sich in einer Organisation nur dann zurechtfinden kann, wenn man die „unsichtbare Steuerung" erkennt und sich die „informalen Prozesse" aneignet.

Weswegen bilden sich solche Entscheidungsprämissen in Organisationen überhaupt aus?

Nicht alles *lässt sich* formalisieren
Nicht alle Erwartungen in Organisationen lassen sich zu Mitgliedschaftsbedingungen erheben. Schwierigkeiten der Formulierung von Mitgliedschaftsbedingungen scheinen immer dann aufzutreten, wenn es um Einstellungen, Haltungen und Denkstile geht. Die Aufforderung „Sei kreativ!" entzieht

sich – wie alle paradoxen Anforderungen – einer Programmierung durch die Organisationsspitze. Die Ermahnung des Leiters einer Personalentwicklungsabteilung, dass seine Mitarbeiter in Trainingsmaßnahmen möglichst „authentisch" die Werte der Firma vertreten sollen, lässt sich kaum mit Kontrollen und Sanktionen bewehren.

Der Umgang zwischen den Mitgliedern kann oft nur begrenzt programmiert werden. Zwar kann man als Mitgliedschaftsbedingung etwa Informationspflichten definieren, die eine Abteilung einer anderen gegenüber hat; aber es ist schwierig, die Erwartungen an kollegiales Verhalten zu formalisieren. Auch der Umgang mit Nichtmitgliedern entzieht sich einer vollständigen Formalisierung. Man kann bei der Beobachtung von Stewardessen und Stewards in Flugzeugen oder von Kellnerinnen und Kellnern in Gaststätten feststellen, dass das Personal zwar zu einem herzlichen Umgang mit den Kunden angehalten werden kann, aber die Erwartung, dass dieser herzliche Ton authentisch „rübergebracht" werden solle, sich der Programmierung entzieht. Von außen „managen" lässt sich, um ein Wortspiel der Soziologin Arlie Russell Hochschild (1983) zu paraphrasieren, nicht das „Herz", sondern nur – und auch das begrenzt – die Fassade, die gegenüber den Nichtmitgliedern aufgebaut wird. Gefühle, das übersieht Hochschild (1979), lassen sich nicht formalisieren – bei Stewardessen so wenig wie bei Kellnern, bei Prostituierten so wenig wie bei Pastoren –, weswegen sie eben häufig nur als informale Erwartung institutionalisiert werden können.

Solche Erwartungen, die sich auch beim besten Willen nicht (vollständig) in Mitgliedschaftsbedingungen überführen lassen, bezeichne ich – als Untertyp der nicht entschiedenen Entscheidungsprämissen – als *unentscheidbare Entscheidungsprämissen*. Darunter fällt fast alles, was sich in den wilden Listen der Praktikerliteratur zur Organisationskultur finden lässt – neben den „Einstellungen", „Denkstilen" und „Haltungen" auch die „gemeinsam geteilten Grundannahmen", die „Orientierungsmuster", die „fraglos akzeptierten Kausalattributionen", die in Organisationen gelten, oder auch das „Rezeptwissen".

Nicht alles *wird* formalisiert
In Organisationen gibt es aber auch Erwartungen, die zwar prinzipiell formalisierbar sind und deren Einhaltung kontrollierbar wäre, auf deren Formalisierung in der Organisation aber – bewusst oder unbewusst – verzichtet wird. Dabei handelt es sich beispielsweise um die Abstimmung zwischen zwei Sachbearbeitern auf dem „kurzen Dienstweg", die man prinzipiell auch über Dienstvorschriften formalisieren könnte. Es geht mithin um die „Abkürzungen", „Tricks" und „Schliche", die das Organisationsleben durchziehen und die man prinzipiell auch

in offiziell unterstützte Routinen überführen könnte. Es handelt sich hier nicht um unentscheidbare Entscheidungsprämissen, sondern um *prinzipiell entscheidbare, aber nicht entschiedene Entscheidungsprämissen* der Organisation.

Die Herausbildung dieser Form von Informalität hängt damit zusammen, dass Organisationen mit widersprüchlichen Anforderungen konfrontiert sind, die nicht durch Entscheidungen auf der Formalebene gelöst werden können. In Organisationen kann es immer nur *eine* „konsistent geplante, legitime formale Erwartungsordnung" geben (Luhmann 1964, S. 155). In Organisationen muss deshalb auf widersprüchliche Bestandsvoraussetzungen mit einem hohen Maß an Informalität reagiert werden (Luhmann 1964, S. 154). Da Organisationen zu ihrer Erhaltung „eine Fülle von Leistungen brauchen, die nicht als formale Erwartungen formuliert" und „als exklusive Aufgabe zugeteilt werden können", bleibt dem Management häufig nichts anderes übrig, als Illegalität zu tolerieren oder sogar zu fördern (Luhmann 1964, S. 86).

Letztlich trägt dies erst dazu bei, dass Regeln sich trotz ihrer Starrheit halten können. Regeln müssen – jedenfalls von Zeit zu Zeit – verletzt werden, um als Regeln weiterexistieren zu können (Dalton 1959, S. 219). Nur indem Organisationsmitglieder situativ ausbalancieren, ob sie den formalen Strukturen entsprechend handeln oder ob sie informale Wege gehen, erreichen Organisationen überhaupt ihre schnelle Anpassungsfähigkeit (vgl. Luhmann 1964, S. 305; Friedberg 1993, S. 153; Ortmann 2003, S. 33 ff.).

Formen der Informalität
Es lassen sich unterschiedliche Formen von Informalität beobachten. Es gibt informale Erwartungen, die die *Programme* der Organisation betreffen – z. B. durch Gewohnheit eingespielte Routinen (Konditionalprogramme) oder nicht offen kommunizierte Ziele (Zweckprogramme). Andere informale Erwartungen betreffen die *Kommunikationswege,* beispielsweise wenn sich Mitarbeiter ohne Einschaltung ihrer jeweiligen Vorgesetzten verständigen oder wenn sich unter formal gleichgestellten Mitarbeitern eine inoffizielle Hierarchie herausbildet. Auf der Ebene von *Personal* werden in der Organisation Erwartungen formuliert, auf die offiziell nicht zurückgegriffen werden darf, beispielsweise wenn von einem Mitarbeiter die Nutzung privater Kontakte erwartet wird.

Alternativ dazu lassen sich die Formen der Informalität aber auch danach unterscheiden, wie ihr Verhältnis zur formalen Ordnung der Organisation insgesamt beschaffen ist. Es macht einen zentralen Unterschied, ob – wovon in der Literatur zur Organisationskultur häufig ausgegangen wird – die informellen Erwartungen mit dem formellen Regelwerk der Organisation kompatibel sind, ob sie Verstöße gegen formelle Erwartungen beinhalten oder ob sie gar Gesetzesverstöße darstellen.

Mit Formalität kompatible Informalität

In Organisationen existieren vielfältige informale Erwartungen, die zwar nicht mit Verweis auf Mitgliedschaft durchgesetzt werden können, aber auch nicht gegen offizielle Regeln der Organisation verstoßen (Luhmann 1964, S. 283 ff.). Die Erwartung, dass die Mitarbeiter eine aus ihrer Privattasche finanzierte „Kaffeekasse" einrichten, mit der Gäste der Abteilung bewirtet werden können, widerspricht in den meisten Unternehmen, Verwaltungen und Universitäten nicht den offiziellen Vorgaben. Der Druck, sich an solchen Kassen zu beteiligen, wird – obwohl dies prinzipiell entscheidbar wäre – nur informal aufgebaut, weil man in Unternehmen, Verwaltungen oder Krankenhäusern nicht zur Mitgliedschaftsbedingung erheben mag, dass Mitarbeiter die Gelder für die Bewirtung der Gäste zur Verfügung stellen. Auch die Erwartung, dass man Kollegen bei der Arbeit helfend zur Seite steht, verstößt normalerweise nicht gegen offizielle Mitgliedschaftserwartungen.

Diese mit Formalstrukturen kompatible Informalität füllt Regelungslücken in der Organisation, dient aber häufig auch dazu, formale Erwartungen zusätzlich abzusichern. In allen Armeen dieser Welt – selbst in denen von ostafrikanischen oder mittelamerikanischen Kleinstaaten – gibt es Formulierungen in den Militärgesetzbüchern, den Dienstanweisungen und den Tagesbefehlen, die von Soldaten „Kameradschaft" einfordern. Vergehen wie z. B. das Bestehlen anderer Mitglieder werden als „Kameradschaftsdiebstahl" schärfer bestraft als in anderen Organisationen und es werden „gemütliche Abende" angeordnet, um die Kameradschaft zu stärken. Weil es aber kaum als Mitgliedschaftsbedingung einklagbar ist, einen Kameraden aus einer Todeszone zu bergen, wird in Armeen die kameradschaftliche Hilfe faktisch über informale Erwartungen unter den Soldaten durchgesetzt.

Regelverletzende Informalität

Bei vielen Erscheinungsformen von Informalität gilt, dass die informale Erwartung nur unter Verletzung der formalen Erwartungen der Organisation erfüllt werden kann (siehe ausführlich Ashforth und Anand 2003; Palmer 2012; Kühl 2020). Es geht dabei um die kleinen und großen Abweichungen von offiziellen Zielvorgaben der Organisation, um die Missachtungen der vorgegebenen Wenn-dann-Programme oder das Überspringen von Vorgesetzten, um eine Sache schnell auf den Weg zu bringen. Niklas Luhmann (1964, S. 304 ff.) spricht von „brauchbarer Illegalität", wobei mit diesem Begriff aber zunächst noch keine Gesetzeswidrigkeit im engeren Sinn, sondern nur der Verstoß gegen das Regelwerk der jeweiligen Organisation gemeint ist.

In der Automobilmontage ist es beispielsweise aus Produkthaftungsgründen notwendig, dass die immer noch mechanisch vorgenommene Verbindung zwischen Achse und Lenksystem durch Unterschriften des Fertigungsplaners und des Qualitätsmanagers zertifiziert wird. Da diese Unterschriften in einem mühsamen und zeitaufwendigen Umlaufverfahren eingeholt werden müssten, ist es in vielen Werken üblich, dass der zuständige Meister die Unterschriften auf Blankovordrucken vorher einholt. Das ist zwar ein Verstoß gegen das Regelwerk, stellt aber in vielen Werken eine eingespielte Praxis dar, über die nie offiziell entschieden wurde und wegen der Haftungsproblematik auch nie offiziell entschieden werden wird.

Bei dieser Form der Informalität, die Regeln verletzt, müssten Vorgesetzte eigentlich einschreiten und das verantwortliche Mitglied sanktionieren, wenn sie auf illegale Handlungen aufmerksam gemacht werden. Sonst könnte auch ihr eigenes Verhalten als Regelverletzung betrachtet werden. Gerade Vorgesetzte sind deshalb sorgsam darauf bedacht, so zu tun, als ob sie die – für die Organisation ja häufig nützlichen – Regelabweichungen nicht mitbekämen. So können sie im Falle des Bekanntwerdens die Regelverletzung auf die Untergebenen abwälzen.

Gegen Gesetze verstoßende Informalität
Eine weitere Steigerung liegt darin, dass bei der Erfüllung informaler Erwartungen auch allgemein gültige Gesetze gebrochen werden. Beispiele sind etwa die Manipulation der Tachoscheibe, um die Lenkzeiten für LKW-Fahrer illegalerweise zu verlängern, die verbotene Überbrückung von Sicherungen an Produktionsmaschinen mithilfe von Drähten, um auch bei einem Schaden der Maschine die Produktion aufrechterhalten zu können, die Verletzung der Arbeitszeitregelung, um einen Auftrag noch rechtzeitig fertigzustellen oder die kleinen Gefälligkeiten gegenüber Betriebsräten, die gerichtlich den Tatbestand der Untreue erfüllen. In solchen Fällen greifen – bei Bekanntwerden – nicht nur die Regeln der Organisation, sondern auch übergreifende staatliche Regelungen.

Diese Fälle von Regelverletzung sind empfindlich gegenüber Aufdeckungen durch einzelne Mitarbeiter. Wird die Strafverfolgungsbehörde durch einen Mitarbeiter – einen sogenannten „Whistleblower" – eingeschaltet, gibt es jedenfalls für Organisationen in der westlichen Welt kaum noch Möglichkeiten, die dann einsetzende strafrechtliche Prüfung zu unterbinden (vgl. Fred 2001). Das systematische Schmieren von Auftraggebern, mit dem große Elektronikkonzerne Aufträge beim Bau von Kraftwerken, U-Bahnen oder Flughäfen heranzuziehen versuchen, geht mit dem Risiko einher, dass ein Auffliegen Ermittlungen nicht nur innerhalb, sondern auch außerhalb der Organisation in Gang setzt.

Bei der Aufdeckung von Gesetzesverstößen findet deshalb normalerweise ein heftiger Kampf um deren Zurechnung statt. Die Organisation versucht den Gesetzesverstoß zu personalisieren – also ein einzelnes Mitglied dafür verantwortlich zu machen. Für den Mitarbeiter, der gegen ein Gesetz verstößt, kann es dagegen funktional sein, das eigene Fehlverhalten mit einer allgemeinen informalen Erwartungshaltung in der Organisation zu erklären. Gelingt es zu zeigen, dass der eigene Gesetzesverstoß eine abteilungsübergreifende, regelmäßige und von den Vorgesetzten implizit erwartete Handlung ist, wirkt sich dies für den Angeklagten strafmildernd aus. Da die Organisation aber ebenfalls versucht, der Verantwortung zu entgehen, setzt sie in solchen Fällen oft Anreize für die Mitglieder, den Fehler auf sich zu nehmen.

Durchsetzung von informalen Erwartungen
Bei der Durchsetzung informaler Erwartungen besteht die Herausforderung darin, dass diese – wie gezeigt – nicht mit Verweis auf die Mitgliedschaftsbedingungen einer Organisation durchgesetzt werden können. Weil ein Unternehmen nicht offiziell verkünden kann, dass bei besonders wichtigen Aufträgen die Arbeitszeitrichtlinien auch einmal missachtet werden dürfen, kann man auch einen Mitarbeiter nicht offiziell dafür abstrafen, wenn er am Ende des offiziellen Arbeitstages seine Firma verlässt. Weil Werte wie Kollegialität oder Kameradschaft so abstrakt sind, dass sie konkretes Verhalten in konkreten Situationen oft nicht festlegen, kann man Organisationsmitglieder nur schwer offiziell wegen Verstößen gegen Kollegialitäts- und Kameradschaftsnormen belangen. In Konfliktfällen kann sich jedes Mitglied auf seine formale Rolle zurückziehen. Dieses Zurückziehen auf die formale Rolle kann dem Mitglied dann nur latent zum Vorwurf gemacht, nicht jedoch offen als Versagen angekreidet werden (Luhmann 1964, S. 64). Deshalb bilden sich zur Durchsetzung von informalen Erwartungen ganz eigene Formen sowohl für positive als auch für negative Sanktionierung aus.

Das Prinzip des Tausches – Formen positiver Sanktionierung
Die formale Struktur einer Organisation enthält normalerweise kaum Tauschelemente. Mitarbeiter werden von Organisationen in der Regel durch einen Pauschallohn vergütet und können nicht erwarten, dass sie für jede Handlung noch zusätzlich von Kollegen, Vorgesetzten oder Untergebenen be- oder entlohnt werden (Luhmann 1964, S. 288 ff.). Ein Kollege, der eine Information nicht wie formal vorgeschrieben an eine Kollegin weitergibt, sondern die Informationsweitergabe gern als persönlichen Gefallen wahrgenommen sehen möchte,

würde bei der Kollegin Irritationen hervorrufen. Eine Sekretärin, die von ihrem Chef erwartet, dass jeder Brief, den sie tippt, mit einem mehr als symbolischen Dankeschön – Pralinen und Blumen, Sonderurlaub oder verlängerten Pausen – belohnt wird, hätte mittelfristig Schwierigkeiten, sich in der Organisation zu halten (vgl. zum Tausch in Organisationen ausführlich Blau 1964).

Während Organisationen mithin von ihrer Formalstruktur her „tauschfeindlich" gebaut sind, spielt Tausch bei der Durchsetzung informaler Erwartungen eine zentrale Rolle. Unter Bergarbeitern bildet sich die Erwartung aus, dass in der Zeit unter Tage hart angepackt wird – auch über die formalen Vorgaben hinaus –, dass man sich nach drei oder vier Tagen harten Arbeitens dann aber auch einen eigentlich nicht vorgesehenen freien Tag genehmigen kann, an dem man sich gemeinsam betrinkt (Gouldner 1954). Ein Entgegenkommen wird gegen ein anderes getauscht.

Aus der Perspektive von Tauschprozessen kann es funktional sein, wenn – wie in einigen Organisationen üblich – Organisationsmitglieder mit formalen Erwartungen heillos überfordert werden. Aus der permanenten Verletzung formaler Erwartungen entstehen dann für Vorgesetzte Sanktionsmöglichkeiten, die gegen das Wohlverhalten der Untergebenen getauscht werden können. Für Armeen ist nachgewiesen worden, dass Soldaten sich in einer „Normenfalle" befinden und durch eine Vielzahl von formalisierten Vorschriften – von Gruß- und Haltungsformen über Uniform- und Körperpflege bis zum Sauberhalten von Räumlichkeiten und Gerätschaften – in einen „Zustand der ständigen Kritisierbarkeit" versetzt werden (Treiber 1973, S. 51). Dadurch erhalten Vorgesetzte die Möglichkeit, bei ihren Untergebenen Wohlwollen zu produzieren, indem sie deren Verletzungen formeller Erwartungen dulden; dieses solcherart produzierte Wohlwollen der Untergebenen können die Vorgesetzten dann wiederum nutzen, um auch durch die Formalstruktur nicht gedecktes Verhalten bei den Untergebenen durchzusetzen. In manchen Fällen können aber auch Untergebene davon profitieren, dass ihre Organisation stark formalisiert ist. Ausgefeilte Regeln, genaue Arbeitsanweisungen, bürokratische Vorschriften und präzise Arbeitszeitdefinitionen sind für die Mitarbeiter nicht nur Restriktionen, sondern – so der Soziologe Alvin W. Gouldner (1954) – immer auch Verhandlungsmasse gegenüber Vorgesetzten, wenn Abweichungen von diesen Regeln notwendig werden.

Solche Tauschbeziehungen in Organisationen werden selten offen ausgesprochen. Direkte „Deals" etwa in der Form „Du erlaubst mir jetzt das Rauchen in meinem Büro, dafür bleibe ich heute länger" sind eher die Ausnahme. Stattdessen wird davon ausgegangen, dass sich das informale Entgegenkommen gegenüber einem Kollegen, einem Vorgesetzten oder einem Untergebenen später schon auszahlen wird (vgl. Luhmann 2002, S. 44). Man pflastert den kleinen

Dienstweg mit Gefälligkeiten und hofft, dass der andere seinen Teil zur Wege-pflege beiträgt.

Letztlich ist dies natürlich für die Seite, die in Vorleistung geht, riskant. Man kann nie sicher sein, ob das eigene Entgegenkommen auch erwidert wird. Wenn der Generalsekretär einer Partei beim Bekanntwerden von illegalen Parteispenden für seinen Parteivorsitzenden den Kopf hinhält und zurücktritt, kann er darauf hoffen, dass er später einmal durch einen Posten als Verteidigungs- oder Arbeits-minister belohnt werden wird; darauf verlassen kann er sich nicht. Diese Form von Leistung, bei der es keine Sicherheit dafür gibt, dass eine Vorleistung auch entgolten wird, basiert auf einer Einstellung, die in der Informalität eine wichtige Rolle spielt: Vertrauen (vgl. dazu theoretisch immer noch maßgeblich Luhmann 1968, S. 48 ff.).

Durch Verstetigung und Ausweitung solcher Vertrauensbeziehungen können in Organisationen Loyalitätsnetzwerke, Cliquen, Seilschaften und Promotions-bündnisse entstehen, in denen sich Mitglieder einer Organisation langfristig aneinanderbinden. Wenn diese Netzwerke von einer Person dominiert werden, spricht der Organisationssoziologe Horst Bosetzky in Anlehnung an den Roman „Der Pate" (Puzo 1971) von dem Don-Corleone-Prinzip in Verwaltungen, Unter-nehmen, Krankenhäusern und Parteien. Genauso wie der Mafia-Chef durch „gute Taten" die Loyalität seiner Untergebenen erzeugt, kommen auch Vorgesetzte ihren Mitarbeitern mit einer Guttat entgegen, um dann zu einem späteren Zeit-punkt mit ihrer Loyalität rechnen zu können (Bosetzky 2019, S. 29 ff.).

Das Umschlagen in Mobbing – Formen negativer Sanktionierung
Wenn die in einer Organisation normalerweise ablaufenden Tauschprozesse nicht funktionieren, finden schnell negative Zuschreibungen statt. In der harm-losen Formulierung heißt es dann, dass die „Chemie" mit dem Kollegen nicht stimme, dass dieser zu „formalistisch" agiere und von jeder Unterredung gleich immer einen „Vermerk" mache (Walser 1996, S. 54 über eine Konflikteskalation in der Hessischen Staatskanzlei). Es wird darüber geklagt, dass die andere eine „Streberin", „Akkordbrecherin", „Nassauerin" oder „Petzerin" sei, mit der man einfach nicht zusammenarbeiten könne (Mayntz und Ziegler 1977, S. 71).

Da informale Erwartungen nicht formal – z. B. mit Verweis auf eine Abmahnung oder eine Entlassung – durchgesetzt werden können, wird auf andere Mittel zurückgegriffen. Dem „zickigen Kollegen" werden wichtige Informationen vorenthalten, die er eigentlich dringend zur Erledigung seiner Aufgaben braucht. Man verzichtet darauf, die Fehler der „unkooperativen Chefin" gegenüber anderen Abteilungen zu decken, und lässt sie so ins offene Messer laufen. Berufen sich Untergebene zu penetrant auf ihre formalen Rechte, kann der Vorgesetzte

„Bossing" – Mobbing von oben – betreiben und dem Untergebenen wichtige Ressourcen zu Erledigung von Aufgaben vorenthalten.

Bei der Durchsetzung informaler Erwartungen kann – das darf nicht übersehen werden – auch auf Ressourcen zurückgegriffen werden, die einem durch die Formalstruktur der Organisation zur Verfügung gestellt werden. So haben Direktoren von Berufsschulen aufgrund ihrer schwachen hierarchischen Stellung Schwierigkeiten, Erwartungen gegenüber den Lehrern ihrer Schule durchzusetzen. Sie können die Lehrer in der Regel nicht entlassen und auch die Möglichkeiten, deren Karriere zu beeinflussen, sind eher gering. Ein Mittel, störrische Lehrer zu konformem Verhalten zu bewegen, besteht aber darin, ihnen ungeliebte Fächer – wie beispielsweise die Fächer Deutsch und Geschichte für die Klassen „Schlachter I" und „Fleischverkäufer II" – zuzuweisen. Wenn sie die Nachricht nicht verstehen, werden sie durch die Stundenplanung zu „Wanderpredigern" in permanent wechselnden Klassen, bis sie entweder das gewünschte Verhalten zeigen oder von sich aus um Versetzung in eine andere Schule bitten (siehe zur Macht und Ohnmacht von Schulleitern auch Bernbaum 1973).

Solche Sanktionierungspraktiken werden häufig als Mobbing bezeichnet – in der Sprache der Massenmedien auch als „Psychoterror am Arbeitsplatz", „Schikane im Büro" oder „unmenschliches Verhalten unter Kollegen" bekannt. Dabei mag es sich in der Wahrnehmung von Betroffenen lediglich um den persönlich zuzurechnenden „Sadismus des Chefs", die „Brutalität von Kollegen" oder die „Grausamkeit von Untergebenen" handeln; aus der Perspektive der Organisationsforschung ist aber interessant, dass es beim Mobbing in der Regel um die Durchsetzung informaler Normen in der Organisation geht. Gerade weil informale Erwartungen nur informal durchgesetzt werden können, entstehen Praktiken der Sanktionierung, die durch die Organisation selbst, durch Anweisungen, Vorschriften oder Handreichungen kaum zu unterbinden sind (siehe den guten Überblick bei Neuberger 1994b).

Was tun? Jenseits des Traums vom Prägen der Organisationskultur
Sowohl in der Praxis als auch in der Forschung gilt so manchem der Begriff der Informalität inzwischen als zu altmodisch. Deshalb wird er oft stillschweigend durch den modischeren Begriff der Organisationskultur ersetzt. Gerade weil in der Organisationsliteratur – vielleicht aus definitorischem Unvermögen, vielleicht auch aus fehlendem Interesse an Präzision – unklar gehalten wurde, was „Kultur" ist, welche Merkmale sie hat, woraus sie besteht, was sie bewirkt oder wie sie untersucht werden sollte (siehe die Kritik von Sackmann 1991, S. 8), war es möglich, die Begrifflichkeit für ein und dasselbe Phänomen – nämlich die nicht entschiedenen Entscheidungsprämissen von Organisationen – auszuwechseln.

Ein zentraler Grund für die Erfindung des Begriffs „Organisationskultur" war, dass sich damit ein Traum im Management reaktivieren ließ, der schon das Denken vieler Manager über Informalität bestimmte: der Traum des Managements, die informalen Netzwerke, verdeckten Anreizstrukturen und impliziten Denkschemata so zu gestalten, dass sie in ihrem Sinne wirken. Schon die Hoffnung des Human-Relations-Ansatzes war es, die vielfältigen informalen Prozesse in formal akzeptierte Arbeitsverfahren zu überführen und dadurch den menschlichen Bedürfnissen in der Arbeitswelt gerecht zu werden, gleichzeitig aber auch den Schlüssel zu gesteigerter Effizienz gefunden zu haben (vgl. als prominenteste Vertreter Roethlisberger und Dickson 1939; Mayo 1948). Letztlich bildete sich hier schon die Vorstellung des „technokratischen Informalismus" aus (Heydebrand 1989, S. 343 f.), die darauf abzielt, die vielfältigen Aushandlungen, impliziten Abstimmungen, Ad-hoc-Vereinbarungen usw. durch das Management gestaltbar und kontrollierbar zu machen (zur Kritik dieses Ansatzes siehe z. B. Jackall 1988, S. 138).

Besonders durch den Bestseller „In the Search of Excellence" der Unternehmensberater Thomas J. Peters und Robert H. Waterman (1982) wurde diese Vorstellung von „weichen Faktoren" als gestaltbaren Erfolgsfaktoren unter dem Begriff der „Organisationskultur" reaktiviert. Das Versprechen, mit dem die Gestaltungshoffnungen des Managements bedient wurden, war einfach. Der Erfolg eines Unternehmens, einer Verwaltung oder einer Universität hänge, so die These, nicht vorrangig von der formalen Struktur der Organisation, sondern von ihrer Kultur ab. Es seien letztlich das Selbstverständnis, die Spezialkenntnisse, das Stammpersonal und der Arbeitsstil, die über Aufstieg oder Niedergang einer Organisation entscheiden würden.

Lediglich zwei kleine Akzentverschiebungen wurden bei der Umstellung vom Begriff der Informalität auf den der Organisationskultur vorgenommen. Erstens wurde mit dem Begriff der Organisationskultur stärker auf die typischen Denkstile, Wertehaltungen und Wahrnehmungsmuster – die unentscheidbaren Entscheidungsprämissen – in der Organisation fokussiert und die Abweichungen vom offiziellen Regelwerk wurden im Vergleich dazu vernachlässigt. Die Verletzung von organisatorischen Vorgaben, die Missachtung von Anweisungen der Vorgesetzten oder die Verfolgung von in der Organisation nicht abgestimmten Zielen ließen sich einfach schlecht als offizielle Empfehlung an das Management von Organisationen verkaufen. Zweitens wurde mit dem aus der Anthropologie stammenden Begriff der Kultur stärker auf die Besonderheiten einzelner „exzellenter Unternehmen" gegenüber den vielen weniger exzellenten Unternehmen abgezielt. „Kultur" betont die Unterschiede zu anderen Kulturen, während Informalität vor allem die Unterschiede zur Formalität ins Blickfeld brachte.

Mit diesen beiden Akzeptverschiebungen diente „Organisationskultur" eine Zeitlang als „magic bullet" – als Allheilmittel – des Managements, mit dem man die zunehmenden Steuerungsprobleme in Unternehmen, Verwaltungen oder Krankenhäusern meinte angehen zu können. Werden durch die Schaffung dezentraler Einheiten die Zentrifugalkräfte in einer Organisation größer, dann soll die „Organisationskultur" die Teile zusammenhalten. Wird es durch die Abschaffung von Hierarchiestufen schwieriger, Mitarbeiter zu kontrollieren, dann müssen diese über die Identifikation mit der „Organisationskultur" gebunden werden. Der Begriff der Organisationskultur wurde zu einer Art Fetisch, mit dem zwar einerseits oberflächlich den klassischen Steuerungsvorstellungen abgeschworen wurde, aber doch versteckt der Glaube an eine – wenn auch schwerer zugängliche – beherrschbare Ordnung aufrechterhalten werden konnte (Luhmann 2000, S. 239).

Das Problem ist jedoch, dass das Management zwar an einem Idealbild seiner Organisationskultur arbeiten kann, für viel Geld Leitbilder von und für seine Mitarbeiter entwickeln und in Workshops wahre Orgien humanistischer Prosa ausbreiten lassen kann, dass es aber keine Gewissheit gibt, dass diese Kulturprogramme bei den Mitarbeitern auch haften bleiben. Eingespielte Denkmuster, Werthaltungen und informale Handlungsnormen in Organisationen lassen sich – das ist der Charakter unentscheidbarer Entscheidungsprämissen – eben gerade nicht rational beherrschen, formal programmieren und technokratisch verwalten. Eine Organisationskultur entsteht als emergente Ordnung „wie von selbst". Das schließt Wandel nicht aus, aber „Wandel kann nicht als Änderung, nicht per Dekret eingeführt werden" (Luhmann 2000, S. 243 und 245).

Schlimmer noch: Bekennt sich das Management in Feiertagsreden oder Hochglanzprospekten zu bestimmten Leitbildern und kulturellen Werten, weckt dies bei den Adressaten immer den Zweifel, dass es sich nur um Lippenbekenntnisse handeln könnte. Mit Organisationskulturen verhält es sich ein bisschen wie mit Sex: Das exzessive Reden darüber löst den Verdacht aus, dass der Verbalisierungssüchtige vielleicht einen besonderen Mangel daran hat. Deshalb reagiert die Basis auf die von oben angelegten Organisationskulturprogramme häufig mit Zynismus. Mitarbeiter in der Fertigung eines Automobilkonzerns kommentieren dann mit feiner Ironie die Anweisung der Hierarchen, dass sie immer das neue Leitbild des Unternehmens auf einer Plastikkarte an ihrem Blaumann bei sich zu tragen haben.

Aber welche Möglichkeiten zur Veränderung von Organisationskulturen existieren überhaupt? Welche Eingriffsmöglichkeiten hat ein Management? Es klingt paradox: Der zentrale Hebel, über den die Informalität von Organisationen – oder wenn man will: die Organisationskultur – verändert wird, sind Entscheidungen über die Formalstruktur. Nicht – wie es sich ein steuerungsbegeistertes Management wünschen mag – dadurch, dass mit der Verkündung der formalen Struktur auch gleichzeitig die Veränderung der Organisationskultur mitverordnet werden kann. Sondern vielmehr dadurch, dass jede Veränderung in den offiziellen Berichtswegen, jede Verkündung eines neuen offiziellen Ziels, jede Einstellung, Versetzung oder Entlassung Auswirkungen auf die Art und Weise hat, wie die Arbeit in den Bereichen, Abteilungen oder Teams informal koordiniert wird.

Selbstverständlich kann man nie genau vorhersagen, welche Effekte eine Veränderung von Formalstrukturen auf der Ebene der Organisationskultur nach sich ziehen wird, aber aufgrund der organisationswissenschaftlichen Forschungen kann man immerhin wissen, wie formale und informale Erwartungen ineinandergreifen und in welche Richtung bestimmte Merkmale der Formalstruktur normalerweise wirken. Dafür bieten sich eine Reihe von Leitfragen an.

Wie stark werden Erwartungen formalisiert?
Eine zentrale Eingriffsmöglichkeit besteht darin, festzulegen, wie stark die Erwartungen in der Organisation überhaupt formalisiert sind. Schließlich hat die Organisation einen großen Spielraum in der Frage, in welchem Maße die Erwartungen an die Mitglieder über Computervorgaben, Prozesshandbücher, Zielkataloge, Hierarchien, Abstimmungsregeln oder Stellenbeschreibungen offiziell kodifiziert sind.

Eine Strategie kann dabei sein, möglichst *viele* Erwartungen in der Organisation zu formalisieren – also deren Erfüllung zur einklagbaren und kontrollierbaren Mitgliedschaftsbedingung zu machen. Dafür werden dann detaillierte Handlungsanweisungen erlassen, an die sich alle zu halten haben. Die ganze Organisation wird etwa bis ins Detail über Zielvorgaben – Stichwort „Management by Objectives" – durchgeplant und deren Einhaltung genau überprüft. Mit viel Aufwand werden die Regelkommunikationen festgelegt und es wird genau bestimmt, in welchen Fällen davon abgewichen werden darf.

Die Gründe für eine solche verstärkte Formalisierung von Erwartungen können ganz unterschiedlich sein: der Eindruck von Kontrollverlust beim Topmanagement, der Wunsch nach Rationalisierungsmaßnahmen, um den „Slack" – die kleinen Fettpolster der Organisation – abzubauen, oder die Hoffnung, über eine sehr tiefe Hierarchie jederzeit Verantwortlichkeiten auf einzelne Personen zurechnen zu können. Manchmal geben auch gesetzliche Vorschriften etwa zur genauen Dokumentation von Arbeitsabläufen zu verstärkten Formalisierungen

Anlass. Nicht selten wird die Formalisierung aber auch von unten eingefordert; letztlich ist die Forderung von Mitarbeitern nach „mehr Orientierung" oder „mehr Sicherheit" häufig nichts anders als die Forderung, dass die Mitgliedschaftsbedingungen genauer formuliert werden sollen.

Weil sich die widersprüchlichen Anforderungen an Organisationen nicht in ein konsistentes formales Regelgebäude pressen lassen, ist der unvermeidliche Effekt einer verstärkten Formalisierung die Zunahme von Regelverstößen. Automobilkonzerne machen beispielsweise ihren Zulieferern nicht nur sehr präzise Qualitätsvorgaben bezüglich der zu liefernden Armaturenbretter, Lenkräder oder Achsen, sondern nehmen über Zertifizierungsverfahren auch starken Einfluss auf die Produktionsabläufe bei den Zulieferern. Diese Eingriffe der Automobilkonzerne sind inzwischen so rigide geworden, dass Zulieferer keine andere Möglichkeit haben, als parallel zu der immer weiter fortschreitenden Standardisierung und Formalisierung auch die aufgrund von kurzfristigen Produktionsanpassungen notwendigen Abweichungen von diesen Vorgaben immer weiter zu routinisieren und ein zweites inoffizielles Steuerungssystem aufzubauen.

Die staatlichen Unternehmen im Ostblock waren ein Musterfall, an dem man die Effekte einer starken Formalisierung beobachten konnte. Dabei war nicht so sehr die Bürokratisierung der Abstimmungen innerhalb der Unternehmen die Besonderheit – da unterscheiden sich die Unternehmen in Planwirtschaften überraschend wenig von denen in Marktwirtschaften –, sondern die Bürokratisierung der Beziehung zwischen den Unternehmen. Die Anzahl und Qualität der Produkte, die ein Unternehmen zu produzieren hatte, wurde von staatlichen Planungsbehörden genauso festgelegt wie die Zulieferteile, die das Unternehmen dafür erhalten sollte. Der Effekt war, so schon die Beobachtung des Wirtschaftswissenschaftlers Joseph S. Berliner, dass sich in den sozialistischen Planwirtschaften ein auf Tauschbeziehungen basierendes „Unterleben" ausbildete. Der Direktor eines Unternehmens in der Sowjetunion, in der DDR oder in Jugoslawien konnte, so Berliner (1957, S. 324), nur erfolgreich sein, wenn er eine Vielzahl offiziell verbotener Praktiken in der Abstimmung mit anderen Unternehmen anwandte.

Es kann sehr wohl funktional sein, mit solchen Systemen von starker Verregelung bei gleichzeitig explosionsartiger Zunahme von Regelverletzungen zu arbeiten – zum Beispiel wenn es darum geht, jederzeit Druckmittel in der Hand zu haben. Bei staatlichen Methadonprogrammen beispielsweise wird die Ausgabe dieses Heroin-Ersatzmittels in der Regel stark reguliert. Jeder einzelne Behandlungsschritt muss genau dokumentiert werden; die Ausgabe von Methadon darf nur in Praxen erfolgen: Der Erhalt des Medikaments wird an die Bedingung geknüpft, dass sich der Drogenabhängige an einer begleitenden Psychotherapie beteiligt. Diese rigiden gesetzlichen Vorgaben sind häufig kaum mit der ärztlichen Behandlung von „heavy Usern" in Einklang zu bringen. Die starke Verregelung führt dazu, dass Ärzte Regelverstöße, Ordnungswidrigkeiten und Straftaten begehen, um den Erfolg des Programms auch bei schwierig zu behandelnden Patienten gewährleisten zu können. Für die einzelnen Ärzte ist dies eine unangenehme Situation, der Staat erhält dadurch jedoch Durchgriffsmöglichkeiten, die er bei der sonstigen professionellen Selbststeuerung der Medizin kaum hat.

Wo wird auf Formalisierung verzichtet?
Aber auch die umgekehrte Vorgehensweise ist vorstellbar. Dabei verzichten Unternehmen, Parteien oder politische Initiativen weitgehend darauf, ihre Erwartungen an die Mitglieder zu formalisieren. Abläufe werden nicht standardisiert, sondern auf Zuruf angepasst. Ziele werden zwar gemeinsam festgelegt, können aber – ohne dass Mitgliedschaftsregeln verletzt werden – verfehlt, modifiziert oder auch aufgegeben werden. Offizielle Kommunikationswege über Hierarchien, Mitzeichnungsrechte oder Kollektivorgane werden nur sehr begrenzt festgelegt. Stattdessen wird angestrebt, dass sich jeder mit jedem verständigen kann. Im Extremfall muss dann nicht einmal über formale Eintrittsbarrieren festgelegt werden, wer zu der Organisation dazugehört und wer nicht, sondern der Einfluss (und auch die Belohnung in Form von Geld, Aufstiegsmöglichkeiten oder sozialer Anerkennung) hängt von den Leistungen ab, die man für die Organisation erbringt.

Die Gründe für einen weitgehenden Verzicht auf Formalisierung können ganz unterschiedlich sein: Frustration über die bürokratische Übersteuerung einer Organisation, die Schwierigkeit, schlecht oder gar nicht bezahlte Mitglieder in einer stark verregelten und hierarchisierten Organisation zu motivieren, politische Überzeugungen bezüglich der „Demokratisierung" von Organisationen oder auch die Anpassung an die allerletzte von Managementgurus ersonnene Reorganisationsmode. Insofern lassen sich Bestrebungen zur Entformalisierung von Organisationen nicht nur in linken politischen Gruppen oder selbstverwalteten Betrieben finden, sondern auch bei Gründerinnen von Start-up-Unternehmen oder bei den für die neuesten Trends der Managementmode empfänglichen Führungskräften von Großunternehmen.

Der Effekt eines weitgehenden Verzichts auf Formalisierung ist aber interessanterweise nicht ein „Anything goes" – ein „Alles ist-möglich". Vielmehr spielen sich – das zeigen alle Forschungen über Organisationen – bewährte

Praktiken der Vorgehensweise ein, bilden sich Muster der Kooperation heraus, entstehen teilweise sehr belastbare Netzwerke von Personen.

Weil es in solchen Organisationen kaum formalisierte Kriterien für den Ein- und Austritt gibt, bilden sich eigene Mechanismen zur Regulierung von *Mitgliedschaften* aus. Der Eintritt in solche Organisationen findet häufig über die Kooptation guter Bekannter aus dem eigenen Netzwerk statt. Gerade bei Organisationen, die auf weitgehende Formalisierungen verzichten, herrschen fließende Übergänge zwischen persönlichen und organisatorischen Beziehungen. Der Austritt wird dann auch häufig nicht mit Verweis auf verletzte Mitgliedschaftsregeln erzwungen, sondern über „Wegbeißen" erreicht.

Der Verzicht auf formalisierte *Hierarchien* gerade an der Spitze führt dazu, dass – wie die Soziologin Jo Freeman (1972, S. 157 f.) beobachtet – Organisationen von außen ein „Star-System" aufgedrückt bekommen. Die Massenmedien brauchen Sprecher, die im Namen einer politischen Organisation Auskunft geben können. Parteien brauchen bei ihren möglichen Koalitionspartnern Ansprechpartner, die Vereinbarungen auch intern durchsetzen können. Kunden von Unternehmen benötigen eine Instanz, an die sie sich bei Problemen wenden können. Verzichtet die Organisation darauf, solche Spitzenpositionen selbst zu benennen, dann werden sie von außen bestimmt. Die Massenmedien greifen sich aus der politischen Basisorganisation einen besonders redegewandten Sprecher heraus, auch wenn dieser nicht durch eine offizielle Wahl zum Sprecher erklärt wurde. Wenn eine Partei keine Vorsitzenden hat, dann verhandelt der Koalitionspartner mit der Person, die den eigenen Ansprüchen am ehesten genügt. Verzichtet ein Unternehmen auf die Benennung eines Ansprechpartners für Kundenbeschwerden, dann wendet man sich eben an die Person, die gerade greifbar ist oder die am meisten auffällt. Das Problem solcher „Star-Systeme" ist, dass die von außen ernannten Stars nicht von der Organisation selbst entfernt oder kontrolliert werden können, außer durch die Einrichtung formalisierter hierarchischer Spitzenpositionen.

Zwar lassen sich auch gering formalisierte Organisationen gut auf *Zwecke* ausrichten. Man schließt sich zusammen, um ein Grundeinkommen für alle durchzusetzen, gründet einen selbstverwalteten Taxi-Betrieb oder startet eine dynamisch wirkende Internetfirma, um möglichst viel Geld bei Risikokapitalgebern abzugreifen. Aber das Problem ist, so Freeman (1972, S. 158), dass aufgrund der geringen Formalisierung zwar „viel Motivation", aber „wenige Ergebnisse" produziert werden. Organisationen mit geringem Formalisierungsgrad, so das Ergebnis von Freemans Untersuchung von Organisationen der Frauenbewegung, sind gut darin, ihre Mitglieder „zum Reden zu bringen", aber schlecht darin, „Dinge getan zu bekommen".

Was wird formalisiert, und wie prägt dies die Informalität?
Informale Erwartungen – teilweise in Organisationskulturen kristallisiert – entstehen immer dort, „wo Probleme auftauchen, die nicht durch Anweisungen" gelöst werden können (Luhmann 2000, S. 241); oder – so könnte man ergänzen – sie werden erst durch die Anweisungen geschaffen. Schließlich dienen sie dazu, die Rigiditäten, die durch Formalstrukturen geschaffen werden, auszugleichen.

Bei *Programmen* lässt sich beispielsweise beobachten, dass eine rigide formale Wenn-dann-Programmierung häufig dadurch ausgeglichen wird, dass eine Anreicherung um informale Zweckprogramme stattfindet und umgekehrt. So war die klassische Fließbandfertigung konditional programmiert, aber bei Überlast wurde davon ausgegangen, dass die Fließbandarbeiter sich nicht strikt an die Konditionalprogramme halten, sondern Ziele wie zeitgenaue Auftragserfüllung mitreflektieren. Die tayloristische Organisation konnte sich, so kann man vermuten, nur deswegen durchsetzen, weil sie in der betrieblichen Praxis systematisch unterlaufen wurde. Wenn sich Arbeiter und Angestellte bei ihrer alltäglichen Arbeit am offiziellen tayloristischen System orientiert hätten, hätte dies – so der weitgehende Konsens in der Organisationswissenschaft – zu chaotischen Verhältnissen geführt. Dass die Mitarbeiter über dieses informale Entgegenkommen Einfluss in der Organisation gewonnen haben, zeigt sich daran, dass sie sich vielfach gegen die Einführung von teilautonomer Gruppenarbeit vehement gewehrt haben, bei der ihnen die gleiche Leistung – diesmal aber im Rahmen der Formalstruktur – abverlangt wurde (Kühl 2015c, S. 167 ff.).

Bei den *Kommunikationswegen* kann man feststellen, dass in Organisationen mit sehr vielen Hierarchiestufen im Informalen ein Ausgleich gesucht und die Vielzahl der Stufen auf ein praktikables Maß herunterreduziert wird: Zur Beschleunigung der Abstimmungsprozesse werden Vorgesetzte übersprungen und Vorgehensweisen direkt mit dem nächsthöheren Vorgesetzten abgestimmt. Bei Organisationen mit sehr wenigen Hierarchiestufen bilden sich dagegen oft ausgeprägte informale Führerschaften aus, die es ermöglichen, auch bei Abstimmungen zwischen Personen der gleichen Hierarchiestufe relativ schnell zu einer Einigung zu kommen.

Aber auch bei Aspekten des *Personals* lassen sich solche Ausgleichsmechanismen beobachten, beispielsweise dann, wenn eine Organisationsrolle zu sehr in Konflikt mit einer außerorganisatorischen Rolle zu geraten droht. So sind z. B. Anwälte, Polizisten, Ärzte oder Therapeuten meist formal dazu gezwungen, Fälle abzugeben, von denen sie selbst persönlich betroffen sind. Häufig versuchen sie dann jedoch informal, ein Auge auf dem Fall zu behalten. Aber auch das Gegenteil lässt sich beobachten. Wenn Anwälte, Polizisten oder Ärzte durch die Dienstrichtlinien gezwungen sind, Fälle zu übernehmen, in die sie persönlich involviert sind, versuchen sie durch informale Absprachen, Kollegen dazu zu bringen, die Federführung in diesen Fällen zu übernehmen. In vielen Fernsehserien über Anwälte, Polizisten, Ärzte oder Therapeuten basiert die „Storyline" zu einem großen Teil auf diesem Spannungsverhältnis.

Man muss also immer damit rechnen, dass die Einführung einer formalen Erwartung zur Bildung einer informalen Gegenstruktur führt, die dazu dient, die Steuerungslücken und Rigiditäten der formalen Erwartung auszugleichen. Dabei kann es sehr wohl vorkommen, dass die informalen Erwartungen den Alltag der Organisation dominieren, jedoch im Konfliktfall immer der Verweis auf die Formalstruktur als Trumpfkarte ausgespielt werden kann. Dies wird in dem bei Organisationsforschern und Organisationsberatern sehr beliebten Bild des Eisberges zum Ausdruck gebracht: Der größere, häufig nur schwer zu identifizierende Teil des Eisberges ist die unter der Wasseroberfläche befindliche Eismasse, aber dabei darf nicht übersehen werden, dass eine Landung auf dem Eisberg nur auf dem sichtbaren Teil möglich ist.

Wie wechselt man zwischen Formalität und Informalität?

In der Praxis wird in Organisationen permanent zwischen Formalität und Informalität hin- und hergewechselt. Man überlegt als Organisationsmitglied, ob man eine Information persönlich zur Kenntnis nehmen muss oder ob man sie „in den Geschäftsgang" geben sollte. Man lehnt die mündliche Anfrage einer anderen Abteilung ab und bittet um die Einhaltung des Dienstwegs oder man gibt sich kollegial und beantwortet die Anfrage informal. Man diskutiert einen Vorgang formal mit seinem Vorgesetzten und riskiert damit eine offizielle Ablehnung oder man hält den Charakter des Gesprächs eher informal, um das eigene Anliegen in einem günstigeren Moment noch einmal zu präsentieren (Luhmann 1964, S. 117).

Man kann das Zusammenspiel von formalen und informalen Strukturen als eine zentrale Besonderheit von Organisationen gegenüber anderen sozialen Gebilden wie Ehen, Gruppen, Staaten oder sozialen Bewegungen begreifen (siehe dazu Kühl 2015d). Wegen der Verknüpfung von formalen und informalen Komponenten kommt es in Organisationen zu einem ganz eigenartigen Stil von Kooperation. Auseinandersetzungen werden mit sehr viel Disziplin und Feinfühligkeit ausgetragen, weil Konflikte immer mit „Rücksicht auf die fortbestehende formale Kooperation geführt werden" müssen (Luhmann 1964, S. 246).

Die Möglichkeiten zu informalen Formen der Kooperation geben der Organisation, so schon eine frühe Beobachtung von Niklas Luhmann (1964, S. 246 f.), eine gewisse Leichtigkeit. Auseinandersetzungen müssen nicht sofort formal entschieden werden, sondern man kann im Informalen seine Kräfte messen. Aus der laufenden Praxis ergeben sich häufig neue Lösungen oder neue Machtverhältnisse, die über längere Zeit ohne formale Absicherung praktiziert werden können. Die formale Entscheidung – z. B. die Beförderung einer informal bereits über ihre hierarchische Position hinausgewachsenen Führungskraft – dient dann nur noch zur Ratifizierung dessen, was in der Organisation vorher sowieso schon gelebt wurde.

Gleichzeitig verhindert die Existenz der formalen Ordnung, dass sich eine Organisation „balkanisiert" und an nicht enden wollenden informalen Konflikten zugrunde geht (Luhmann 1964, S. 247). Alle Beteiligten sind sich klar darüber, dass in Organisationen Konflikte letztlich formal entschieden werden können. Konfliktparteien dämpfen deshalb häufig die Heftigkeit ihrer offenen Auseinandersetzungen, weil sie sich dessen bewusst sind, dass diese notfalls auf der nächsthöheren hierarchischen Ebene entschieden werden können. Weil man sich unsicher ist, wie eine formale Konfliktentscheidung ausfallen würde, und weil man weiß, dass Hierarchen nur ungern formal Entscheidungen über Konflikte treffen, wird die Möglichkeit der Formalisierung von Konfliktentscheidungen relativ selten genutzt; sie prägt trotzdem den Stil des Zusammenlebens in Organisationen.

3.3 Die Schauseite – Die Scheinheiligkeit der Organisation

Die ersten Beschreibungen, die man als Außenstehender von einem Unternehmen, einer Verwaltung, einer Universität oder einem Krankenhaus zu sehen oder zu hören bekommt, wirken häufig seltsam geglättet. Bei einem Firmenbesuch werden die Qualitäten des Unternehmens gepriesen, bei Bewerbermessen die Vorzüge der Verwaltung oder des Krankenhauses als Arbeitgeber in höchsten Tönen gelobt. Hilfsorganisationen wie „Unicef", „Brot für die Welt" oder „Terre des Hommes" stellen bei der Suche nach Spendern die Effizienz ihrer internen Verwaltungsprozesse heraus und lassen sich dies öffentlichkeitswirksam durch Begutachtungsstellen zertifizieren.

So manche Journalisten sitzen diesen geglätteten Beschreibungen von Unternehmen, Verwaltungen oder Universitäten auf. Es gehört zur Standardklage von Journalisten, dass Organisationsmitglieder auf „Schönsprech" umschalten, sobald man sie zu den Zuständen in ihrer Organisation befragt. Bevor man dann angesichts des mehr oder minder organisierten Schweigekartells gegenüber der Presse gar nichts zu Papier bringt, bereiten die Journalisten die von den Organisationen vorbereiteten Erklärungen als eigene Artikel auf. Häufig handelt es sich um ermüdende Rapports über offiziell vom Unternehmen verkündete Absatzzahlen, Umsätze oder Gewinne, um Kommentare, die von einem eher naiven Verständnis von Organisationen geprägt sind und in denen regelmäßig mehr Ethik oder mehr Verständnis für die Kunden gefordert wird, oder um einen an die Yellow Press erinnernden vermeintlichen „Nutzwertjournalismus", in dem berichtet wird, in welchem Hotel der Manager von heute absteigt, welche Golfplätze er bevorzugt und welche Bodylotion er benutzt.

Aber auch so manche Wissenschaftler halten die Antworten, die das Management von Unternehmen, Verwaltungen und Krankenhäusern in die versandten Fragebogen einträgt, für die Realität der Organisation und nicht für das, was die Ausfüller der Fragebogen für die von den Wissenschaftlern „gewünschte Realität" halten. So wird auch in der Wissenschaft nicht selten ein Bild von Organisationen gezeichnet, bei dem die Leser den Eindruck bekommen, dass Organisationen ihr Ohr am Puls der Zeit haben und fleißig damit beschäftigt sind, die gerade in der Gesellschaft angesagten Werte zu verwirklichen. Vermutlich deswegen löst so mancher wissenschaftlicher Artikel, in dem auf der Basis von Befragungen von „Top-Entscheidern" die Erfolgsfaktoren für „Weltklasse-Unternehmen" dargestellt werden, gerade bei den internen Kennern dieser vermeintlichen „Weltklasse-Unternehmen" letztlich nur Amüsement aus.

Was steckt hinter diesen geglätteten Beschreibungen von Organisationen? Wie kann man sie analysieren? Und welche Funktion erfüllen sie in Organisationen?

Das „Aufhübschen" der Organisation

Als „Aufhübschen" kann man den Prozess beschreiben, in dem Organisationen durch gefilterte Reportings, verschachtelte Organigramme, übersichtlich dargestellte Prozessabläufe oder geglättete Aussagen ein schlüssiges und überzeugendes Bild ihrer selbst zu zeichnen suchen. Im trügerischen Windschatten ausgeblendeter Komplexität und ungelöster Konflikte wird dadurch eine für die Außenwelt geeignete „zweite Realität" geschaffen, die mit den Abläufen in der jeweiligen Organisation nur sehr begrenzt etwas zu tun hat. Dem Betrachter wird ein „stimmiges und harmonisches Gesamtkunstwerk" präsentiert, während im Inneren der Organisation improvisiert, gestritten und nicht selten auch gepfuscht wird (Neuberger 1994a).

Wir kennen diesen Prozess des „Aufhübschens" von Darstellungen auch aus anderen Situationen. Man kann beobachten, dass zwei vermeintlich „ins Gespräch vertiefte" Personen versuchen, etwas darzustellen, sobald sie registrieren, dass sie von anderen beobachtet werden. Demonstrationen der Friedens-, Ökologie- oder Frauenbewegung sind häufig sorgfältig inszenierte Aufführungen eines politischen Anliegens. Gruppen von Jugendlichen, die am Supermarkt herumlungern, um den einen oder anderen Euro von Passanten zu erbetteln, mögen zwar nicht unbedingt dem Darstellungsideal ihrer Eltern entsprechen, sind aber gerade aufgrund ihrer zur Schau gestellten Distanz zu bürgerlichen Normen häufig begnadete Selbstdarsteller. Familien, die sich in der Öffentlichkeit bewegen, bieten manchmal so perfekte Darstellungen ihres Familienglücks, dass Freunde häufig überrascht sind, wenn die doch immer so harmonisch und liebevoll miteinander umgehende Familie plötzlich auseinanderbricht.

Solche Fassaden sozialer Gebilde sind nicht einfach vorhanden, sondern müssen auf- und ausgebaut, regelmäßig gepflegt und bei Bedarf ausgebessert werden (Luhmann 1964, S. 113). Bei Gesprächen, Gruppen, Familien oder auch Protestbewegungen erscheinen uns diese Fassaden häufig als das Ergebnis von Improvisationen, plötzlichen Eingebungen oder ungeprüft übernommenen Erwartungsmustern. Eine solche Spontangenese von Fassaden findet sich zwar auch in Organisationen, beispielsweise wenn zwei Mitarbeiter plötzlich intuitiv das Thema wechseln, wenn ein Kunde dazukommt, oder wenn ein neues Organisationsmitglied zu erraten versucht, wie sich die Kleiderordnung in Anwesenheit eines wichtigen Gastes verändert. Aber in Organisationen wird die Pflege von Organisationsfassaden häufig koordiniert und geplant angegangen. Es werden Regeln erlassen, wie man sich Kunden, Klienten oder Kooperationspartnern gegenüber zu verhalten hat. Mit Presse-, Kommunikations- und Marketingabteilungen werden Stäbe aus Fassadenspezialisten geschaffen, die wiederum Werbeagenturen, PR-Agenturen und Innenarchitekten als externe Dienstleister beschäftigen. Dieser systematisch geplante Auf- und Ausbau von Fassaden wird in der Organisationsforschung treffend auch als „Impression Management" – als „Eindrucks- und Beeindruckungsmanagement" – bezeichnet.

Die Darstellungsfunktion von Fassaden: geschönte Darstellungen
Mithilfe ihrer Fassade bringt eine Organisation zum Ausdruck, wie sie gesehen werden will. Durch bewusste oder unbewusste Kopierprozesse ihrer Mitglieder bilden sich in Organisationen eigene Sprachregelungen aus, die Sicherheit im Kontakt mit der Außenwelt verleihen. Briefköpfe, Siegel, Webauftritte dienen als Begleitsymbole, durch die die Organisation nicht nur wiedererkannt werden möchte, sondern immer auch etwas zum Ausdruck zu bringen sucht. Genauso wie das Wohnzimmer häufig auch das „Schauzimmer" von Familien ist, gibt es auch in Organisationen Räumlichkeiten, die als Teil der Schauseite gegenüber Nichtmitgliedern hergerichtet werden. Der Kleidungsstil in einer Organisation kann die von den Räumlichkeiten geschaffene Außendarstellung stützen, hat aber den Vorteil, dass er nicht an die Räumlichkeiten gebunden ist und man deswegen beim Zulieferer, beim Kunden oder beim Kooperationspartner mit relativ geringem

Aufwand etwas hermachen kann. Man kann diesen Aspekt als die „Ausschmückungsfunktion" oder „Darstellungsfunktion" von Fassaden bezeichnen.

Organisationen orientieren sich in ihren Fassaden häufig an organisationsübergreifenden Sprach-, Kleidungs- und Raummustern. Es fällt auf, in wie vielen Unternehmen, Verwaltungen, Krankenhäusern und Universitäten aus „Hausmeistern", „Sekretärinnen" und „Putzfrauen" inzwischen „Facility-Manager", „Team-Assistenten" und „Raumpfleger" geworden sind. Für die Außendarstellung akzeptable Kleidungsstile können sich überraschend schnell über Organisationsgrenzen hinweg durchsetzen, sodass beispielsweise der Hosenanzug von Frauen nicht mehr, wie noch in den 1970er Jahren, wütende Proteste in Unternehmen, Verwaltungen oder Parlamenten hervorruft, sondern jedenfalls in westlichen Ländern als akzeptables Mosaik in der Fassade einer Organisation akzeptiert wird. Häufig sind Organisationen aber auch bestrebt, ihre ganz eigene Symbolik auszubilden, mit der sie sich von anderen Organisationen abgrenzen wollen. Die bürokratische Schriftsprache, eine auf den ersten Blick „verschroben" wirkende Ausdrucksform von öffentlichen Verwaltungen, muss nicht als das Ergebnis „unausrottbarer Gewohnheit subalterner Beamter" interpretiert werden, sondern hat einen „Symbolwert für die ideale Präsentation" der Arbeitsresultate öffentlicher Verwaltungen und dient gerade dadurch auch der Abgrenzung von anderen Organisationen (Morstein Marx 1956, S. 356 f.; siehe Luhmann 1964, S. 113 f.).

In der Regel sind Organisationen bestrebt, ein möglichst konsistentes Bild von sich selbst zu zeichnen. Hinter Schlagwörtern wie „Corporate Design", „Corporate Communication" oder „Corporate Publishing" verbirgt sich das Bestreben, die Symbolik einer Organisation so zu vereinheitlichen, dass für Außenstehende ein häufiges und schnelles Wiedererkennen der Organisation gewährleistet ist. Im Idealfall wird von den Corporate Designern durch die Gestaltung von so unterschiedlichen Dingen wie Kaffeetassen, Kugelschreibern und Gartenanlagen ein einheitliches Bild des Unternehmens vermittelt. Es kann aber auch die Strategie einer Organisation sein, vor dem Hintergrund eines einheitlichen Erscheinungsbildes gerade die in ihr vorkommende Diversität darzustellen. Anstelle der Einheitlichkeit von grauen Anzügen und Kostümen wird dann über unterschiedliche Kleidungs- und Sprachstile signalisiert, dass die Organisation aus ganz unterschiedlichen „Typen" besteht und dass gerade dies ihre Besonderheit ist.

Die Schutzfunktion von Fassaden: Das Verbergen von internen Prozessen, Konflikten und Fehlern

Aber Fassaden erfüllen noch eine zweite wichtige Aufgabe: den Schutz des Inneren. Es geht darum, Außenstehenden den Einblick zu verwehren, um in Ruhe

Entscheidungen vorbereiten zu können, mögliche Konflikte vor der Außenwelt zu verbergen oder Fehler und Peinlichkeiten zu verheimlichen. Man kann dies als „Kaschierungs-" oder „Verschleierungsfunktion" von Fassaden bezeichnen.

Organisationen halten in der Regel den genauen Prozess der Herstellung eines Produktes, der Anfertigung eines Verwaltungsaktes oder der Planung des Seminarangebots einer Universität für Außenstehende im Dunkeln. Dabei geht es nicht nur darum, die kleinen Regelabweichungen in Gestalt von Schlichen, Tricks und Abkürzungen zu verbergen; auch viele mit den Regeln konforme Prozesse sind nur begrenzt für Außenstehende geeignet (dazu Luhmann 1964, S. 114). Die Legitimität von politischen Entscheidungen würde weiter erodieren, wenn die Wähler im Detail darüber informiert würden, wie oft Entscheidungen zwischen verschiedenen Parteien ausgemauschelt werden.

Besonders wichtig ist es dabei, dass Fehler „möglichst nicht in die Akten", aber auf alle Fälle „nicht in die Öffentlichkeit" gelangen. Denn „offenkundige Fehler", so Niklas Luhmann (1964, S. 114), „sind sehr viel fehlerhafter als heimliche Fehler." Dies ist ein zentraler Grund, weshalb in den Darstellungen von Organisationen Vorhaben so lange wie möglich als Erfolg dargestellt werden. Es wird zugestanden, dass nicht alles so gelaufen ist, wie es geplant war, dass man auf unerwartete Hindernisse gestoßen ist, aber am Ende wird das Vorhaben als Erfolg präsentiert.

Organisationen können versuchen, ihre internen Prozesse so zu gestalten, dass sie einer Betrachtung von außen standhalten. Produzenten von hochpreisigen Automobilen richten „gläserne Fabriken" ein, in denen interessierte Käufer jeden Schritt der Montage mitverfolgen können. Parteien lassen interne Konflikte nach außen dringen, um zu zeigen, dass sich in ihnen Mitglieder mit unterschiedlichen Positionen wiederfinden können. Es wird versucht, Vertrauen aufzubauen, indem Betrachtern suggeriert wird, dass sie Einblicke in die Hinterbühne der Organisation erhalten. Aber solche Bemühungen um Transparenz ändern nichts daran, dass bestimmte Details der internen Abläufe für Nichtmitglieder uneinsehbar gehalten werden müssen. Zu deren Handhabung wird dann einfach eine weitere Hinterbühne hinter der vermeintlichen Hinterbühne geschaffen, auf die man die Zuschauer blicken lässt.

Das Verbergen der Fassade als Fassade

Es gibt Situationen, in denen allen Beteiligten klar ist, dass eine Organisation sich herausgeputzt hat. Wenn die Regierung in ganzseitigen Anzeigen in Tageszeitungen ihre eigene Arbeitsmarkt-, Gesundheits- oder Verteidigungspolitik lobt, wissen die Leser, dass sie gerade – mithilfe ihrer Steuergelder – von der Politik der Regierung überzeugt werden sollen. Aber in den meisten Situationen ist es für Organisationen sinnvoll, wenn die Fassade nicht unmittelbar als Fassade zu erkennen ist.

Dies hängt einerseits damit zusammen, dass die Ausschmückungsfunktion von Fassaden häufig dann besonders gut erfüllt wird, wenn die Betrachter die Fassade gar nicht als Fassade wahrnehmen. Man beachte hierzu nur die eingestreuten bissigen Kommentare von Journalisten, die an einem Gesprächspartner feststellen, dass der Fassadencharakter seiner Äußerungen allzu durchsichtig ist. Es wird dann etwa darauf hingewiesen, dass der Vorstandsvorsitzende eines Fußballvereins „seine Meinung" vom Blatt abliest – offenbar, weil man sich im Verein mühsam auf eine gemeinsame Sprachregelung einigen musste. Oder es wird süffisant angemerkt, dass die Vorsitzende einer Partei „sich entspannt gibt" – suggerierend, dass trotzdem zu merken ist, wie es in ihr brodelt.

Andererseits, so Niklas Luhmann, verlangt die Kaschierungsfunktion von Fassaden, dass die Tatsache des Verbergens ihrerseits verborgen ist (Luhmann 1964, S. 115). Wenn in dem internen, fast hundert Seiten langen Handbuch einer Beratungsfirma nicht nur die Farbe der Socken, die Qualität der Anzüge und die Höhe der Schuhabsätze geregelt wird, sondern auch vorgeschrieben wird, dass bei längeren Einsätzen in der Firma eines Kunden der Berater grundsätzlich nie vor dem Kunden das Büro zu verlassen hat, auch dann, wenn er nichts mehr zu tun hat, dann ist es sinnvoll, dass ein solches Handbuch dem Kunden nicht bekannt wird. Es passt nicht in die Show, wenn der Betrachter die Tarnungen, Verhüllungen und Verdeckungen zu schnell als solche erkennt.

Aber warum bilden Organisationen überhaupt Fassaden aus? Warum ist in Unternehmen, Verwaltungen oder Parteien nicht jeder Tag ein Tag der offenen Tür?

Der Nutzen der Scheinheiligkeit
Weil Fassaden die Schauseiten der Organisationen sind, muss ihre Funktionalität in den Erwartungen gesucht werden, die von außen an die Organisation herangetragen werden.

Das Abfedern von widersprüchlichen Anforderungen
Ein erstes Motiv für den Aufbau von Fassaden liegt in den widersprüchlichen Anforderungen, die Organisationen gleichzeitig bedienen müssen. Eine christliche Partei muss einerseits ihre klassische Klientel in der Provinz erreichen, gleichzeitig aber auch für hightechorientierte Großstadtbewohner wählbar bleiben. Sie muss wenigstens den Eindruck erwecken, dass sie dem „C" in ihrem Namen gerecht wird, ohne gleichzeitig von ihren Mitgliedern eine jesuitenartige Lebensführung zu verlangen.

Natürlich könnte sich eine Organisation in einer solch verzwickten Situation einfach für eine Seite entscheiden: Mancher Manager träumt davon, dass die widersprüchlichen Anforderungen an seine Organisation sich auflösen könnten und es möglich wäre, jedes Unternehmen, jede Kirche und jede Universität unter tatkräftiger Mithilfe von Unternehmensberatern auf nur noch ein Ziel auszurichten: den möglichst profitablen Verkauf von Handys, das Erlangen von Seelenheil für die Gläubigen oder die hundertprozentige Zufriedenheit von Studierenden als „Kunden" der Universität. Damit würde man zwar dem Anspruch von Reinheit und Konsistenz genügen, gleichzeitig aber in vielen Bereichen der Gesellschaft an Unterstützung verlieren. Die Entscheidungslogik dahinter ist simpel: Entscheidet man sich grundlegend für die eine Seite, dann bleibt die andere Seite unbefriedigt – ein hohes Risiko für die Organisation.

Organisationen feilen deshalb an ihren Fassaden, um wenigstens an der Oberfläche den unterschiedlichen Erwartungen gerecht zu werden. Sie entwickeln in ihrer Außendarstellung zu jedem für die Organisation relevanten Thema eine eigene, für die Umwelt möglichst attraktive Position, ohne dabei die möglichen Widersprüche zwischen den Positionen zu den einzelnen Themen zu thematisieren. Dafür bilden Organisationen für jedes Segment ihrer Umwelt spezielle Sprecherrollen aus, die jeweils eigene Sprachregelungen beispielsweise für die Regierung, die Massenmedien und die Kapitalmärkte entwickeln. Oder die Organisationen ermitteln, welche Interessengruppe in ihrer Umwelt in der momentanen Situation besonders viel Aufmerksamkeit verlangt, und bedienen dann vorzugsweise deren Ansprüche, um sich zu späteren Zeitpunkten anderen Interessengruppen zuzuwenden.

Je widersprüchlicher die Erwartungen sind, die an eine Organisation herangetragen werden, desto höher sind die Ansprüche an die Fassade. Je mehr beispielsweise ein Konzern mit Ansprüchen der Großaktionäre, des Staates, der Gewerkschaften, von Umweltschutzinitiativen und nicht zuletzt der Kunden konfrontiert wird, desto mehr Wert wird darauf gelegt, das Unternehmen gleichzeitig als ein kurzfristig profitables, nachhaltig wirtschaftendes, mitarbeiterorientiertes, umweltbewusstes und auch noch sozial engagiertes Unternehmen zu präsentieren.

Interne Konfliktreduzierung durch Fassaden
Ein zweites Motiv für die Ausbildung von Fassaden liegt in der Notwendigkeit, interne Konflikte verbergen zu müssen. In jeder Organisation gibt es interne Auseinandersetzungen über den besten Weg, interne Kritik an Strategien der Organisationsspitze oder Wissen über ungewollte Nebenfolgen von Leitungsentscheidungen. Diese Konflikte hängen meist nicht damit zusammen, dass die

Mitglieder der Organisation durch persönliche Motive oder Konkurrenzimpulse getrieben sind. Allein aufgrund der Tatsache, dass Organisationsmitglieder mit unterschiedlichen Segmenten der Umwelt in Kontakt stehen und unterschiedliche Positionen innerhalb der Organisation einnehmen, entwickeln sich verschiedene, häufig auch gegensätzliche Perspektiven.

Natürlich könnte eine Organisation die Parole „Wir haben keine Geheimnisse" ausgeben. Ein gerade aus zwei Autounternehmen fusionierter Weltkonzern, in dem heftig über die ökonomische Sinnhaftigkeit der Fusion gestritten wird, könnte darauf verzichten, diese Auseinandersetzungen vor der Öffentlichkeit zu verbergen. Aber bekannt werdende Konflikte führen in der Umwelt der Organisation zu Legitimationsverlust. „Die sind sich nicht einig", „Dort herrscht Krieg", „Bei denen weiß man nicht, wo es lang geht": Das sind noch die harmloseren Beschreibungen, die außen über bekannt gewordene organisationsinterne Auseinandersetzungen angefertigt werden.

Zusätzlich verschärfen solche Beobachtungen von außen den internen Konflikt weiter. Die Umwelt wirkt als „Lautverstärker" für die internen Auseinandersetzungen, der interne Umgangston verschärft sich mit jeder Kommentierung von außen. Das führt dazu, dass die Organisation in zunehmendem Maße die Möglichkeit verliert, die Auseinandersetzung selbst zu regeln. Die Situation bei eskalierenden Konflikten innerhalb von Organisationen erinnert manchmal an die Ehekrisen von Prominenten, bei denen jeder Streit begierig von den Massenmedien aufgegriffen wird und die Krise dadurch weiter verschärft wird.

Deshalb achten Organisationen durch den Aufbau einer Fassade darauf, dass die in der Organisation herrschenden Konflikte, Zweifel und Unsicherheiten verborgen bleiben. Die Fusion zweier Automobilkonzerne wird über Jahre nach außen als großer Coup dargestellt, obwohl intern bereits „blame game" – das Spiel der Verantwortungszuweisung für das Desaster – gespielt wird. Der Unzufriedenheit der Aktionäre wegen der Kapitalvernichtung durch die Fusion – nach der Fusion von Daimler und Chrysler war beispielsweise der Gesamtkonzern zeitweise weniger wert als vorher Daimler allein – begegnet man geschickt mit dem Verweis auf die „Irrationalitäten" der Kapitalmärkte, um so von den internen Auseinandersetzungen abzulenken.

Die Zuspitzung: Heuchelei und Scheinheiligkeit

Organisationen müssen offensichtlich immer zweierlei im Blick haben. Einerseits sind sie gezwungen, ihre internen Prozesse zur Herstellung von berechenbaren Verwaltungsentscheidungen, schnellen Autos oder innovativen Forschungsergebnissen möglichst rational zu organisieren. Andererseits fühlen sie sich gleichermaßen verpflichtet, immer auch politische, rechtliche, wirtschaftliche und wissenschaftliche Legitimationsanforderungen aus ihrer Umwelt zu befriedigen. Mit den Organisationssoziologen John Meyer und Brian Rowan (1977) kann man von der Notwendigkeit sowohl einer „technischen" als auch einer „institutionellen Rationalität" sprechen.

Das Problem besteht darin, dass die Anforderungen an eine stromlinienförmige Produktion von Verwaltungsentscheidungen, Automobilen oder Forschungsergebnissen häufig nicht mit den Anforderungen der institutionellen Umwelt der Organisation vereinbar sind. Eine effiziente interne Organisation steht häufig im Widerspruch zu den von außen an die Organisation herangetragenen Forderungen nach umweltverträglicher Produktion, Rationalisierungsforderungen der Aktionäre oder dem Verlangen nach Übereinstimmung der Produktionsstruktur mit den neuesten Managementmoden.

Jede Organisation – Regierungsparteien genauso wie Parteien der Opposition, multinationale Entwicklungshilfeorganisationen genauso wie globalisierungskritische Nichtregierungsorganisationen, große Automobilkonzerne genauso wie Gewerkschaften oder Betriebsräte – ist deswegen darauf angewiesen, ihrer Umwelt neben ihren eigentlichen Leistungen immer auch eine geglättete Darstellung ihrer selbst zu bieten. Man kann dies als „notwenige Schönfärberei", als „unumgängliches Herausputzen" oder als „Darstellungskniffe" bezeichnen. Man kann aber auch direkter – wie der Organisationsforscher Nils Brunsson (1989) – von der Notwendigkeit der „Heuchelei" und „Scheinheiligkeit" in jeder Organisation sprechen.

Zu Gemeinsamkeiten und Unterschieden zwischen Schauseite und formaler Seite
Die Schauseite der Organisation, die idealisierte Darstellung ihrer selbst, ähnelt auf den ersten Blick ihrer Formalstruktur – also der oft mit der Maschinen-Metapher beschriebenen, auf möglichst berechenbare Abläufe und klare Zuständigkeiten abzielenden Ordnung der Organisation. Öffentliche Verwaltungen legen viel Wert darauf, zu zeigen, dass die Verwaltung lediglich Entscheidungen der Politik ausführt, dass die Entscheidungen entsprechend den offiziellen Amtswegen getroffen werden und dass alle Bürger nach gleichen Kriterien behandelt werden.

Nun ist es sicherlich richtig, dass die formale Struktur sich häufig gut zur Darstellung nach außen eignet, aber es wäre falsch, die formale Struktur als *die* „Schauseite der Organisation" darzustellen. Bei Unternehmen, Verwaltungen, Krankenhäusern oder Nichtregierungsorganisationen fallen, so meine These, die Schauseite und die formale Seite häufig auseinander. Das erklärt sich mit den unterschiedlichen Anforderungen, die an die beiden Seiten einer Organisation gestellt werden.

Gründe für die Trennung zwischen Schauseite und formaler Seite – Unterschiedliche Ansprüche an Kohärenz und Konkretisierung

Mit ihrer Schauseite will eine Organisation Eindruck machen – und zwar, wie gezeigt, bei ganz unterschiedlichen Adressaten. Kunden, Lieferanten, Kooperationspartnern, Konkurrenten, Politikern, Journalisten, Bewerbern – alle sollen einen möglichst guten Eindruck von der Organisation bekommen. Aber das, was sich die einzelnen Adressaten unter einem „guten Eindruck" einer Organisation vorstellen, ist sehr unterschiedlich. Deshalb kann eine Organisation auf ihrer Schauseite nicht zu *konkret* werden, weil jede konkrete Aussage zwar die einen beeindrucken, aber die anderen abschrecken würde.

Aus diesem Grund ist es schädlich, wenn die Organisation in ihrer Außendarstellung einen zu hohen Anspruch an *Konsistenz* hat, weil die Legitimationsansprüche aus der Umwelt eben nicht alle gleichzeitig zu erfüllen sind. Die häufig kritisierte Flucht von Organisationen ins Abstrakte, Bildhafte und Nebulöse ist aus dieser Perspektive nicht das Ergebnis bösen Willens, mangelnden Denkvermögens oder fehlender Professionalität, sondern ergibt sich geradezu aus den Anforderungen, die von außen an die Organisation herangetragen werden.

Die Anforderungen an die formale Seite sind dazu jedoch konträr. Über die formale Struktur werden die Erwartungen an die Mitglieder formuliert und dies verlangt nach *Konkretisierung*. Nur wenn von einer Vertriebsmitarbeiterin nicht lediglich nebulös „zufriedene Kunden", sondern eine konkrete Zahl verkaufter Produkte verlangt wird, kann ihre Arbeit gesteuert, koordiniert und kontrolliert werden.

Gleichzeitig muss ein hohes Maß an *Konsistenz* der an die Adresse der Mitglieder gerichteten formalisierten Erwartungen vorausgesetzt werden. Widersprüchlichkeiten in formalen Programmen oder Kommunikationswegen werden nur begrenzt zugelassen, weil über widersprüchliche Erwartungen das Handeln der Organisationsmitglieder nicht gebunden werden kann. Die Mitglieder würden sich ansonsten immer auf die ihnen gerade entgegenkommende Regel berufen, ohne dass sie aber wegen Verstoßes gegen die geltende Ordnung formal belangt werden könnten (Luhmann 1964, S. 155).

Deshalb können zwar einzelne Elemente der Formalstruktur zum Auf- und Ausbau der Organisationsfassade genutzt werden, aber allein die Darstellung der das Verhalten der Mitglieder strukturierenden Zwecke, der formal vorgeschriebenen Hierarchie und der offiziellen Kriterien der Einstellung und Entlassung von Mitgliedern reichen für eine effektive Fassade nicht aus. Sie müssen im Kontakt mit der Umwelt um allgemeine Wertformulierungen, geschönte Darstellungen der Kommunikationswege und Verzierungen der Mitgliedschaftsrealität ergänzt werden.

Zwecke, Hierarchien, Mitgliedschaften – Das Auseinanderfallen von Schauseite und formaler Seite

Sicherlich: *Zwecke* einer Organisation können sich zur Darstellung nach außen eignen. Die Ankündigung, dass eine Bank im nächsten Jahr 15 % Return on Investment anstrebt, schafft Legitimität bei ihren Kapitalgebern. Aber den Nichtmitgliedern werden in der Regel nicht alle Zwecke – geschweige denn die eingesetzten Mittel zur Zweckerreichung – sichtbar gemacht. Das System der Leistungsanreize, aus dem Außenstehende ersehen könnten, mit welchen Mitteln die Organisation ein Ziel wie 15 % Return on Investment erreichen will, wird als Verschlusssache gehandhabt. Schließlich würde ein Bankkunde misstrauisch werden, wenn er erführe, dass seine Bankberaterin Zielvorgaben hat, das ihm gerade angebotene (besonders für die Bank vorteilhafte) Finanzprodukt an den Mann zu bringen, auch wenn es nicht in seine Anlagestrategie passt. Organisationen präsentieren der Umwelt deswegen immer nur eine begrenzte, idealisierte und überharmonisierte Auswahl von Zwecken, die die Organisation vermeintlich anstrebt (vgl. Luhmann 1964, S. 112). Statt eindeutiger Priorisierung ihrer Zwecke („am wichtigsten ist die Senkung der Arbeitslosigkeit auf 5 %, erst wenn dieses Ziel erreicht ist, geben wir Geld für unsere Armee aus") werden der Außenwelt Wertelisten präsentiert, die suggerieren, dass alle guten Dinge immer auch gleichzeitig zu haben sind. „All good things go together" – so lässt sich mit dem Politikwissenschaftler Robert Packenham (1973, S. 123 ff.) die Darstellung von Zwecken auf der Schauseite von Organisationen beschreiben.

Auch die formalen *Hierarchien* einer Organisation eignen sich auf den ersten Blick für die Außendarstellung einer Organisation. Auf den Websites vieler Unternehmen, Verwaltungen und Krankenhäuser kann man das jeweilige Organigramm – und damit die Ordnung der für die Mitglieder verbindlichen Kommunikationswege – herunterladen. Die meisten Unternehmen, Verwaltungen und Nichtregierungsorganisationen aus Entwicklungsländern wissen, dass ein in PowerPoint erstelltes, möglichst ansehnliches Organigramm für ihre Kooperationspartner in den Industrieländern wichtig ist, weil es den Eindruck erweckt, dass Entscheidungen entlang festgelegter Kommunikationswege getroffen werden. Aber häufig geben sich Organisationen in der Außendarstellung mit dem Verweis auf ihre formale Hierarchie nicht zufrieden. Es gehört zum Eindrucks- und Beeindruckungsmanagement vieler Organisationen, ihre Hierarchien als flach und durchlässig darzustellen – und zwar unabhängig davon, wie die Kommunikationswege tatsächlich strukturiert sind. Selbst Organisationen, die – aus häufig guten Gründen – bei 5000 Mitarbeitern über bis zu neun Hierarchiestufen verfügen, lassen sich für ihre „flachen Hierarchien" loben. In den Leitbildern von Verwaltungen wird verkündet, dass auf „kurzen

Wegen" kommuniziert werden kann, auch wenn Vorgesetzte mit Verweis auf die Geschäftsordnung sorgsam darüber wachen, dass sie bei Abstimmungsprozessen nicht einfach übergangen werden. Und in Unternehmen, in denen die Mitarbeiter es kaum wagen, den „obersten Chef" anzusprechen, wird proklamiert, dass dessen Türen für alle Mitarbeiter offen stehen.

Auch Eigenschaften der *Mitglieder* machen sich häufig gut in der Außendarstellung von Organisationen. Es sind einflussreiche „Zertifizierungs-industrien" entstanden, die das Personal von Organisationen mit Legitimitäts-nachweisen ausstatten und dadurch das Vertrauen in die Organisation steigern sollen. Schulen beschäftigen nur „staatlich geprüfte Lehrer", Pflegeheime ver-weisen auf ihre „lizenzierten Pfleger", und Finanzorganisationen präsentieren ihre „amtlich zugelassenen Wirtschaftsprüfer" (vgl. Meyer und Rowan 1977, S. 344; Scott 1986, S. 251). Häufig werden auch über die offiziellen Zertifizierungen hinaus besonders glanzvolle Merkmale einzelner Mitglieder herausgestellt. Manche Unternehmen präsentieren ihre neu rekrutierte Spitzenmanagerin ähnlich wie Fußballvereine ihren gerade angeworbenen brasilianischen Nachwuchsstar – mit Pressekonferenz, Presseerklärung und Exklusivinterviews für Schlüssel-medien. Aber viele der für die Organisation relevanten Informationen über ihre Mitglieder eignen sich nicht für die Außendarstellung. Die erlaubten Einblicke in die „öffentliche Personalakte" werden stark kontrolliert. Problematische Abschnitte im Lebenslauf eines Mitglieds werden – wenn möglich – vor der Öffentlichkeit verborgen; illegitime Kontakte, aufgrund derer ein Mitglied ein-gestellt wurde, verschwiegen. In der Außendarstellung werden deswegen statt präziser Angaben zu den Mitgliedern häufig eher blumige Formulierungen ver-wendet. Es wird allgemein auf die exquisite Qualifikation der Mitarbeiter ver-wiesen, auf ihre jahrelange Erfahrung und auf ihre Integrität, ohne dass diese Angaben näher spezifiziert und belegt werden.

Die Lösung: Entkopplung
Weil die Anforderungen an die Schauseite andere sind als die an die formale Seite, haben Organisationen keine andere Möglichkeit, als ihre „internen formalisierten Kernprozesse" von den von außen wahrnehmbaren „Oberflächen-strukturen" zu entkoppeln. Neben der zu „praktizierenden Wirklichkeit" wird auch eine „offizielle Wirklichkeit" der Organisation geschaffen. Die „Aktivi-tätsstrukturen" der Organisation werden von der „Fassade" der Organisation entkoppelt (Meyer und Rowan 1977, S. 355). Neben einer „operativer Tiefen-struktur" wird auch eine

„symbolische Oberflächenstruktur" geschaffen (Tacke 2003, S. 76). Der „talk"
der Organisation ist nur lose mit der Ebene der „decision" verbunden (Brunsson
1989, S. 32).

Erst Entkopplung verschafft Organisationen die nötige Freiheit, um trotz
der an sie herangetragenen widersprüchlichen Erwartungen handlungsfähig
zu bleiben. Sie können die legitim erscheinenden und an die institutionellen
Umwelten angepassten Strukturen aufrechterhalten und parallel die alltäglichen
Aktivitäten ihrer Mitglieder an den konkreten Anforderungen ausrichten.

Zu Gemeinsamkeiten und Unterschieden von Schauseite und Informalität

Das Management hegt die Wunschvorstellung, dass sich die informalen Prozesse
und die alltäglichen Routinen auch für die Außendarstellung der Organisation
eignen. Schließlich würde es die Arbeit einer Geschäftsführerin erleichtern,
wenn sie wüsste, dass sie Besucher allein durch die Organisation ziehen lassen
könnte und diese dann stark beeindruckt von den motivierten Mitarbeitern, deren
professioneller Einstellung und reibungsloser Kooperation zurückkehren würden.

Genau dieser Traum von einer hohen Kohärenz zwischen Schauseite und
informaler Seite verbirgt sich in der fast naiven Zelebrierung der Organisationskultur durch viele Manager, Berater und Wissenschaftler. Es wird davon ausgegangen, dass die Prozesse, die sich in Organisationen jenseits der offiziellen
Arbeitsstruktur ausbilden, sich selbstverständlich auch für die Darstellung der
Organisation nach außen eignen. Die Kultur einer Organisation spiegelt, so die
Vorstellung, die geteilten Werthaltungen, Einstellungen und Praktiken der Mitglieder wider und dies könnte ungefiltert an die Außenwelt weitergegeben
werden.

Weswegen sich informale Prozesse so wenig zur Außendarstellung eignen

Zugegeben: Es mag einige Fälle geben, in denen sich auch informale Prozesse
für die Außendarstellung eignen. Wenn eine Bundeskanzlerin nach dem Sieg
in einem Weltmeisterschaftsfinale die Fußballspieler in ihrer Umkleidekabine
besucht, dann würde sie vermutlich irritiert sein, wenn sie einer Reihe adrett
gekleideter Männer begegnen würde. Ihre Erwartung ist vielmehr darauf ausgerichtet, dass sie einer Horde überdrehter und enthemmter Männer begegnet, die
sich in ihrem Verhalten durch sie kaum beeinflussen lassen. Die Regel ist jedoch,
dass sich die informalen Prozesse eher selten für die Außendarstellung anbieten.

Besonders dann, wenn es sich bei den informalen Prozessen um offensichtliche Abweichungen vom formalen Regelwerk der Organisation oder gar um
Gesetzesverstöße handelt, machen sich diese Praktiken in der Außendarstellung
nicht so gut. So gibt es beispielsweise gute Gründe, weswegen die informalen

Praktiken, die sich selbst bei den Handwerkerteams ausgebildet haben, die an den Flughäfen die Glühbirnen auswechseln, die Rolltreppen reparieren oder die Parkticketautomaten warten, nicht offiziell bekannt werden. Wenn trotz der offiziellen Geschäftspolitik zur Reduzierung der Lagerkosten die Teams vor Ort „schwarze Lager" einrichten, um kurzfristig Reparaturaufträge erledigen zu können, oder sie sich neben ihren offiziellen von der Flughafenverwaltung angemieteten Werkstätten über die Jahre Lüftungsräume, Stauräume unter Rolltreppen und ehemalige Fahrzeugwärterräume aneignen, dann ist das für die Teams – und für das Gebäudemanagementunternehmen als Ganzes – funktional; für eine Außendarstellung gegenüber der Flughafenverwaltung als ihrem Hauptkunden, gegenüber Besuchern von Zulieferfirmen oder auch nur gegenüber dem eigenen Top-Management sind diese Praktiken eher weniger geeignet.

Öffentlichkeit scheint in Unternehmen, Verwaltungen, Universitäten oder Parteien fast automatisch zu einem organisationsinternen Zensurmechanismus zu führen. Sobald Nichtmitglieder in Form von Kunden, Kooperationspartnern oder Konkurrenten empfangen werden, zelebrieren die Mitarbeiter ihnen gegenüber ein vermeintlich reibungsloses Zusammenwirken innerhalb der Organisation. In Äußerungen gegenüber den Nichtmitgliedern wird von den Mitarbeitern den (vermeintlich) allseits geteilten Organisationswerten gehuldigt, sodass Beobachter auf Führungen, Präsentationen oder Workshops manchmal den Eindruck bekommen, an nahezu religiösen Veranstaltungen teilzunehmen.

Wenn sich die informalen Prozesse in der Organisation so wenig für die Außendarstellung eignen, welche andere Funktion könnte Informalität dann beim Management der Schauseite haben?

Die Durchsetzung der Schauseite über informale Erwartungen
Informalität mag sich wenig für die Außendarstellung eignen, sie spielt aber eine wichtige Rolle dabei, die Organisationsmitglieder auf eine einheitliche Außendarstellung einzuordnen. Sicherlich: Eine Organisation kann Minimalstandards für die Außendarstellung festlegen. McDonald's mag mit fehlender Bedienung an den Tischen, eher grellem Licht und unbequemen Stühlen in ihren Filialen das Ziel verfolgen, die Kunden nach dem Kaufakt möglichst schnell wieder loszuwerden. Die Mitarbeiter versucht man jedoch über einen Katalog von Verhaltensanforderungen zu einem freundlichen Auftreten gegenüber den Kunden zu zwingen. Mit Verweis auf die Mitgliedschaftsbedingungen wird den Mitarbeitern von einer verbindlichen Begrüßungsformel über vorgestanzte Reaktionen auf Beschwerden bis hin zu einer vorgeschriebenen Dankesformel am Ende des Kaufaktes ein freundliches Verhalten gegenüber den Kunden vorgeschrieben.

Diese Formalisierung von Darstellungsanforderungen bleibt jedoch, so die Beobachtung Niklas Luhmanns, an „relativ drastischen Fällen" und an „äußerlichen Aspekten des Verhaltens" – an Kleidung, Schmuck und Begrüßungsformeln – hängen. Die „feinere Sphäre", in der „glaubwürdige Darstellungen zustande kommen", wird dadurch nicht erreicht (Luhmann 1964, S. 121). Es lässt sich zwar anordnen, dass es in Anwesenheit von Kunden keine Streitereien zwischen *Mitgliedern* geben darf, aber es lässt sich kaum vermeiden, dass die Mitarbeiter auch bei Anwesenheit von Nichtmitgliedern subtil eine gegenseitige Abneigung zum Ausdruck bringen. Durchsetzen lässt sich auch, dass sich Mitglieder in der Außendarstellung zum *Zweck* der Organisation – sei es die Bekehrung von Ungläubigen, die Beschulung von Ungebildeten oder der Verkauf von Autos an Unmotorisierte – bekennen, aber es lässt sich kaum durchsetzen, dass sich die Organisationsmitglieder dabei auch noch „enthusiasmiert" zeigen. Es kann, so Luhmann, vorgeschrieben werden, dass „man seinem Vorgesetzten mit Achtung und Ehrerbietung zu begegnen" hat, aber es könne nicht verhindert werden, dass „ein Untergebener durch die Art, wie er dies tut, dem Vorgesetzten und etwaigen Zuschauern seine wirkliche Einstellung" gegenüber der *Hierarchie* der Organisation zu erkennen gibt (Luhmann 1964, S. 121).

Beim Aufbau und bei der Pflege ihrer Schauseite ist die Organisation deswegen auf informalen Druck gerade auch von Kollegen angewiesen. Bei der Außendarstellung wird jedes Organisationsmitglied „durch seine Kollegen auf der Bahn gehalten". „Für Abweichungen findet er keine Mitspieler", weil er durch offene Konflikte mit seinen Kollegen, durch abschätzige Bemerkungen über seine Organisation oder „durch Preisgabe abträglicher Informationen" die mühsam aufgebaute Selbstdarstellung der Kollegen gegenüber Außenstehenden untergräbt (Luhmann 1964, S. 122).

Je „delikater und empfindlicher die Darstellungsprobleme" sind, desto stärker, so Niklas Luhmann, müssen die als Mitgliedschaftsbedingungen formulierten formalisierten Verhaltenserwartungen zur Außendarstellung durch informale Erwartungen unter den Kollegen gestützt werden. Dass eine Fluggesellschaft sich als modern präsentiert oder ein Hospital hygienisch wirkt, möge noch auf dem „Wege der formalen Direktion erreicht werden". Dieser Weg versage aber bei „delikateren Problemen". Dass „eine Bank vertrauenswürdig", eine „Behörde rechtsbewusst" oder eine „Maklerfirma findig" erscheine, dazu sei ein „hohes Maß an taktvoller Zusammenarbeit an dem Gesamtbild erforderlich". Dieses könne zwar durch formale Erwartungen „vorgezeichnet", aber „nicht durch sie allein ins Werk gesetzt werden" (Luhmann 1964, S. 122).

Die Lösung: Dargestellte Informalität
Man darf jedoch nicht übersehen, dass Organisationen an Legitimität gewinnen, wenn ihre Außendarstellung wenig gekünstelt, wenig fabriziert wirkt. Die (vermeintlich) spontane Freundlichkeit eines Mitarbeiters im Kontakt mit einem Kunden kommt in der Regel besser an als der auf den ersten Blick antrainiert wirkende Diensteifer von Call-Center-Mitarbeitern. Das Zauberwort, mit dem Mitarbeiter – und neuerdings besonders auch Berater – in ihren Außenkontakten glänzen sollen, heißt „Authentizität".

Deswegen bauen Organisationen Fassaden auf, die vermeintlich tiefe Einblicke in die Organisationskultur – die geteilten Werthaltungen, die Einstellungen und informalen Praktiken der Mitarbeiter – bieten. Es werden dem Außenstehenden „Einsichten auch in problematische Felder", „authentische Schilderungen aus der Praxis" und „offene Berichte auch über Scheitern" versprochen.

Aber genau diese Außendarstellung wird intern intensiv vorbereitet. Es wird eingehend diskutiert, welche „problematischen Felder" wie dargestellt werden können und welche „problematischen Felder" man – bei aller Offenheit – gegenüber dem Besucher doch lieber verbergen will. Es wird sichergestellt, dass die „authentischen Schilderungen aus der Praxis" bei aller Authentizität einen guten Eindruck der Organisation vermitteln. Und es wird sichergestellt, dass die Berichte über das Scheitern am Ende doch immer ein „Happy End" haben.

Aber natürlich darf die Mühe beim Aufbau der präsentierten Organisationskultur nicht erkennbar sein. Schließlich sollen ja alle glauben, dass es sich um eher zufällige Einblicke in die „wirkliche Welt" der Organisation handelt. Es ist das Paradox beim Schauseitenmanagement von Organisationen, dass gerade die dargestellte Authentizität, Spontaneität und Natürlichkeit häufig die intensivste Vorbereitung braucht.

Was tun? Das Management der dreifachen Wirklichkeit von Organisationen
Je deutlicher die Diskrepanz zwischen „offizieller Wirklichkeit", der von den Mitgliedern zu „praktizierenden Wirklichkeit" und der faktisch „praktizierten Wirklichkeit" ist, desto lauter werden die zu vernehmenden Klagen. Es wird über die „Scheinheiligkeit" von Unternehmen geklagt, die sich zwar in Vielfarbprospekten zum Umweltschutz bekennen, aber nach wie vor Dreckschleudern in Betrieb halten. Es wird die „Heuchelei" verurteilt, mit der Gewerkschaften einerseits bei Unternehmen, Verwaltungen und Krankenhäusern auf Arbeitsplatzsicherheit und Lohnsteigerungen dringen, andererseits aber bei ihren eigenen Mitarbeitern häufig einen strikten Sparkurs auf deren Kosten durchsetzen. Es wird kritisiert, dass in vielen Unternehmen, Verwaltungen und Parteien zwischen der Speisekarte, der

servierten Speise und dem Geschmack der Speise doch ein zu deutlicher Unterschied bestehe.

Die Kritikrichtung ist klar: Die Manager von Unternehmen, Verwaltungen und Parteien haben gefälligst so zu handeln, wie sie reden. Visionen, Leitbilder, Werthaltungen und Programme müssen, so die dominierende Vorstellung, möglichst eng mit den formalen Entscheidungen – und darüber hinaus auch noch mit konkreten Praktiken – in den Organisationen gekoppelt sein. Dieses Mantra liegt jeder Parteikritik und jeder Unternehmenskritik zugrunde und eignet sich hervorragend als Grundprinzip für Zeitungskommentare. Mit einem „Die machen ja gar nicht, was sie sagen" hat man bei der Betrachtung von Organisationen erstens immer recht und zweitens kann man damit beim Publikum leicht Gutmensch–Punkte sammeln, weil es einen Metakonsens – oder eine Metascheinheiligkeit – dahin gehend zu geben scheint, dass zwischen Reden und Handeln keine Differenz bestehen sollte (Brunsson 2003, S. 210 ff.).

So unter Druck gesetzt, lässt sich gerade das Spitzenpersonal von Organisationen manchmal zu lautstarken Bekenntnissen zur Authentizität hinreißen. „Man muss sagen, was man denkt", so der ehemalige Vorstandsvorsitzende der Deutschen Bank Alfred Herrhausen, und „tun, was man sagt". Wir machen „Business", so der Tenor, und kein „Show Business". Aber allein der Bekenntnischarakter dieser Aussage mag den Beobachter misstrauisch machen. Zu offensichtlich ist, dass hier eine Äußerung instrumentell eingesetzt wird, um Vertrauen aufzubauen. Sie kann dann lediglich als weiterer Baustein bei der Ausschmückung der Organisationsfassade wahrgenommen werden.

Wie wird auf Risse in der Fassade reagiert? Das verstärkte Bekenntnis zu Werten

Organisationen betreiben regelmäßig „Darstellungshygiene". Jedes Jahr lassen Organisationen in Zügen ihren in Tiefdruck produzierten Bericht auslegen, um über ihren Einsatz für den Umweltschutz Auskunft zu geben. Sie geben viel Geld dafür aus, alle drei Jahre ihre Bemühungen um die Gleichstellung von Männern und Frauen, von Behinderten und Nichtbehinderten sowie von In- und Ausländern zertifizieren zu lassen, um bei den Ranglisten der Massenmedien für „Diversity-Management" besonders gut abzuschneiden.

Aber trotz dieser Darstellungshygiene bekommt die Fassade einer Organisation leicht Risse. Solche Legitimationskrisen führen dazu, dass sich die Organisation verstärkt zu einschlägig moralischen Werten bekennen muss. Wenn Massenmedien darüber berichten, dass Kinder in katholischen Einrichtungen regelmäßig körperlich misshandelt wurden, dann muss der wegen des Schlagens von Kindern öffentlich angeprangerte Bischof sich dazu bekennen, dass er

„Gewalt zwischen Menschen grundsätzlich ablehnt" und dass er „als Mensch und als Christ fest überzeugt ist", dass jeder Mensch so behandelt werden muss, wie man selbst behandelt werden möchte.

Mit der Schärfe der Kritik von außen scheinen häufig auch die Wertbekenntnisse lauter zu werden. Man kann hier schon fast mit einem Suchschema arbeiten. Je entschiedener eine Organisation sich in der Öffentlichkeit zu Umweltschutz, Menschenrechten, Geschlechtergleichstellung oder Profitabilität bekennt, desto größer scheinen ihre Schwierigkeiten zu sein, ihren eigenen Ansprüchen gerecht zu werden. Je besser die Manieren, so der Schriftsteller Martin Walser (1996, S. 56), desto schlimmer scheint das zu sein, was sie zudecken.

Der Ökonom und Organisationsforscher Nils Brunsson (2003) bezeichnet diesen Mechanismus als „umgekehrte Kopplung". „Offizielle Wirklichkeit" und „praktizierte Wirklichkeit" seien, so Brunsson, häufig nicht nur voneinander entkoppelt, sondern stünden geradezu in einem umgekehrten Verhältnis zueinander. Die Probleme, die man damit hat, Werten wie Umweltschutz, Menschenrechten oder Effizienz gerecht zu werden, würden fast automatisch zu einem verstärkten Bekenntnis zu genau diesen Werten führen. Je höher die Staatsverschuldung, desto lauter sei das Bekenntnis der Politiker, dass es nicht angehe, unseren Kindern Schulden zu hinterlassen, für die sie nicht mehr aufkommen könnten.

Aber es gibt ein Problem mit diesen Wertbekenntnissen: Sie sind billig (Meyer 1979, S. 494).

Wie lässt sich durch die Veränderung von Formalstrukturen Legitimität produzieren?
Organisationen in Legitimationskrisen sind deshalb häufig darauf angewiesen, Veränderungen ihrer Strukturen vorzunehmen. Gerade die hohen Kosten für solche Strukturänderungen sollen dann als Zeichen dafür gedeutet werden, dass die Organisation ernsthaften Änderungswillen zeigt. In der Wirtschaftswissenschaft werden solche kostspieligen Strukturänderungen als „signaling" – als Aussenden von Signalen zur Legitimationsproduktion – bezeichnet (Spence 1974). Dabei gibt es für Organisationen verschiedene Ansatzpunkte.

Ihre *Zwecke* ändern Organisationen häufig nur bei starkem Legitimationsdruck. Dabei sind radikale Zweckwandel eher die Ausnahme. Es kommt eher selten vor, dass nach einer Umweltkatastrophe mit mehreren tausend Toten ein Chemiekonzern zu einer Umweltschutzgruppe mutiert. Die Regel sind vielmehr Modifikationen der bestehenden Zwecksetzung. Der Chemiekonzern will sich künftig auch daran messen lassen, wie viel Prozent des Umsatzes er in den Umweltschutz investiert.

Eine gängige Methode besteht darin, die Mittel zu variieren, mit denen die Organisation ihre Ziele zu erreichen versucht. Durch die Organisationsforschung ist gut nachgewiesen, dass Organisationen, die unter Legitimationsdruck stehen, am ehesten dazu neigen, neue Programme auszuprobieren. Die Einführung von japanischen Produktionsmethoden wie der Rationalisierungsmethode Lean Management, der Qualitätsmethode Kaizen oder des Logistikkonzepts Kanban lässt sich am stärksten bei Firmen nachweisen, die ökonomisch unter Druck stehen und deshalb ihren Aktionären Aktivität signalisieren müssen (siehe Überblick bei Strange und Soul 1998, S. 274).

Die *Hierarchie* der Organisation ist ein weiterer Ansatzpunkt, um die Legitimation zu erhöhen, weil mit deren Umbau auch eine Veränderung von Prioritäten zum Ausdruck gebracht werden kann. Häufig wird auf Legitimitätskrisen damit reagiert, dass einzelne Einheiten hierarchisch höher angesiedelt werden, um dadurch zu zeigen, dass das Spitzenmanagement sich ab jetzt des Problems selbst annehmen wird. So kann man beobachten, dass von größeren Korruptionsaffären betroffene Unternehmen die Abteilungen für Compliance – für regelkonformes Verhalten – an höhere Hierarchieebenen berichten lassen als vorher, auch um nach außen zu signalisieren, dass man aus Verfehlungen zu lernen bereit ist.

Eine weitere Reflexreaktion von Organisationen auf fundamentale Legitimitätskrisen ist die Veränderung der *Mitgliedschaft*. Negative Vorkommnisse werden – genauso wie positive Vorkommnisse – insbesondere in der Darstellungsweise der Massenmedien häufig an Personen gebunden, weil darüber die Geschichten besonders eindrucksvoll erzählt werden können. Weil jedoch Organisationen – anders als beispielsweise Königsfamilien oder Popbands – dazu in der Lage sind, ihr Personal auszuwechseln, bietet sich die möglichst öffentlich zelebrierte Trennung von bestimmten Personen an, um Legitimität zurückzugewinnen und die Organisation wieder in ruhigeres Fahrwasser zu bekommen. In dieser Reaktionsweise unterscheiden sich Parteien, Unternehmen und staatliche Institutionen nicht grundlegend von Fußballvereinen, die in Krisenzeiten Trainer nicht deswegen auswechseln, weil man von einem anderen Trainer eine bessere Arbeit erwartet, sondern weil das Auswechseln des Führungspersonals die einzige Möglichkeit ist, Vertrauen bei Fans, Spielern und Medien zurückzugewinnen.

Es ist nachvollziehbar, dass Organisationen in Zeiten von Legitimitätskrisen zu Personalwechsel neigen, weil das massenmedial begleitete Auswechseln einer Top-Führungskraft eine viel bessere Methode zur Pflege der Außendarstellung einer Organisation ist als etwa die wiederholte Zelebrierung der Familie als „Keimzelle der Gesellschaft" in einem Parteiprogramm, die Veröffentlichung eines neuen Anti-Korruptions-Leitbildes auf einer Bank-Website oder die Formulierung von Richtlinien zur Kooperation zwischen Vorstand und Betriebsrat in einem Unternehmen. Eine der effizientesten Formen organisierter Heuchelei ist es immer noch, über die öffentliche Demontage einer Führungskraft Besserung zu geloben.

Fazit

Organisationen werden nicht auf eine lose Kopplung zwischen „offizieller Wirklichkeit", der von den Mitgliedern zu „praktizierenden Wirklichkeit" und der faktisch „praktizierten Wirklichkeit", also zwischen „talk", „decision" und „action", verzichten können. Erst durch diese Entkopplung gewinnen sie die Möglichkeit, ihre auf Legitimation ausgerichtete Schauseite stabil zu halten und gleichzeitig in ihren alltäglichen Aktionen auf aktuelle Erfordernisse reagieren zu können – oder umgekehrt in Legitimationskrisen ihre Schauseite neu herrichten zu können, ohne intern alles ändern zu müssen.

Aber das Verhältnis zwischen „symbolischer Oberflächenstruktur", „Formalstruktur" und „operativer Tiefenstruktur" kann nicht völlig entkoppelt werden. Wenn ein Konzern wie Siemens unter großer medialer Aufmerksamkeit einen Korruptionsbeauftragten ernennt, dann können die bewährten, ökonomisch gut begründbaren Bestechungspraktiken nicht auf die gleiche Art und Weise fortgeführt werden.

Das Management der dreifachen Wirklichkeit von Organisationen besteht also nicht nur darin, die Entkopplung von „offizieller Wirklichkeit", der von den Mitgliedern zu „praktizierenden Wirklichkeit" und faktisch „praktizierter Wirklichkeit" zu regeln, um für die Organisation Flexibilitätsvorteile zu erlangen, sondern auch darin, zu eruieren, wie viel Entkopplung sich eine Organisation leisten kann und will. Dabei kann es Phasen geben, in denen – beispielsweise bei sehr heterogenen Erwartungen an die Organisation oder bei starken internen Konflikten – die Schauseite der Organisation sehr wenig mit der alltäglichen Realität in der Organisation zu tun hat. In anderen Phasen, beispielsweise bei starken Legitimationskrisen, kann es nötig sein, die Schauseite enger an die alltäglichen Prozesse in der Organisation anzupassen, auch wenn dies für die Organisation einen Verlust an Flexibilität bedeutet.

Insofern wäre man naiv, wenn man allein im Außenbild einer Organisation „das Wesen der Dinge" sähe; aber auch dann, wenn man bei jeder Entscheidung der Organisation stets die Absicht wittert, das tragende Motiv sei ausschließlich die Aufpolierung der Schauseite, würde man lediglich ein einer Karikatur ähnelndes Bild der Organisation erhalten (Luhmann 1964, S. 116). Erst wenn sowohl die Außenseite – mit all ihrer Funktionalität für die Organisation – als auch die formale Seite und darüber hinaus die informale Seite der Organisation erfasst wird, kann man nicht nur den Grad der Entkopplung erahnen, sondern erhält auch einen realistischen Eindruck von der Organisation an sich.

3.4 Jenseits der Metapher vom Eisberg – Zu Möglichkeiten und Grenzen der Kommunikation über Organisationen

Der Eisberg – diese Metapher wird in der Organisationsforschung genutzt, um deutlich zu machen, dass vieles in der Organisation im Verborgenen liegt: Nur die Spitze des Eisbergs – die formale Seite – ist für die Beobachter sichtbar, und häufig werden deren Blicke auch nur auf seine von der Sonne beschienenen Teile – die Schauseite – gelenkt. Der weitaus größere Teil des Eisberges – die Einstellungen und Haltungen der Mitarbeiter, die alltäglich genutzten Abkürzungen und die informalen Praktiken – liegen unter der Wasseroberfläche und sind deshalb für die Beobachter kaum zu erkennen.

Die Faszination, die von der Metapher des Eisbergs ausgeht, ist verständlich. Wegen der unterschiedlichen Dichte von Eis und Seewasser liegt nur ungefähr ein Neuntel des Volumens eines Eisberges über der Wasseroberfläche; der überwiegende Teil ist für die Beobachter verborgen. Weil die unter der Oberfläche liegenden Teile wuchtige Ausläufer haben können, die mit technischen Hilfsmitteln kaum zu orten sind, stellen Eisberge aufgrund dieser Unberechenbarkeit eine große Bedrohung dar.

Der Fokus auf die Spitze des Eisbergs – Der Traum von der optimalen Organisationsstruktur
Mit dem Bild des Eisbergs wird suggeriert, dass es eine Tendenz gibt, nur die über der Oberfläche liegenden Strukturen von Organisationen wahrzunehmen. Diese Strukturen sind für Beobachter besonders leicht zu erfassen, weil sie in offiziell zugänglichen Regelwerken, in Organigrammen und Stellenbeschreibungen niedergelegt sind oder wie die Websites, Leitbilder oder Broschüren extra für die leichte Beobachtung von außen konzipiert wurden.

Man ahnt, dass vieles unter der Oberfläche liegt, und versucht – wenn es denn technisch machbar ist –, den ganzen Eisberg an die Wasseroberfläche zu zerren, um ihn systematisch zu vermessen, zu analysieren und auszubessern. Aufgedeckte Streitereien zwischen Profitcentern über Ressourcen, Kompetenzauseinandersetzungen zwischen Abteilungen und die Klage über Bereichsegoismen in Unternehmen werden so zum Anlass genommen, neue, „reibungslosere" Formen der Kooperation einzufordern. Oder der Zweckkonflikt in einer Organisation ist der Beweggrund, um eine Aufsplitterung in zwei Organisationen mit jeweils einem einzigen klar definierten Zweck zu fordern.

Das Alltägliche, die häufig zähe und für viele Mitarbeiter frustrierende Zusammenarbeit, die dem Beobachter verborgen bleibt, weil sich dies unterhalb der Oberfläche abspielt, lässt sich leicht mit dem „schöneren Bild" einer stromlinienförmigen und widerspruchsfreien Organisation kontrastieren. Die von Unternehmen, Beratungsfirmen und manchmal auch Wissenschaftlern produzierten Organisationsleitbilder – ob sie nun Lean Management, Fraktales Unternehmen oder Lernende Organisation heißen – stellen dabei die Farbelemente auf der Palette dar, mit denen sich jede Organisation ein mehr oder minder spezifisches Bild der verlockenden Zukunft malen kann.

Diese Kontrastierung von komplexer Realität (der Eisberg unterhalb der Oberfläche) und attraktiver Zukunftsvision (das Sichtbarmachen des ganzen Eisberges) – hat zweifellos ihren Charme. Weil Masterpläne, Visionen und Sollzustände attraktiver, einfacher und einleuchtender wirken als die als chaotisch wahrgenommene Realität, kann man damit „Energie für Veränderung" entwickeln. Sie sind in „ihren guten Absichten nur schwer zu widerlegen", weil der „Härtetest ihrer Vorhaben" noch aussteht, und daher haben sie eine eigene Form von Attraktivität (Luhmann 2000, S. 338).

Aber in der Umsetzung verlieren sie ihre Attraktivität. Je konkreter ein Masterplan in die Realität umgesetzt wird, desto klarer wird, dass dieses Konzept ähnliche Widersprüchlichkeiten birgt wie alle anderen vorher bekannten Organisationskonzepte auch. Je stärker das Soll-Ziel in einer Organisation umgesetzt wird, desto deutlicher werden die Brüche in der Zielvorstellung. Je intensiver Leitvorstellungen von Lean Management und Business Process Reengineering umgesetzt werden, desto deutlicher wird ihr jeweiliger blinder Fleck.

Die „Prozessherren" in den Organisationen, die beteiligten Berater und die begleitenden Wissenschaftler mögen sich gegen das Brüchigwerden der Masterpläne stemmen. Das Nichterreichen des ästhetischen Idealbildes wird mit Fehlern des Personals erklärt – mit widerständigem Verhalten von Mitarbeitern, mit der Uneinsichtigkeit des mittleren Managements oder der Unfähigkeit eines bestimmten Beraters. Der Plan ist gut, so das Motto, nur leider sind die Menschen noch nicht weit genug. Mit dieser Zurechnung von Problemen auf einzelne Personen lässt sich ein Masterplan noch eine Zeit lang aufrechterhalten. Aber letztlich ändert dies nichts an dem Grundproblem. „Je planmäßiger die Menschen vorgehen", so ein in der Managementwelt beliebter Spruch, „umso wirksamer trifft sie der Zufall". Organisationen passen sich permanent an veränderte Umweltbedingungen an, aber „leider" eher selten so, wie es die Organisationsspitze gerne möchte (Luhmann 2000, S. 346 ff.). Der Eisberg, den man mühsam an die Wasseroberfläche gebracht hat, rutscht – so die Erfahrung – sehr schnell wieder unter die Oberfläche.

Wenn es ein so vergebliches Unterfangen ist, den ganzen Eisberg an die Oberfläche zu bringen – also alle Strukturen in einer Organisation zu formalisieren
–, welche anderen Möglichkeiten des Umgangs mit den Unzulänglichkeiten der
Unternehmensrealität gibt es sonst noch?

**Unterhalb der Oberfläche – Qualitätskriterien für die Analyse von
Organisationen**

Mit der Verwendung der Metapher vom Eisberg kann man nun signalisieren, dass
man den auf Websites, in Imagebroschüren und in PowerPoint-Präsentationen
dargestellten Organisationsbeschreibungen nicht ohne Weiteres glaubt. Man
bringt damit zum Ausdruck, dass man sich sehr wohl dessen bewusst ist, dass
neben der Welt der bunten Organisationsleitbilder (mit ihren Bekenntnissen zu
Kundenzufriedenheit, Integrität und Kollegialität) und jenseits der Verfahrens-
und Prozesshandbücher noch eine „weitere Realität" der Organisation existiert.

Das Problem bei der Verwendung der Eisberg-Metapher ist jedoch, dass sie
Manager, Berater und Wissenschaftler häufig dazu verleitet, sich gerade *nicht* im
Detail mit dem zu beschäftigen, was unterhalb der Wasseroberfläche liegt. Vor
einem rasant an das Flipchart geworfenen Bild eines Eisberges wird abstrakt von
Vertrauensbeziehungen, Machtprozessen und Verständigungsformen gesprochen,
die die Organisation bestimmen, ohne dass man sich in der Regel die Mühe
macht, genau zu analysieren, wie diese im Einzelnen ablaufen. Es wird allgemein
von Haltungen, Ritualen und Tabus geredet, die für eine Organisation wichtig
sind, man tut sich aber schwer, diese konkret zu benennen.

Bei der Risikoeinschätzung eines Infrastrukturprojektes im Nahen Osten wird
pauschal auf die „arabische Stammeskultur" als mögliches Investitionshindernis
verwiesen oder das Scheitern eines Investitionsvorhabens in Rumänien wird mit
der Kurzformel einer dort noch herrschenden „staatssozialistischen Mentalität"
erklärt. Wie genau diese „arabische Stammeskultur" oder „staatssozialistische
Mentalität" im „Unterleben" eines Unternehmens, einer Verwaltung oder eines
Ministeriums wirkt, wird nicht gezeigt. Mit den Kurzformeln wird angedeutet,
dass es noch etwas anderes gibt, aber man macht sich nicht die Mühe herauszufinden, wie diese Mechanismen genau funktionieren. Bei der Nutzung der
Metapher des Eisberges bleiben die Teile, die unter der Wasseroberfläche liegen,
häufig völlig konturlos.

Das Kriterium für eine genaue Analyse einer Organisation ist der Grad der
Präzision, mit dem die Strukturen unterhalb der Oberfläche beschrieben werden
können. Um nur – mit Rückgriff auf die Überlegungen zu Mitgliedschaft, Zwecken
und Hierarchien – einige Fragen zu nennen: Wie spielen – jenseits der Lippenbekenntnisse der Mitglieder – die unterschiedlichen Motive für Mitgliedschaft

(Geld, Zwang, Zweckidentifikation, Handlungsattraktivität und Kollegialität) zusammen? Wie wirken sich Zweckkonflikte in Organisationen aus, wie werden Zwecke – häufig unbemerkt – gewechselt, und in welcher Form werden Zwecke nachträglich „erfunden", um Handlungen zu rechtfertigen? Wie laufen die Machtprozesse jenseits der formalen Hierarchie ab, wie werden Kontakte zur Umwelt, Expertenwissen oder die Kontrolle informaler Kommunikationswege als Machttrümpfe eingesetzt?

Die Herausforderung besteht darin, nicht nur die Strukturen unterhalb der Oberfläche zu begreifen, sondern zu erkennen, wie diese mit den Strukturen des Eisbergs oberhalb des Wassers zusammenhängen. Welche Mitgliedschaftsmotive können über formale Entscheidungen des Managements „befriedigt" werden, wie lassen sich diese auf der Schauseite der Organisation darstellen, und wie greifen diese mit den eher im „Unterleben" produzierten Motiven der Mitglieder ineinander? Welche Zwecke eignen sich für die Präsentation gegenüber der Umwelt, wie lassen sie sich in formale Erwartungen gegenüber den Mitgliedern umsetzen und welche nur schwer nach außen zu kommunizierenden Nebenzwecke bilden sich zusätzlich aus? Wie greifen im Zusammenspiel der verschiedenen Hierarchieebenen die Überwachung von Untergebenen und die Unterwachung von Vorgesetzten ineinander und welche Rolle spielt die Darstellbarkeit gegenüber Nichtmitgliedern dabei?

Erst wenn es gelingt, solche Fragen zu beantworten, kann man – und hier ist das Bild des Eisberges stimmig – begreifen, wie ein Unternehmen, eine Verwaltung, ein Krankenhaus, ein Verein oder eine Universität funktioniert. Erst wenn man versteht, wie die Schauseite, die formale Seite und die informale Seite ineinandergreifen, erfasst man nicht nur einzelne Aspekte einer Organisation, sondern bekommt einen Gesamteindruck.

Aber was fängt man mit diesen Beobachtungen an? In welcher Form kann man sie auch innerhalb der Organisation verwenden?

An die Oberfläche – Zur Kommunizierbarkeit des Beobachteten
Die Verlockung ist groß, gerade die sich unterhalb der Oberfläche befindlichen Strukturen einer Organisation zu kommunizieren. „Ich sehe was, was Du nicht siehst", mag begeistert die gerade neu eingestellte Mitarbeiterin, der engagierte Berater oder die aufmerksam beobachtende Wissenschaftlerin rufen und stolz verkünden, was sich unterhalb der Spitze des Eisbergs – der Formalstruktur und der Schauseite der Organisation – mithilfe der Organisationsforschung so alles beobachten lässt.

Aber wer als neue Mitarbeiterin, Berater oder Wissenschaftlerin den Aufforderungen folgt, „Probleme offen zu benennen", den „Finger in die Wunde zu legen" und auch „sensible Themen anzusprechen", bekommt es schnell mit den Immunisierungstendenzen der Organisation zu tun. Die organisations-theoretisch geschulte Mitarbeiterin, die behauptet, dass der Erfolg eines Berg-bauunternehmens nicht vorrangig von dessen Profitabilität abhängt, sondern von der Legitimation des Unternehmens in der Landespolitik, muss darauf ein-gestellt sein, dass der Geschäftsführer den „psychiatrischen Dienst seiner Firma für zuständig hält" (Luhmann 1989, S. 223). Die Professorin, die herausarbeitet, dass das durch eine Vielzahl von Reformwellen geschaffene „Planungsmonster" Universität nur noch gebändigt werden kann, weil der Lehrkörper im All-tag permanent gegen die Vielzahl von häufig auch widersprüchlichen formalen Regeln verstößt, muss darauf eingestellt sein, dass diese Beschreibung von der für die Reform verantwortlichen Bildungsministerin entrüstet zurückgewiesen wird.

Diese Nichtansprechbarkeit von Strukturen, die unterhalb der Oberfläche liegen, wird in der Organisationsforschung als „Kommunikationslatenz" bezeichnet. Auch wenn Manager ihre Mitarbeiter zu einem „offenen Wort" auf-fordern oder die Schilderung „wirklicher Motive" eingefordert wird, wird häufig genau das Gegenteil erwartet – nämlich ein hohes Maß an Bereitschaft, diese „Kommunikationslatenz" sorgfältig zu pflegen (Luhmann 1984, S. 459). Man mag die eine oder andere regelmäßige Regelverletzung im kleinen Kreis von Kollegen andeuten und beim Mittagessen dem Berater vertraulich schildern, wie die „wirklichen Machtverhältnisse" jenseits der offiziellen Hierarchie in einem Unternehmen sind, aber wehe man bringt diese Informationen in einem Akten-vermerk, in einer internen Konferenz mit „obersten Bossen" oder gar in einer öffentlichen Stellungnahme an. Schnell wird man durch eine hochgezogene Augenbraue, die entrüsteten Äußerungen aller anderen Teilnehmer oder dadurch, dass man unversehens auf der Hinterbühne zusammengestaucht wird, darauf hin-gewiesen, was ansprechbar ist und was nicht.

Diese „Kommunikationslatenz" ist – das darf nicht übersehen werden – für Organisationen funktional. Genauso wie junge Ehen darauf angewiesen sind, dass einige Themen unter der Oberfläche gehalten werden, um die gemeinsame „Konsensfiktion" aufrechtzuerhalten, und in Cliquen zur Erhaltung der Stabilität nicht die Schwächen jedes Mitglieds offen angesprochen werden können, kann – allen Forderungen der Managementliteratur nach mehr Kommunikation zum Trotz – auch in einer Organisation vieles nicht offen angesprochen werden. Die Gefahr der Konflikteskalation und des Verlustes von Legitimation wäre zu groß.

Für Mitarbeiter, Berater und Wissenschaftler besteht die Kunst darin, zu spüren, wo, wann und wie dieses „Schweigegelübde" (auf-)gebrochen werden kann. Mitarbeiter können „Möglichkeitsfenster" nutzen, um auch kritische Aspekte der Organisation zur Sprache zu bringen. Berater können es als ihren

Auftrag verstehen, „Tabus" der Organisation aufzudecken und können – unter dem Risiko der Entfernung aus der Organisation – Interventionen entwickeln, die die Organisation in die Lage versetzen, mit diesen Beobachtungen etwas anfangen zu können. Wissenschaftler, die das Privileg haben, dass ihre Hauptadressaten nicht die von ihnen beforschten Organisationen, sondern ihre ebenfalls forschenden Kollegen sind, können sich überlegen, in welchen homöopathischen Dosierungen sie ihre Erkenntnisse zurückspiegeln können. Auch wenn es nie möglich sein wird, alle Strukturen des Eisberges zugänglich zu machen, kann es vielleicht die eine oder andere geschickt eingespielte Aufklärung über Auswölbungen unterhalb der Oberfläche sein, die die Kollision des Eisbergs mit einem Schiff verhindert.

4

Gesellschaft der Organisationen, organisierte Gesellschaft, Organisationsgesellschaft. Weswegen Organisationen nicht alles sind

„Organisationsgesellschaft" (Presthus 1962), „organisierte Gesellschaft" (Gross 1973) oder „Gesellschaft der Organisationen" (Drucker 1942) – es mangelt nicht an Diagnosen, in denen Organisationen als das herausragende Merkmal der modernen Gesellschaft dargestellt werden. Unter dem Eindruck der flächendeckenden Durchsetzung von Organisationen wie Unternehmen, Verwaltungen, Krankenhäusern, Universitäten, Schulen, Ministerien oder Parteien in allen Ländern der Welt hat es im zwanzigsten Jahrhundert immer mehr Versuche gegeben, die moderne Gesellschaft von ihren Organisationen her zu erklären.

Was verbirgt sich hinter diesen Diagnosen von der „Organisationsgesellschaft", der „organisierten Gesellschaft" oder der „Gesellschaft der Organisationen"? Wo sind die Grenzen solcher Beschreibungen von Gesellschaften als Organisationsgesellschaften?

4.1 Die Betonung der Wichtigkeit von Organisationen durch die Ausrufung einer Organisationsgesellschaft

Auf den ersten Blick haben die Zeitdiagnostiker, die die „Organisationsgesellschaft", die „organisierte Gesellschaft" oder die „Gesellschaft der Organisationen" ausrufen, einen wichtigen Punkt getroffen. Benzinbetriebene Fortbewegungsmittel, Fußball oder AIDS – bei vielem, was in den letzten Jahrhunderten entstanden ist, hätten, so die Suggestion der Gesellschaftsdiagnosen, Organisationen in der Form von Unternehmen, Verwaltungen, Vereinen, Armeen oder Krankenhäusern eine zentrale Rolle gespielt. Ohne die Fließbandproduktion der großen Automobilkonzerne hätten Fahrzeuge nicht so kostengünstig

© Springer Fachmedien Wiesbaden GmbH, ein Teil von Springer Nature 2020
S. Kühl, *Organisationen*, https://doi.org/10.1007/978-3-658-29832-6_4

produziert werden können und wären nie zu einem Massenfortbewegungs-
mittel geworden. Einen Ball könnte man auch mit ein paar Bekannten hin- und
her kicken, aber schon das Bestreben, sich mit anderen zu vergleichen, verlangt
(eine) Organisation. AIDS wird zwar nicht durch Organisationen übertragen –
aber die schnelle weltweite Verbreitung dieser Krankheit wäre ohne die durch
Organisationen geschaffenen Kontakt- und Mobilitätsmöglichkeiten kaum vorstellbar gewesen. Und vermutlich wüssten wir kaum über AIDS Bescheid, wenn
es nicht Gesundheitsministerien, Forschungsinstitute und Krankenversicherungen
geben würde.

Mit den Diagnosen von der „Organisationsgesellschaft", der „organisierten
Gesellschaft" oder der „Gesellschaft der Organisationen" scheinen drei Aussagen
kombiniert zu werden – nämlich, dass erstens der Übergang von der vormodernen
zur modernen Gesellschaft vorrangig durch die Ausbildung von Organisationen
erklärt werden muss, dass zweitens alle Felder der modernen Gesellschaft durch
Organisationen geprägt werden und dass drittens die sozialen Beziehungen durch
Organisationen dominiert werden.

Ein durch Organisationen verursachter Epochenbruch
Mit den sich auf Organisationen fokussierenden Gesellschaftsdiagnosen wird
in der *zeitlichen Dimension* ein Epochenbruch beschrieben. Der Übergang zur
modernen Gesellschaft im 17. und 18. Jahrhundert wird dabei zentral mit der
Ausbildung von Unternehmen, Verwaltungen, Armeen und Universitäten in Verbindung gebracht. Die Entstehung einer hierarchisch strukturierten, funktionalen
Arbeitsteilung, die Legitimation dieser Hierarchie aufgrund der „Schaffung
gesatzter Ordnungen", die Orientierung der Arbeit an Regeln, die unabhängig
von der Person feststehen und ohne Ansehen von Personen angewandt werden,
die Trennung von Arbeitsplatz und Familie sowie von Arbeitsmitteln und Eigentum – all diese unmittelbar mit Organisationen verbundenen Merkmale werden
als die zentralen Charakteristika der modernen Gesellschaft angesehen (Weber
1976, S. 125 ff.).

Letztlich wird ein zentraler Umbruch in der Moderne – die Befreiung der
Menschen aus häufig schon bei Geburt festgelegten und bis zum Lebensende
geltenden Zugehörigkeiten zu Herren, Zünften oder Klöstern – genutzt, um
die gesamte Gesellschaft in Bezug auf diesen Umbruch zu beschreiben. Durch
die Aufhebung der Zwangsmitgliedschaften kann der Mensch – bei allen Einschränkungen – selbst entscheiden, in *welcher* Organisation er Mitglied werden
will. Die Organisation wiederum gewinnt dadurch die Freiheit, die Mitgliedschaft unter Bedingungen zu stellen, weil die Personen nicht mehr wie in
Zünften oder Klöstern lebenslang gebunden werden müssen. Diese „doppelte

Freiheit" – einerseits der Mitglieder, ihre Organisation zu wählen, und andererseits der Organisationen, ihre Mitglieder auszuwählen – ist, so die Suggestion der Gesellschaftsdiagnosen, nicht nur die notwendige Voraussetzung für die Entstehung von Organisationen, sondern auch die Grundlage für die Entstehung einer ganz neuen, sich vorrangig auf Organisationen stützenden Gesellschaftsformation.

Die Erfassung aller Bereiche der modernen Gesellschaft

Mit den Begriffen der „Organisationsgesellschaft", der „organisierten Gesellschaft" und der „Gesellschaft der Organisationen" wird in der *Sachdimension* zum Ausdruck gebracht, dass jeder Aspekt modernen Lebens durch Organisationen erfasst wird. Wir können uns Wirtschaft nicht mehr ohne Unternehmen vorstellen. Eine Erziehung ohne Schulen und Hochschulen scheint uns ebenso unvorstellbar wie eine Wissenschaft, die nicht auf Universitäten und außeruniversitäre Institute zur Finanzierung und Koordination von Forschungsanstrengungen zurückgreifen kann. Politik ohne Parteien scheint uns schwer vorstellbar und bei der Durchsetzung der Politik scheint uns die Existenz von Ministerien, Verwaltungen, Armeen, Polizeien und Gefängnissen so selbstverständlich, dass uns politische Theorien wie der Anarchismus irritieren, die meinen, dass man darauf verzichten könnte. Medizinische Behandlung findet zwar nicht nur in Krankenhäusern statt, aber auch die Arztpraxen – seien sie auch noch so klein – werden von Verbänden, Krankenkassen oder medizinischen Diensten wie Organisationen behandelt.

Nur in wenigen Feldern der modernen Gesellschaft fallen Organisationen nicht sofort ins Auge. In der Kunst findet die Leistungserbringung durch Schriftsteller, Bildhauer und Komponisten häufig in der Einsamkeit der Schreibstube, des Ateliers und des Musizierzimmers statt. Doch beim zweiten Blick stellt man fest, dass die Verbreitung der Produkte in der Form von Museen, Galerien, Verlagen, Theatern oder Opernhäusern stattfindet (Schimank 2001, S. 29 f.). Sport kann in der Einsamkeit des Läufers, im spontanen Zusammenfinden zum Basketballspielen auf dem Freiplatz oder in der Freiluftgymnastik bestehen, aber spätestens wenn es um die Veranstaltung von Wettbewerben geht, kommen Organisationen wie Sportvereine, Dachverbände und Organisationskomitees ins Spiel. Religion ist auch auf der Basis spontaner Zusammenkünfte vorstellbar – Stichwort „Wo zwei oder drei versammelt sind, da ist Jesus in ihrer Mitte" –, aber gerade die großen monotheistischen Religionen des Judentums, des Islam und des Christentums scheinen auf die Bildung von Organisationen nicht verzichten zu können.

Die komplette Erfassung aller Personen

Das Verhältnis von Personen untereinander wird, so die mit der zu dis-
kutierenden Diagnose verbundene Annahme, maßgeblich durch Organisationen
geprägt. Durch die Bündelung von Ressourcen in Organisationen bieten sich
den Menschen ganz neue Möglichkeiten zur Lebensbewältigung. Den Flug zum
Mond hätte es, so die Diagnose, ohne Organisationen ebenso wenig gegeben
wie die Möglichkeit, per Handy mit China oder Australien zu telefonieren oder
in Europa oder Asien südamerikanische Bananen zu essen (Simon 2007, S. 10).
Erst durch die Bildung von eigenständigen Organisationen konnten Personen
ihre Ressourcen so zusammenlegen, dass sie bis dato kaum vorstellbare Zwecke
erreichen konnten (Coleman 1974).

Gleichzeitig aber würden die Beziehungen der Menschen zueinander immer
stärker durch die Logiken von Organisationen bedroht. Der Mensch werde,
so die Diagnose, durch Organisationen zunehmend in ein „Gehäuse der Hörigkeit" eingeschlossen (Schluchter 1985, S. 9). Die Anpassungserwartungen der
Organisationen an die Mitglieder würden so dominant, dass der Mensch sich
nicht nur in seinen Tätigkeiten in Unternehmen, Verwaltungen, Universitäten und
Verbänden, sondern auch in seinen Rollen als Freund, Ehepartner oder Kirchen-
mitglied immer mehr als regelfanatischer „bürokratischer Virtuose" (Merton
1995, S. 147) gebärde. Durch die Dominanz von Organisationen komme es, so
beispielsweise der Sozialforscher George Ritzer, zu einer „McDonaldisierung"
der Gesellschaft. Genauso wie die US-amerikanische Burgerkette über „eine
begrenzte Speisekarte", „wenig Auswahlmöglichkeiten" und „unbequeme Stühle"
ihre Kunden veranlasse, genau das zu tun, was die Firma wünscht, würden auch
andere auf Effizienz, Kalkulierbarkeit, Voraussagbarkeit und Kontrolle ausgerichtete Organisationen das Verhalten von Menschen in der modernen Welt
prägen (Ritzer 1997, S. 30).

Im Kontakt mit sich weltweit durchsetzenden formalen Organisationen
werden, so die pessimistische Gesellschaftsdiagnose, die Mitglieder und Kunden
von Organisationen der „Apparatur" immer ähnlicher gemacht (Adorno 1990).
Der entstehende „Organization Man" (Whyte 1956) sei dabei nicht so sehr das
Ergebnis von Zwang, Druck und Kontrolle durch die Organisation, sondern ent-
stehe, weil Menschen über Modelle des Personalmanagements, der Leistungsbe-
wertung oder der Qualitätssicherung immer mehr die vielfältigen Erwartungen
der Organisation verinnerlichten. Die „Lebenswelt" der Individuen werde – um
eine inzwischen überstrapazierte Terminologie des Philosophen und Soziologen Jürgen Habermas (1985, S. 18) zu gebrauchen – durch Organisationen
zunehmend „kolonialisiert".

Anfragen an die Diagnose der Organisationsgesellschaft

Gerade wegen dieser Reduzierung auf ein, zwei oder drei Wörter lenken die Diagnosen von der „Organisationsgesellschaft", der „organisierten Gesellschaft" oder der „Gesellschaft der Organisationen" die Aufmerksamkeit auf das Phänomen Organisation. Organisationen müsste man, wenn die Gesellschaftsdiagnosen stimmen, ja nicht nur ihrer selbst wegen verstehen, sondern weil man nur über das Verständnis von Organisationen auch moderne Gesellschaften begreifen kann. Die Organisationsforscher aus Psychologie, Betriebswirtschaftslehre oder Soziologie könnten sich als *die* Gesellschaftsanalytiker verstehen, weil sie ja für das „Kernelement" der modernen Gesellschaft – die Organisationen – zuständig sind. Ausbildungen in „Organisationslehre" wären dann eigentlich integrierter Teil der Staatsbürgerkunde. Und gerade Einführungsbücher über Organisationen müssten sich verkaufen wie warme Semmeln.

Wenn von der „Organisationsgesellschaft", „organisierte Gesellschaft" oder „Gesellschaft der Organisationen" die Rede ist, liegt jedoch eine Testfrage nahe: Was ist eigentlich in der modernen Gesellschaft nicht über Organisationen geregelt und welche Rolle spielen diese „organisationsfreien Bereiche" in der modernen Gesellschaft?

4.2 Die Grenzen der Diagnosen der Organisationsgesellschaft

In einfachen Gesellschaften – man denke an die keltischen Stämme in Europa, die indigenen Völker in Amerika oder an die Pygmäen in Afrika – wurden alle für die Gesellschaft wichtigen Funktionen wie z. B. das Herbeiführen von allgemein verbindlichen Entscheidungen, die Versorgung aller mit knappen Gütern, die Rechtsprechung oder die Ausübung religiöser Praktiken auf einige wenige Personen konzentriert. In den vorrangig hierarchisch strukturierten Gesellschaften, beispielsweise des alten Ägypten, des römischen Reichs oder des Inka-Reichs, bildeten sich zwar Formen der Arbeitsteilung aus, aber die für die Gesellschaften zentralen wirtschaftlichen, politischen, rechtlichen und religiösen Funktionen wurden weitgehend durch einen eng definierten Personenkreis der Oberschicht gewährleistet.

In der modernen Gesellschaft wurde die Sicherstellung der verschiedenen wirtschaftlichen, religiösen, politischen und rechtlichen Funktionen auseinandergezogen. Es bildeten sich nach ganz eigenen Logiken funktionierende Felder aus – beispielsweise die Wirtschaft, die Wissenschaft, die Politik, das Recht, die Religion, die Erziehung. In den Sozialwissenschaften wird von der Ausdifferenzierung von

Funktionssystemen gesprochen, weil jedes dieser Felder jeweils eine zentrale Funktion für die Gesellschaft erfüllt: Die Funktion der Wirtschaft ist beispielsweise die Versorgung der Gesellschaft mit knappen Gütern, die der Politik die Herstellung einer kollektiven Entscheidungsfähigkeit – auch bei sehr unterschiedlichen Interessen und Sichtweisen – und die der Religion ist das Anbieten von Erklärungen für das für den Menschen Unerklärliche.

Die Ausdifferenzierung unterschiedlicher Felder der Gesellschaft können wir in unserem alltäglichen Leben beobachten. Mit der Ausdifferenzierung der Wirtschaft als eigenständigem Funktionssystem zählt nur noch das „Geld machen des Geldes wegen". Man kann – anders als in vormodernen Gesellschaften – Geld heutzutage nicht mehr dafür einsetzen, um Seelenheil, politische Ämter oder wissenschaftliches Renommee zu kaufen. Für Seelenheil muss man beten, für politische Ämter muss man bei Wahlen kandidieren und für wissenschaftliches Renommee von Fachkollegen akzeptierte Artikel publizieren. Geld kann man „nur" dazu benutzen, um seine Konsumbedürfnisse zu befriedigen – oder um daraus noch mehr Geld zu machen. Mit der Ausdifferenzierung der Wissenschaft zählt dann auch nicht mehr die Lösung praktischer Probleme der Wirtschaft, sondern den Wissenschaftlern geht es um die Publikation von Aufsätzen in Fachzeitschriften. Den Wissenschaftler interessiert vorrangig die Meinung der Fachkollegen und nicht die politische oder wirtschaftliche Nützlichkeit der eigenen Forschung oder gar die libidinöse Wirkung einer umfangreichen Publikationsliste. Mit der Ausdifferenzierung von Liebe als eigenständigem gesellschaftlichem Teilbereich interessiert, anders als im Mittelalter und in der frühen Neuzeit, nicht mehr, inwiefern der Partner wirtschaftliche, rechtliche oder politische Funktionen erfüllen kann, sondern alles dreht sich um die „romantische Liebe" (Giddens 1993).

Die Eigenlogik der gesellschaftlichen Teilsysteme ist so stark, dass man sich in der Regel gedankenlos an ihnen orientiert. Ein Student weiß in der Regel, dass er gute Noten durch die Erfüllung der Prüfungsanforderungen erlangt und nicht durch regelmäßige Überweisungen auf das Konto seines Dozenten oder Liebesdienste gegenüber seiner Professorin. In Bildungseinrichtungen wie der Universität dreht sich alles ums Lernen, in der Wirtschaft alles um Zahlungsfähigkeit. Auch wenn Geld dafür eingesetzt werden kann, Nachhilfestunden bei emeritierten Professoren oder Zugänge zu Universitäten zu kaufen, und umgekehrt eine gute Ausbildung es wahrscheinlicher macht, dass man einen guten Job in der Wirtschaft erhält, sind sich alle Beteiligten des Unterschieds zwischen Geld und Bildung bewusst. Das bei US-amerikanischen Studierenden beliebte Argument, dass man für 20 000 US$ Studiengebühren im Semester doch einen guten Hochschulabschluss verdient habe, können Professoren genauso als Pathologie abtun wie der Arbeitgeber das Argument eines Bewerbers, dass er doch allein aufgrund seiner brillanten Hochschulabschlüsse eine Gehaltssteigerung einfordern könne.

Welche Rolle also spielen Organisationen innerhalb dieser Funktionssysteme und wo liegen dort jeweils die „organisationsfreien Bereiche"?

Organisationen sind nicht alles – die Grenzen der Organisierbarkeit
Schon ein erster Blick auf zentrale gesellschaftliche Felder wie Wirtschaft, Politik, Recht, Erziehung oder Wissenschaft zeigt, dass Organisationen zwar eine wichtige Rolle spielen, aber innerhalb dieser Felder nicht alles Organisation ist (Luhmann 1972b, S. 245).

In der Wirtschaft spielen Unternehmen sicherlich eine zentrale Rolle bei der Produktion von Gütern oder der Erbringung von Dienstleistungen. Weil Organisationsmitglieder mit dem Eintritt in die Organisation eine begrenzte „Pauschalunterwerfung" an die Anforderungen der Organisation eingehen, kann in Unternehmen darauf verzichtet werden, jeden einzelnen Handgriff, jede einzelne Leistung auf dem Markt einzukaufen. Damit erspart man es sich, so schon der Ökonom Ronald Coase (1937) jeden einzelnen Vorgang in Geld zu bewerten und jedes Mal aufwendig die Offerten von unterschiedlichen Anbietern für die Operation zu vergleichen. Die Ökonomen sprechen hier von „Transaktionskosten", die dank der pauschal vergüteten Unterwerfung von Mitgliedern eingespart werden können (Williamson 1981). Aber bei allen Transaktionskostenvorteilen, die die Koordination innerhalb von Organisationen bringen mag, die Koordination zwischen Unternehmen findet über Tauschprozesse auf Märkten statt und nicht über Organisationen. Schließlich entscheidet über das Zustandekommen eines Geschäfts nicht eine Zentralorganisation, sondern das mehr oder minder freie Spiel von Angebot und Nachfrage auf den Märkten.

Auch in der Wissenschaft spielen Organisationen in der Form von Universitäten und Forschungsinstituten eine wichtige Rolle – nicht zuletzt, weil diese die Gehälter der Wissenschaftler bezahlen (Luhmann 1992, S. 674). Aber es ist auffällig, wie unabhängig die Wissenschaft von den die Wissenschaftler bezahlenden Organisationen abläuft. Die Wissenschaftler mögen von ihrer Uni oder ihrem Forschungsinstitut Reisemittel, Hilfskräfte und Druckerpatronen zugeteilt bekommen, für ihre Reputation sind letztlich andere Organisationen entscheidend – „vor allem solche, die über die Annahme und Ablehnung von Manuskripten zur Publikation entscheiden" (Luhmann 1982, S. 680). Letztlich ist für die Reputation nicht zentral, wie der Forscher oder die Forscherin bei den Kollegen an der eigenen Uni oder dem Forschungsinstitut angesehen ist, sondern wie die Reputation in der im Prinzip weltweit ausgerichteten, durch keine Organisation beherrschbaren „wissenschaftlichen Gemeinschaft" ist.

In der Politik spielen Parteien eine wichtige Rolle. Es mag ein Überdruss an parteiförmig organisierter Politik herrschen. Es ist angesagt, über den Begriff der „Zivilgesellschaft" nicht nur eine Distanz zu Organisationen der Wirtschaft, sondern auch zu Organisationen der Politik zum Ausdruck zu bringen. Aber die radikale Forderung nach Abschaffung politischer Organisationen ist kaum zu hören (Luhmann 2002, S. 233 f.). Der Überdruss in Bezug auf Parteien wird teilweise dadurch reduziert, dass die Entscheidung, welche Partei das Sagen hat, nicht durch eine Überorganisation – einen „Big Brother" – bestimmt wird, sondern durch Wahlen. Der Wettbewerb um die Gunst der Wähler findet zwar zwischen Organisationen statt, aber der Mechanismus, mit dem entschieden wird, welche Organisation für vier oder fünf Jahre „an die Macht kommt", hat eben gerade nichts mit Organisationen zu tun (Luhmann 2002, S. 253).

Schon die Tatsache, dass die meisten Juristen durch Organisationen – durch Gerichte, Staatsanwaltschaften, Rechtsanwaltskanzleien, Ministerien oder Unternehmen – beschäftigt werden, zeigt, dass Organisationen im Recht eine wichtige Rolle spielen. Aber Gesetze, der mit Abstand wichtigste durch das Rechtssystem verwaltete Programmtypus, entfalten ihre Wirkung unabhängig davon, ob sie sich auf Organisationen beziehen oder nicht. Sicherlich gibt es mit dem Arbeits-, Verwaltungs- oder Vereinsrecht Gesetzesbücher, über die auch das Zusammenwirken innerhalb von Organisationen reguliert wird. Aber die meisten Gesetze regulieren nicht das „Leben" in Organisationen, sondern den Kontakt zwischen natürlichen und juristischen Personen.

Man könnte die Überlegungen für weitere Funktionssysteme – beispielsweise Erziehung, Gesundheit, soziale Hilfe, Religion, Sport oder Kunst – beliebig fortführen. Auffällig ist in allen gesellschaftlichen Feldern, dass gerade der Kontakt zwischen Organisationen in einem Feld in der Regel nicht über Organisationen stattfindet. Sicherlich: Es gibt „Metaorganisationen" wie die OECD, die FIFA, die International Air Transport Association, die International Bee Research Association, die International Federation of Eugenic Organizations oder den Bundesverband Deutscher Bestatter, deren Mitglieder nicht Personen, sondern Organisationen sind und deren Aufgabe es ist, das Verhältnis ihrer Mitgliedsorganisationen zueinander zu regulieren (siehe dazu ausführlich Ahrne und Brunsson 2008).

Aber ein überwiegender Teil der Kontakte zwischen Organisationen wird nicht über solche Metaorganisationen abgewickelt, sondern eben über Preisbildungen auf Märkten, über Wahlen, über wissenschaftliche Reputationszuweisungen oder über gesetzlich regulierte Kooperationen.

Versuche der „Organisierung des nicht Organisierten"

Zugestanden: Es hat in der Gesellschaft immer wieder Versuche der „Organisierung des nicht Organisierten" gegeben. Man denke nur – um extreme Fälle zu nennen – an den Faschismus Benito Mussolinis in Italien, den National-sozialismus Adolf Hitlers in Deutschland, den Staatssozialismus Josef Stalins in der Sowjetunion oder den Juche-Kommunismus unter Kim Il Sung in Nordkorea. All dies waren mehr oder minder weitgehende Versuche, das „nicht Organisierte" – die Abstimmung über Markt, das wissenschaftliche Publikationswesen, die Wahl aus unterschiedlichen Parteien – über Organisationen zu strukturieren. In diesen „Organisationsgesellschaften" (Pollack 1990, S. 294 ff.) existierten dann zwar unterschiedliche politische Organisationen, Zeitungen und Unternehmen, aber letztlich wurde – Stichwort „Führerstaat" oder „Diktatur des Proletariats" – versucht, diese über eine einzige hierarchische Ordnung zu koordinieren. Letzt-lich dominierte die Phantasie von der Transformation der gesamten Gesellschaft in eine Art von „Mega-Meta-Organisation".

Aber bei all diesen Versuchen der Organisierung der Gesellschaft bildeten sich – quasi im Schatten der Organisationsgesellschaft – Mechanismen aus, die durch die Organisation nicht erfasst wurden. Weder in den sozialistischen noch in den faschistischen Staaten gelang es beispielsweise, religiöse Organisationen komplett als „Unterabteilungen" in die sozialistische oder faschistische „Riesen-organisation" zu integrieren (Pollack 1994). Auch die Planwirtschaft der sozialistischen Staaten konnte nur funktionieren, weil es – jenseits der offiziellen Planvorgaben – eine ausgeprägte Tauschwirtschaft zwischen den staatlichen Betrieben gab (Berliner 1957). Gerade Sympathisanten von sozialistischen Großprojekten beispielsweise in Kuba oder Venezuela musste es im Herzen weh-tun, dass sich gerade im Schatten einer antikapitalistischen Staatskonzeption Marktprozesse mit besonderer Brutalität ausbilden (Henken 2002).

Gesellschaften sind nicht organisierbar

Bezüglich der auf die Bedeutung von Organisationen abzielenden Gesell-schaftsdiagnosen ist Skepsis angesagt. Die Hoffnungen, eine „Organisations-gesellschaft" in die Praxis umzusetzen, scheinen unrealistisch. Die Versuche, alle zentralen wirtschaftlichen, politischen, rechtlichen, wissenschaftlichen, künstlerischen und sportlichen Aspekte der Gesellschaft über eine Art „Mega-Meta-Organisation" zu organisieren, scheitern an der nicht mehr zu beherrschenden Komplexität. Die moderne Gesellschaft, so Niklas Luhmann (1969, S. 399 f.) scheint nicht komplett organisierbar zu sein.

Selbst einzelne Felder der modernen Gesellschaft lassen sich – wie im Konzept der „organisierten Gesellschaft" erkennbar – nicht über eine einzige

Organisation strukturieren. Das hängt damit zusammen, dass die Organisation auf dem Prinzip des Ausschlusses vieler und des Einschlusses weniger basiert, während die Felder Wirtschaft, Recht, Politik oder Erziehung allgemein zugänglich sein müssen (Luhmann 2002, S. 231 f.). In den unterschiedlichen Feldern der modernen Gesellschaft existiert deswegen immer eine Vielzahl von Organisationen.

Aber selbst die Diagnose einer „Gesellschaft der Organisationen" trägt nur begrenzt. Zwar ist die Anzahl der Organisationen sowohl auf kommunaler wie auch auf nationaler und internationaler Ebene selbst im Vergleich zu Indikatoren wie Bevölkerung oder Wirtschaftswachstum überproportional angewachsen (Boli und Thomas 1997, S. 171 ff.; Boli und Thomas 1999, S. 13 ff.), trotzdem wird mit der Diagnose einer „Gesellschaft der Organisationen" nur eine Differenzierungsform der modernen Gesellschaft eingefangen.

Wie soll man jetzt die Rolle von Organisationen in der modernen Gesellschaft beschreiben?

4.3 Die Relativierung der Bedeutung von Organisationen

Ein Blick in die Feuilletons der Tageszeitungen und die Programme der Sachbuchverlage zeigt, dass wir es inzwischen mit einer Vervielfältigung von Gesellschaftsdiagnosen zu tun haben, die ihre Bezeichnung aus nur ein oder zwei Wörtern zusammensetzen. Es gibt die Dauerbrenner wie die „Bürgergesellschaft", die „Dienstleistungsgesellschaft", die „Klassengesellschaft", die „Organisationsgesellschaft" oder die „kapitalistische Gesellschaft". Mehr Chancen auf Gehör findet man jedoch, wenn man neuartige Wortschöpfungen nutzt – die „Weltgesellschaft", „Spaßgesellschaft", „Erlebnisgesellschaft", „Singlegesellschaft", „Wissensgesellschaft" oder die „Netzwerkgesellschaft". Und weil man sich ja notgedrungen zwischen den verschiedenen Gesellschaften entscheiden muss, gibt es natürlich auch die Diagnosen von der Ausbildung einer „Multioptionsgesellschaft", einer „Entscheidungsgesellschaft", einer „Beratungsgesellschaft", einer „Coachinggesellschaft" oder einer – weil man Entscheidungen ja auch bereuen kann – „Risikogesellschaft".

Jeder Wissenschaftler – und bei den Zeitdiagnostikern handelt es sich fast ausschließlich um Männer – scheint sich heutzutage seine eigene, auf ein oder zwei Wörter reduzierte Gesellschaftsdiagnose zuzulegen, frei nach dem Motto „jeder Mann" muss „einen Baum pflanzen", ein „Haus bauen", ein „Kind zeugen" und „eine Gesellschaftsdiagnose aufstellen". Angesichts der Vervielfältigung von Gesellschaftsdiagnosen wird ironisch schon von einer „Diagnosegesellschaft" gesprochen, in der sich jeder seine eigene, auf ein oder zwei Wörter reduzierte Gesellschaftsdiagnose zulegt (vgl. zur Diagnosegesellschaft Osrecki 2011). Verzweifelt wird gefragt: „In welcher Gesellschaft leben wir eigentlich?"

Die Diagnosen von der „Gesellschaft der Organisationen", der „organisierten Gesellschaft" oder der „Organisationsgesellschaft" kann man zunächst als Konkurrenz zu anderen Diagnosen, beispielsweise der kapitalistischen Gesellschaft, der Netzwerkgesellschaft oder der Erlebnisgesellschaft, ins Spiel bringen. Oder man nimmt sie als Anlass, um bei der Bestimmung der modernen Gesellschaft für bestimmte Kombinationen, etwa einer „kapitalistisch funktional differenzierten Organisationsgesellschaft" oder einer „Weltrisikoorganisationsgesellschaft", zu werben.

Bei aller Begrenztheit solcher begrifflichen Verkürzungen kann die damit verbundene Betonung des Phänomens „Organisation" doch – und diese Einsicht ist für die Organisationssoziologie wichtig – als Anlass dienen, die Beziehung von Organisationen zur Gesellschaft näher zu bestimmen. Dabei gäbe es viel zu entdecken. So fällt auf, dass die Entstehung von Organisationen in der modernen Gesellschaft die Ausbildung einer Geldwirtschaft voraussetzt, weil häufig erst Bezahlung das Eingehen von Mitgliedschaften in Organisationen attraktiv macht. Auch ein funktionierendes Rechtssystem ist vonnöten, weil sowohl Organisationen als auch Mitglieder darauf angewiesen sind, die Einhaltung von Arbeitsverträgen notfalls über das Gericht zu erzwingen (Luhmann 1997, S. 828).

Bei allen Zweifeln an den Diagnosen von „Organisationsgesellschaft", „organisierter Gesellschaft" oder „Gesellschaft der Organisationen" scheint eines klar zu sein: Die moderne Gesellschaft mit ihren weltweiten Adressierbarkeiten von Kommunikationen, zunehmenden Vernetzungen, wachsenden Entscheidungslasten und damit zusammenhängenden anwachsenden Risiken werden wir nicht verstehen, wenn wir nicht begreifen, wie Organisationen in all ihrer Komplexität funktionieren. Sie mögen dabei dann nur ein Baustein in unserem Verständnis der modernen Gesellschaft sein, aber sicherlich einer der wichtigsten.

Anhang – Eine „etwas längere Begründung" für eine „sehr kurze Einführung"

Was ist eine sehr kurze Einführung? Ein Buch, das man an einem Abend durchlesen kann? Ein Buch mit kaum mehr als hundert Seiten? Ein Buch, das so wenig kostet, dass es sich gar nicht lohnt, es zu kopieren oder als Datei an seiner Arbeitsstelle auszudrucken? Eine möglichst kompakte Zusammenfassung des Wissensstandes, ohne dass die eigenen Positionen und Entdeckungen des Autors zu sehr durchschimmern? Eine Konzentration auf lediglich ein oder zwei Hauptgedanken?

Dieses Buch richtet sich vorrangig an Leserinnen und Leser, die alltäglichen Kontakt mit Organisationen haben – als Mitarbeiter von Unternehmen, Verwaltungen, Universitäten, Krankenhäusern, Armeen, Parteien oder Nichtregierungsorganisationen, an Berater, die versuchen, Veränderungsprozesse in Organisationen anzustoßen, an Studierende von unterschiedlichen Fächern wie Betriebswirtschaftslehre, Psychologie, Soziologie, Anthropologie und Arbeitswissenschaft, die sich schnell und leicht verständlich einen ersten Überblick über das Thema Organisationen verschaffen wollen, oder an Forscher, die sich aus einer wissenschaftlichen Perspektive mit Organisationen auseinandersetzen. Mein Ziel war es, diesen Lesern einen kompakten Überblick über die Möglichkeiten der Organisationsforschung zu bieten.

Eine sehr kurze Einführung ist für den Autor zuerst eine – zugegebenermaßen – sehr schmerzhafte Entscheidung zum Weglassen. Die Bescheidungen, die dieses Buch kennzeichnen, die Entscheidungen bezüglich der eingenommenen Perspektiven, aber auch die Unterscheidungen, mit denen die Leser nach der Lektüre des Buches arbeiten können, sollen hier kurz offengelegt werden.

© Springer Fachmedien Wiesbaden GmbH, ein Teil von Springer Nature 2020
S. Kühl, *Organisationen,* https://doi.org/10.1007/978-3-658-29832-6

Bescheidungen

Unsere alltägliche Perspektive auf Organisationen ist zu sehr durch eine Neuigkeitsdramatisierung organisationaler Phänomene gekennzeichnet. Der Abbau von Hierarchien, die Ausbildung von Arbeitskraftunternehmern in Organisationen oder die Vernetzung von Organisationen – all dies wird als neue Entwicklungslinie eingeführt, ohne zu sehen, dass grundlegende Veränderungen in der Art und Weise, wie Organisationen funktionieren, sich eher über Jahrzehnte, wenn nicht gar Jahrhunderte denn über wenige Jahre ausbilden. Es fällt deswegen nicht schwer, hier auf die Darstellung der letzten (oder auch nur vorletzten) Organisationsmoden zu verzichten – ob es sich nun um Konzepte der wissensbasierten Organisation, des Prozessmanagements oder des New Public Management handelt. Wenn man grundsätzlich versteht, wie Organisationen funktionieren, können neuartige – oder häufig nur neuartig klingende – Konzepte in der Regel schnell eingeordnet werden.

Viel schmerzhafter ist, dass in dieser kurzen Einführung die historisch interessante Ausbildung des Phänomens der Organisation in den letzten fünfhundert Jahren bestenfalls angedeutet werden kann. Man versteht sehr viel mehr über Organisationen, wenn man begreift, wie sie historisch entstanden sind, nachdem Personen zunehmend die Freiheit bekommen haben, über ihre Mitgliedschaften selbst zu entscheiden. Die an geschichtlichen Entwicklungen interessierten Leser und Leserinnen müssen in dieser Einführung mit einigen Gedankensplittern und Referenzen, mit denen sie sich die Entstehungsgeschichte erschließen können, zufrieden sein.

Ebenfalls wurde auf eine systematische Unterscheidung zwischen verschiedenen Organisationstypen verzichtet. Leser mögen deswegen eher überrascht sein, wie in einem Absatz Beispiele aus einem Pharmaunternehmen, aus einer demokratischen Partei und einer Armee in einem Kriegseinsatz angeführt werden. Dies richtet automatisch den Blick auf die Gemeinsamkeiten von unterschiedlichen Organisationen (auf Kosten der Differenzierung zwischen verschiedenen Organisationstypen). Ich hege jedoch die Hoffnung, dass die eingeführten Unterscheidungen von Zwecken, Hierarchien und Mitgliedschaften, von Programmen, Kommunikationswegen und Personal oder von Schauseite, formaler Seite und informaler Seite es dem Leser und der Leserin leicht machen, sich die Unterschiede zwischen einer Kirche und einem Unternehmen, zwischen einem Konzentrationslager und einer Schule oder zwischen einer Universität und einer Partei selbst zu erschließen.

Gleichfalls wurde darauf verzichtet, systematisch auf Unterschiede zwischen Organisationen in unterschiedlichen Kulturkreisen einzugehen. Dabei ist der Verzicht auf eine systematische Unterscheidung von deutschen, französischen, britischen oder US-amerikanischen Organisationen nicht so tragisch. Die Betonung kultureller Unterschiede gerade im Zusammenspiel von Organisationen aus unterschiedlichen westlichen Staaten hat hier nicht selten sowieso nur die Funktion, andere grundlegendere Konflikte zu kaschieren. Bedauerlich ist vielmehr, dass kaum auf Unterschiede zwischen Organisationen in der westlichen Welt und jenen in Lateinamerika, Afrika und Asien eingegangen werden kann. Auf den ersten Blick fällt auf, dass sich Organisationen weltweit durchgesetzt haben. In fast jedem Land gibt es – diese Strukturähnlichkeit ist auffällig – ein Erziehungsministerium, eine Armee und Unternehmen. Bei einem genaueren Blick sticht jedoch ins Auge, dass diese Organisationen häufig sehr unterschiedlich funktionieren. Mit der Fokussierung auf die Entscheidungsautonomie bezüglich Mitgliedschaft, Hierarchie und Zweck kann man zwar seinen Blick für die Besonderheiten von Organisationen außerhalb der westlichen Welt schärfen, ein Verständnis dieser besonderen Organisationsformen kann durch dieses Buch jedoch nicht gewährleistet werden.

Besonders folgenreich ist, dass ich in diesem Buch darauf verzichte, die unterschiedlichen theoretischen Betrachtungsweisen von Organisationen systematisch herauszuarbeiten. Es gibt eine Reihe sehr gut gelungener Versuche, über den Vergleich unterschiedlicher Theorieperspektiven in die Organisationsforschung einzuführen. Solche, die verschiedenen Theorien vergleichenden Einführungen haben den Vorteil, dass sie vor den Lesern nicht nur die Komplexität des Gegenstandes, sondern auch die Komplexität der Sichtweisen ausbreiten. Bestenfalls verfügt man danach über verschiedene „Scheinwerfer", mit denen man Organisationen beleuchten kann. Nicht selten lösen diese mehrere Perspektiven herausstellenden Einführungen aber bei einem ersten Zugang zu einem Phänomen eher Verwirrung aus. Wer, so fragt sich der Leser häufig, hat denn nun recht? Nicht nur aus Gründen der Kürze, sondern auch um den Zugang zu erleichtern, wird das Phänomen Organisation deswegen „aus einem Guss" präsentiert; lediglich an einzelnen Stellen wird angedeutet, dass unterschiedliche Organisationstheorien jeweils andere Perspektiven sichtbar machen.

Unterschiedliche Wissenschaftsdisziplinen – die Betriebswirtschaftslehre, die Psychologie, die Soziologie, die Verwaltungswissenschaft, die Arbeitswissenschaft oder die Anthropologie – führen unterschiedlich an Organisationen heran. Zwar wird nicht selten auf die gleichen Klassiker und die gleichen theoretischen Konzepte verwiesen – die Perspektiven sind häufig jedoch sehr unterschiedlich. Das mag überraschen, weil ja das zu beschreibende Phänomen – die Organisation – dasselbe ist. Der Anspruch dieser Einführung ist – und da bin ich bei allen sonstigen Bescheidungen nicht bescheiden –, dass sie als Einstiegslektüre geeignet ist für Leser aus unterschiedlichen Disziplinen.

Entscheidungen

Nur dadurch, dass auf eine gleichrangige Darstellung verschiedener theoretischer und disziplinärer Zugänge verzichtet wird, kann der Anspruch umgesetzt werden, *ein* schlüssiges Bild der Organisation anzubieten. Die Perspektive, aus der hier das *eine* Bild von Organisationen gezeichnet wird, ist die Systemtheorie Niklas Luhmanns. Auch wenn es in der Organisationswissenschaft – viel stärker als in der Praxis – manchmal fast reflexartige Ablehnungen der Systemtheorie gibt, handelt es sich doch um die Theorieperspektive, aus der mit Abstand am genauesten die Spezifik von Organisationen beschrieben wurde. Systemtheorie heißt hier erst einmal nur, dass Organisationen als soziale Gebilde – soziale Systeme – begriffen werden, die sich durch ihre Eigenarten in einer Welt erst einmal unbegrenzter Komplexität zu behaupten wissen und sich durch ihre Besonderheiten von anderen sozialen Gebilden wie spontanen Face-to-Face-Interaktionen, Gruppen, Familien, Netzwerken, Kommunen, Klassen, Protestbewegungen oder gar ganzen Gesellschaften unterscheiden. Alles andere – die Bestimmung von Organisation in der modernen Gesellschaft, die Definition von zentralen Merkmalen wie Zweck, Hierarchie und Mitgliedschaft, die Unterscheidungen zwischen drei Seiten der Organisation – folgt aus dieser Entscheidung, Organisationen als soziale Systeme zu verstehen.

In dieses *eine* Bild der Organisation werden dann interessante theoretische Einsichten und empirische Beispiele aus unterschiedlichen Theorieschulen eingebaut. Die zweckrationalen Theorieansätze von Max Weber über Frederick Taylor bis hin zu Oliver Williamson sind für mich beispielsweise in diesem Buch vorrangig deswegen interessant, weil Organisationen auf ihrer „Schauseite" häufig den Eindruck erwecken, als folgten sie zweckrationalen Modellen der Unternehmensführung. Der Neoinstitutionalismus spielt deswegen eine zentrale Rolle, weil man mit dieser Theorie sehr genau begreifen kann, welche Funktion die Schauseite für Organisationen erfüllt. Einsichten der Mikropolitik, aber auch der Rational-Choice-Theorie sind in diesem Buch dargestellt, weil sie z. B. in Betrachtungen der Hierarchie erklären können, weswegen die Untergebenen nicht selten mehr Einfluss auf Entscheidungen haben als ihre Vorgesetzten.

Dass es sich bei diesem Buch um *ein* Bild der Organisation handelt, impliziert natürlich auch, dass andere Bilder der Organisation gezeichnet werden können. Je nach disziplinärer (oder theoretischer) Herkunft mag man zu unterschiedlichen Beschreibungen kommen, aber dann muss man sich streiten, wer die adäquatere, passendere Definition des Phänomens liefert. Wissenschaftlich kann es – diese Position muss bei allem Konstruktivismus erlaubt sein – am Ende nur eine „richtige" Sichtweise von Organisationen geben. Hier konkurrieren letztlich unterschiedliche Disziplinen oder Theorien darum, welches Bild die Komplexität

von Organisationen – bei allen notwendigen Vereinfachungen – am besten ein-
fängt. Dieses Urteil sei dem Leser und der Leserin selbst überlassen.

Unterscheidungen

Bei allen Bescheidungen und (Vor-)Entscheidungen hat dieses Buch jedoch
einen – für eine sehr kurze Einführung vielleicht überraschend – weitgehenden
Anspruch. Über die systematische Einführung von Unterscheidungen sollen der
Leserin und dem Leser analytische „Werkzeuge" an die Hand gegeben werden,
mit denen sie selbst unterschiedliche Organisationen wie Unternehmen, Verwaltungen, Kirchen, Universitäten, Schulen, Parteien oder Bürgerinitiativen
begreifen können.

Manche dieser „Werkzeuge" setzen an den grundlegenden Fragen der
Organisationen an. Wie wird über die Formulierung der Mitgliedschaftsbedingung sichergestellt, dass sich Organisationsmitglieder den Zwecksetzungen
und Hierarchien der Organisation unterwerfen? Welche Seite einer Organisation
– die Schauseite, die formale Seite oder die informale Seite – wird in bestimmten
Situationen erkennbar? Wie hängen diese Seiten zusammen?

Andere Werkzeuge sind eher für die Beantwortung von einzelnen zentralen
Fragen eines Unternehmens, einer Verwaltung, einer Kirche oder einer Universität geeignet. Wie ermöglichen und begrenzen sich die drei formalen
Strukturmerkmale Kommunikationswege, Programme und Personal in einer
Organisation? Welches dieser Strukturmerkmale ist immobilisiert? Durch welche
informalen Erwartungen wird die formale Struktur gestützt oder auch konter-
kariert?

Wiederum andere Werkzeuge eignen sich auch für Mikroanalysen von
Organisationen. Werden die Mitglieder einer Abteilung vorrangig über Zwang,
Geldzahlung, Zweckidentifikation, Attraktivität der Tätigkeiten oder Kollegiali-
tät motiviert? Wie verschieben sich diese Motivationsmittel? Wie lässt sich eine
Arbeitstätigkeit zweck- oder konditionalprogrammieren und welche Programm-
form ist in einer bestimmten Situation die geeignetere?

Die systematische Verwendung einer Reihe von Unterscheidungen ermöglicht es gerade interessierten Leserinnen und Lesern, dieses Buch auch als Hintergrund für vertiefende Lektüren zu nutzen. Weil sich gerade die klassischen
Werke über Organisationen – man denke nur an die Bücher von Herbert Simon,
Michel Crozier, Niklas Luhmann oder James Coleman – dem Laien nicht ohne
Weiteres erschließen, soll dieses Einführungswerk auch als (begleitende) Hinter-
grundliteratur zu diesen nicht immer ganz einfachen Büchern dienen. Bei ver-
tieftem, auch theoretischem Interesse kann man das Schema des Buches – die
Bestimmung von Organisation, die Ausführungen über Mitgliedschaft, Zweck

und Hierarchie, die Unterscheidung von formaler, informaler und Schauseite – dazu nutzen, um die Zugänge zum Phänomen Organisation durch so unterschiedliche Theorien wie Institutionenökonomie, Marxismus, Mikropolitik oder Systemtheorie zu rekonstruieren und miteinander zu vergleichen. Aber man kann das Buch auch dafür nutzen, um Spezialthemen von Organisationen – von so zentralen Themen wie einer Fusion bis hin zu vermeintlich nebensächlichen Themen wie Betriebsfeiern – durchzudeklinieren.

Bei aller Kürze soll das Buch ein Arbeitsbuch sein, das man – gern auch nur kapitelweise – immer wieder zurate ziehen kann. Ob es dafür eingesetzt wird, um in dem Unternehmen, in dem man arbeitet, etwas Überraschendes zu entdecken, ob es den blinden Fleck der Partei, der Bürgerinitiative oder des Vereins, in dem man tätig ist, aufdeckt, ob es als Anregung für eine Fragestellung für eine eigene kleine wissenschaftliche Arbeit dient oder ob es Organisationsberatern einen kleinen zusätzlichen Ansatz für eine Intervention beim Klienten bietet, ist zweitrangig. Der Erfolg dieses Buches stellt sich ein, wenn Leser anfangen, mit den Unterscheidungen zu arbeiten, erste überraschende Aspekte sehen und hoffentlich irgendwann feststellen, dass man noch mehr lesen muss, um diese Unterscheidungen noch fruchtbarer werden zu lassen.

Idealerweise weckt ein Buch das Interesse an detaillierten Beschreibungen, an genaueren Informationen über die Entstehung eines Phänomens oder an konkurrierenden Betrachtungsweisen.

Wenn nach der Lektüre dieser sehr kurzen Einführung der Leser oder die Leserin neugieriger ist als zuvor, hat das Buch seinen Zweck erfüllt.

Literatur

Adorno, Theodor W. (1990): Individuum und Organisation. In: Adorno, Theodor W. (Hg.): Soziologische Schriften 1. Frankfurt a. M.: Suhrkamp, S. 440–457.

Ahrne, Göran; Nils Brunsson (2008): Meta-organizations. Cheltenham; Northampton: Edward Elgar Publishing.

Allison, Graham T. (1969): Conceptual Models and the Cuban Missile Crises. In: Amercian Political Science Review, Jg. 63, S. 689–718.

Ashforth, Blake E.; Anand, Vikas (2003): The Normalization of Corruption in Organizations. In: Research in Organizational Behavior, Jg. 25, S. 1–52.

Ashkenas, Ronald N. et al. (1998): The Boundaryless Organization: Breaking the Chains of Organizational Structure. San Francisco: Jossey-Bass.

Baecker, Dirk (1993): Die Form des Unternehmens. Frankfurt a. M.: Suhrkamp.

Baecker, Dirk (1999): Organisation als System. Frankfurt a. M.: Suhrkamp.

Barnard, Chester I. (1938): The Functions of the Executive. Cambridge: Harvard University Press.

Berliner, Joseph S. (1957): Factory and Manager in the USSR. Cambridge: Harvard University Press.

Bernbaum, Gerald (1973): Headmasters and Schools: Some Preliminary Findings. In: Sociological Review, Jg. 21, S. 463–484.

Blau, Peter M. (1955): The Dynamics of Bureaucracy. Chicago: University of Chicago Press.

Blau, Peter M. (1964): Exchange and Power in Social Life. London, Sydney: Wiley.

Blau, Peter M.; W. Richard Scott (1962): Formal Organizations. San Francisco: Chandler.

Bohlen, Dieter (2008): Der Bohlenweg. Planieren statt Sanieren. München: Heyne-Verlag.

Boli, John; Thomas, George M. (1997): World Culture in the World Polity: A Century of International Non-Governmental Organization. In: American Sociological Review, Jg. 62, S. 171–190.

Boli, John; Thomas, George M. (1999): INGOs and the Organization of World Culture. In: Boli, John; George M. Thomas (Hg.): Constructing World Culture. International Nongovernmental Organizations since 1875. Stanford: Stanford University Press, S. 13–49.

Bosetzky, Horst (2019): Mikropolitik. Netzwerke und Karrieren. Wiesbaden: Springer VS.

© Springer Fachmedien Wiesbaden GmbH, ein Teil von Springer Nature 2020
S. Kühl, *Organisationen*, https://doi.org/10.1007/978-3-658-29832-6

Braverman, Harry (1974): Labor and Monopoly Capital. The Degradation of Work in the Twentieth Century. New York; London: Monthly Review Press.

Brose, Hanns-Georg; Holtgrewe, Ursula; Wagner, Gabriel (1994): Organisationen, Personen und Biographien: Entwicklungsvarianten von Inklusionsverhältnissen. In: Zeitschrift für Soziologie, Jg. 23, S. 255–274.

Brunsson, Nils (1989): The Organization of Hypocrisy: Talk, Decisions and Actions in Organization. Chichester: John Wiley and Sons.

Brunsson, Nils (2003): Organized Hypocrisy. In: Czarniawska, Barbara; Sevón, Guje (Hg.): The Northern Lights. Organization Theory in Scandinavia. Malmö; Oslo: Copenhagen Business School Press, S. 201–222.

Bühner, Rolf (2004): Betriebswirtschaftliche Organisationslehre. 10. überarb. Aufl. München: Oldenbourg.

Burawoy, Michael (1979): Manufacturing Consent. Chicago; London: University of Chicago Press.

Burns, Tom; Stalker, George M. (1961): The Management of Innovation. London: Tavistock.

Chandler, Alfred D. (1962): Strategy and Structure. Cambridge, MA: MIT Press.

Coase, Ronald H. (1937): The Nature of the Firm. In: Economica, Jg. 17, S. 386–405.

Coleman, James S. (1974): Power and the Structure of Society. New York: Norton.

Commons, John R. (1924): Legal Foundation of Capitalism. New York: Macmillan.

Crozier, Michel (1963): Le phénomène bureaucratique. Paris: Seuil.

Crozier, Michel; Friedberg, Erhard (1979): Macht und Organisation. Die Zwänge kollektiven Handelns. Königstein: Athenäum.

Cyert, Richard M.; March, James G. (1963): A Behavioral Theory of the Firm. Englewood Cliffs: Prentice-Hall.

Dalton, Melville (1959): Men Who Manage. New York: Wiley.

Davidow, William H.; Malone, Michael S. (1993): Das virtuelle Unternehmen. Der Kunde als Co-Produzent. Frankfurt a. M.; New York: Campus.

Döhl, Volker et al. (2001): Auflösung des Unternehmens? Die Entgrenzung von Kapital und Arbeit. In: Beck, Ulrich; Bonß, Wolfgang (Hg.): Modernisierung der Moderne. Frankfurt a. M.: Suhrkamp, S. 219–232.

Dreeben, Robert (1980): Was wir in der Schule lernen. Frankfurt a. M.: Suhrkamp.

Drucker, Peter F. (1942): The Future of Industrial Man. New York: John Day.

Endruweit, Günter (2004): Organisationssoziologie. 2. völlig neu bearb. Aufl. Stuttgart: UTB Lucius & Lucius.

Enzensberger, Hans Magnus (2008): Hammerstein oder der Eigensinn. Frankfurt a. M.: Suhrkamp.

Etzioni, Amitai (1961): A Comparative Analysis of Complex Organizations. New York: Free Press.

Etzioni, Amitai (1964): Modern Organizations. Englewood Cliffs: Prentice Hall.

Festinger, Leon; Riecken, Henry; Schachter, Stanley (1956): When Prophecy Fails. Minneapolis: University of Minnesota Press.

Fred, Alford C. (2001). Whistleblowers: Broken Lives and Organizational Power. Ithaca: Cornell University Press.

Freeman, Jo (1972): The Tyranny of Structurelessness. In: Berkeley Journal of Sociology, Jg. 17, S. 151–164.

Friedberg, Erhard (1993): Le pouvoir et la règle. Dynamiques de l'action organisée. Paris: Seuil.

Giddens, Anthony (1993): Wandel der Intimität. Sexualität, Liebe und Erotik in modernen Gesellschaften. Frankfurt: Fischer.

Goffman, Erving (1973): Asyle. Über die soziale Situation psychiatrischer Patienten und anderer Insassen. Frankfurt a. M.: Suhrkamp.

Gomez, Peter; Zimmermann, Tim (1993): Unternehmensorganisation. Profile, Dynamik, Methodik. Frankfurt a. M.; New York: Campus.

Gouldner, Alvin W. (1954): Patterns of Industrial Bureaucracy. Glencoe: Free Press.

Gouldner, Alvin W. (1959): Organizational Analysis. In: Merton, Robert K.; Leonard Broom; Leonard S. Cottrell (Hg.): Sociology Today: Problems and Prospects. New York; London: Basic Book, S. 423–426.

Gross, Bertram M. (1973): An Organized Society? In: Public Administration Review, Jg. 33, S. 323–327.

Habermas, Jürgen (1981): Theorie des kommunikativen Handelns. Frankfurt a. M.: Suhrkamp.

Handy, Charles (1989): The Age of Unreason. Boston: Harvard Business School Press.

Hartmann, Michael (2002): Der Mythos von den Leistungseliten. Frankfurt a. M.; New York: Campus.

Henken, Ted (2002): Condemned to Informality: Cuba's Experiments with Self-Employment during the Special Period. In: Cuban Studies, Jg. 33, S. 1–29.

Heydebrand, Wolf (1989): New Organizational Forms. In: Work and Occupation, Jg. 16, S. 323–357.

Hochschild, Arlie Russell (1979): Emotion Work, Feeling Rules, and Social Structure. In: American Journal of Sociology, Jg. 85, S. 551–575.

Hochschild, Arlie Russell (1983): The Managed Heart. Commercialisation of Human Feeling. Berkeley: University of California Press.

Hofstede, Geert (1993): Organisationsentwicklung in verschiedenen Kulturen. In: Fatzer, Gerhard (Hg.): Organisationsentwicklung für die Zukunft. Köln: Edition Humanistische Psychologie, S. 327–348.

Hornby, Nick (2005): A Long Way Down. Hamburg: Kiepenheuer & Witsch.

Illich, Ivan (1973): Entschulung der Gesellschaft. Reinbek: Rowohlt.

Illich, Ivan (1975): Die Enteignung der Gesundheit – Medical Nemesis. Reinbek: Rowohlt.

Itschert, Adrian (2013): Jenseits des Leistungsprinzips. Soziale Ungleichheit in der funktional differenzierten Gesellschaft. Bielefeld: transcript.

Jackall, Robert (1983): Moral Mazes. Bureaucracy and Managerial Work. In: Harvard Business Review, H. 5/1983, S. 118–130.

Jackall, Robert (1988): Moral Mazes. The World of Corporate Managers. New York; Oxford: Oxford University Press.

Kaube, Jürgen (2000): Die Nachtwachen der Bürodiener. Einlaß in den Nachlaß und die aktenkundigen Angestellten im System: Niklas Luhmann über Organisation und Entscheidung. In: Frankfurter Allgemeine Zeitung, 17.2.2000, S. 62.

Kette, Sven (2017): Unternehmen. Eine sehr kurze Einführung. Wiesbaden: Springer VS.

Kieser, Alfred (1989): Organizational, Institutional, and Societal Evolution. Medieval Craft Guilds and the Genesis of Formal Organizations. In: Administrative Science Quarterly, Jg. 34, S. 540–564.

Kieser, Alfred; Walgenbach, Peter (2003): Organisation. 4. überarb. und erw. Aufl. Stuttgart: Schäffer-Poeschel.

Kieserling, André (2004): Einführung in die Soziologie. Mainz: unveröff. Ms.

Kieserling, André (2005): Selbstbeschreibung von Organisationen: Zur Transformation ihrer Semantik. In: Jäger, Wieland; Uwe Schimank (Hg.): Organisationsgesellschaft. Facetten und Perspektiven. Wiesbaden: VS-Verlag, S. 51–88.

Kühl, Stefan (2003): Exit. Wie Risikokapital die Regeln der Wirtschaft verändert. Frankfurt a. M.; New York: Campus.

Kühl, Stefan (2015a): Wenn die Affen den Zoo regieren. Die Tücken der flachen Hierarchien. 6. erw. und überarb. Aufl. Frankfurt a. M.; New York: Campus.

Kühl, Stefan (2015b): Das Regenmacher-Phänomen. Widersprüche und Aberglaube im Konzept der lernenden Organisation. 2. überarb. Aufl. Frankfurt a. M.; New York: Campus.

Kühl, Stefan (2015c): Sisyphos im Management. Die vergebliche Suche nach der optimalen Organisationsstruktur. 2. überarb. Aufl. Frankfurt a. M.; New York: Campus.

Kühl, Stefan (2015d): Gruppen, Organisationen, Familien und Bewegungen. Zur Soziologie mitgliedschaftsbasierter Systeme zwischen Interaktion und Gesellschaft. In: Heintz, Bettina; Tyrell, Hartmann (Hg.): Interaktion – Organisation – Gesellschaft revisited. Sonderheft der Zeitschrift für Soziologie. Stuttgart: Lucius & Lucius, S. 65–85.

Kühl, Stefan (2020): Brauchbare Illegalität. Vom Nutzen des Regelbruchs in Organisationen. Frankfurt a. M.; New York: Campus.

Lenin, Wladimir Iljitsch (1977): Der Zusammenbruch der II. Internationale. In: Lenin, Wladimir Iljitsch (Hg.): Werke. Band 21, Berlin: Dietz.

Love, John F. (1995): McDonald's: Behind the Arches. New York: Bantam Books.

Lozowick, Yaacov (2000): Hitlers Bürokraten. Eichmann, seine willigen Vollstrecker und die Banalität des Bösen. Zürich: Pendo.

Luhmann, Niklas (1962): Der neue Chef. In: Verwaltungsarchiv, Jg. 53, S. 11–24.

Luhmann, Niklas (1964): Funktionen und Folgen formaler Organisation. Berlin: Duncker & Humblot.

Luhmann, Niklas (1965): Spontane Ordnungsbildung. In: Morstein Marx, Fritz (Hg.): Verwaltung. Eine einführende Darstellung. Berlin: Duncker & Humblot, S. 163–183.

Luhmann, Niklas (1968): Vertrauen. Ein Mechanismus der Reduktion sozialer Komplexität. Stuttgart: Lucius und Lucius.

Luhmann, Niklas (1969): Gesellschaftliche Organisation. In: Ellwein, Thomas et al. (Hg.): Erziehungswissenschaftliches Handbuch. Das Erziehen als gesellschaftliches Phänomen. Berlin: Rembrandt Verlag, S. 387–407.

Luhmann, Niklas (1971a): Zweck–Herrschaft–System. Grundbegriffe und Prämissen Max Webers. In: Luhmann, Niklas (Hg.): Politische Planung. Aufsätze zur Soziologie von Politik und Verwaltung. Opladen: WDV, S. 90–112.

Luhmann, Niklas (1971b): Lob der Routine. In: Luhmann, Niklas (Hg.): Politische Planung. Aufsätze zur Soziologie von Politik und Verwaltung. Opladen: WDV, S. 113–143.

Luhmann, Niklas (1971c): Reform des öffentlichen Dienstes. In: Luhmann, Niklas (Hg.): Politische Planung. Aufsätze zur Soziologie von Politik und Verwaltung. Opladen: WDV, S. 203–256.

Luhmann, Niklas (1972a): Rechtssoziologie. Reinbek: Rowohlt.

Luhmann, Niklas (1972b): Die Organisierbarkeit von Religionen und Kirchen. In: Wössner, Jakobus (Hg.): Religion im Umbruch. Soziologische Beiträge zur Situation von Religion und Kirche in der gegenwärtigen Gesellschaft. Stuttgart: Ferdinand Enke, S. 245–285.

Luhmann, Niklas (1973a): Zweckbegriff und Systemrationalität. Über die Funktion von Zwecken in sozialen Systemen. Frankfurt a. M.: Suhrkamp.

Luhmann, Niklas (1973b): Allgemeine Theorie organisierter Sozialsysteme. In: Luhmann, Niklas (Hg.): Soziologische Aufklärung 2. Aufsätze zur Theorie der Gesellschaft. 2. Aufl. Opladen: WDV, S. 39–50.

Luhmann, Niklas (1975a): Macht. Stuttgart: Enke.

Luhmann, Niklas (1975b): Interaktion, Organisation, Gesellschaft. In: Luhmann, Niklas (Hg.): Soziologische Aufklärung 2. Aufsätze zur Theorie der Gesellschaft. Opladen: WDV, S. 9–20.

Luhmann, Niklas (1981): Organisation im Wirtschaftssystem. In: Soziologische Aufklärung 3. Opladen: WDV, S. 390–414.

Luhmann, Niklas (1984): Soziale Systeme. Frankfurt am Main: Suhrkamp.

Luhmann, Niklas (1988): Organisation. In: Küppers, Willi; Ortmann, Günther (Hg.): Mikropolitik. Rationalität, Macht und Spiele in Organisationen. Opladen: WDV, S. 165–186.

Luhmann, Niklas (1989): Kommunikationssperren in der Unternehmensberatung. In: Luhmann, Niklas; Peter Fuchs (Hg.): Reden und Schweigen. Frankfurt a. M. Suhrkamp, S. 209–227.

Luhmann, Niklas (1991): Soziologie des Risikos. Berlin; New York: Walter de Gruyter.

Luhmann, Niklas (1992): Die Wissenschaft der Gesellschaft. Frankfurt a. M.: Suhrkamp.

Luhmann, Niklas (1993): Die Paradoxie des Entscheidens. In: Verwaltungsarchiv, Jg. 84, S. 287–310.

Luhmann, Niklas (1995): Sich im Undurchschaubaren bewegen. Zur Veränderungsdynamik hochentwickelter Gesellschaften. In: Grossmann, Ralph; Krainz, Ewald E.; Oswald, Margit (Hg.): Veränderung in Organisationen. Management und Beratung. Wiesbaden: Gabler, S. 9–18.

Luhmann, Niklas (1997): Die Gesellschaft der Gesellschaft. Frankfurt a. M.: Suhrkamp.

Luhmann, Niklas (2000): Organisation und Entscheidung. Opladen: WDV.

Luhmann, Niklas (2002): Die Politik der Gesellschaft. Frankfurt a. M.: Suhrkamp.

Luhmann, Niklas (2005): Allgemeine Theorie organisierter Sozialsysteme. In: Luhmann, Niklas (Hg.): Soziologische Aufklärung 2. Aufsätze zur Theorie der Gesellschaft. 5. Aufl. Wiesbaden. VS-Verlag, S. 48–62.

Luhmann, Niklas (2010): Politische Soziologie. Frankfurt a. M: Suhrkamp.

Luhmann, Niklas (2016): Unterwachung oder die Kunst, Vorgesetzte zu lenken. In: Kaube, Jürgen (Hg.): Der neue Chef. Berlin: Suhrkamp, S. 90–106.

Mann, Leon (1999): Sozialpsychologie. Weinheim, Basel: Beltz.

March, James G. (1976): The Technology of Foolishness. In: March, James G.; Olsen, Johan P. (Hg.): Ambiguity and Choice in Organizations. Bergen: Universitetsforlaget, S. 69 81.

March, James G.; Simon, Herbert A. (1958): Organizations. New York: John Wiley & Sons.

Marx, Karl (1962): Das Kapital. Erstes Buch. In: Marx-Engels-Werke. Band 23, Berlin: Dietz-Verlag, S. 11–955.

Mayntz, Renate (1963): Soziologie der Organisation. Reinbek: Rowohlt.

Mayntz, Renate; Rolf Ziegler (1977): Soziologie der Organisation. In. König, René (Hg.): Handbuch der empirischen Sozialforschung. Band 9. 2. Aufl. Stuttgart: Enke, S. 1–141.

Mayo, Elton (1948): The Human Problems of an Industrial Civilization. New York: Macmillan.

Merton, Robert K. (1995): Soziologische Theorie und soziale Struktur. Berlin; New York: de Gruyter.

Meyer, John W.; Rowan, Brian (1977): Institutionalized Organizations. Formal Structure as Myth and Ceremony. In: American Journal of Sociology, Jg. 83, S. 340–363.

Meyer, Marshall W. (1979): Organizational Structure as Signaling. In: Pacific Sociological Review, Jg. 22, S. 481–500.

Milgrom, Paul; Roberts, John (1992). Economics, Organization and Management. Englewood Cliffs: Prentice-Hall.

Mintzberg, Henry (1979): The Structuring of Organization. A Synthesis of the Research. Englewood Cliffs: Prentice-Hall.

Moers, Walter (1990): Kleines Arschloch. Frankfurt a. M.: Eichborn.

Moldaschl, Manfred (2002): Foucaults Brille. Eine Möglichkeit, die Subjektivierung von Arbeit zu verstehen. In: Moldaschl, Manfred; Voß, G. Günter (Hg.): Subjektivierung von Arbeit. München; Mering: Hampp, S. 139–176.

Morgan, Gareth (1986): Images of Organization. Beverly Hills: Sage.

Morstein Marx, Fritz (1956): Freiheit und Bürokratie. Zur Natur des Amtsschimmels. In: Archiv für Rechts- und Sozialphilosophie, Jg. 42, S. 351–382.

Müller-Jentsch, Walther (2003): Organisationssoziologie. Eine Einführung. Frankfurt a. M.; New York: Campus.

Münch, Richard (2006): Drittmittel und Publikationen. Forschung zwischen Normal-wissenschaft und Innovation. In: Soziologie Jg. 35, 4 (2006), S. 440–461.

Neill, Alexander S. (1969): Das Prinzip Summerhill. Fragen und Antworten, Argumente, Erfahrungen, Ratschläge, Reinbek: Rowohlt.

Neuberger, Oswald (1990): Widersprüche in Ordnung. In: Königswieser, Roswita; Lutz, Christian (Hg.): Das systemisch evolutionäre Management – Der neue Horizont für Unternehmen. Wien: Orac, S. 146–167.

Neuberger, Oswald (1994a): Zur Ästhetisierung des Managements. In: Schreyögg, Georg; Conrad, Peter (Hg.): Managementforschung 4. Berlin; New York: Walter de Gruyter, S. 1–70.

Neuberger, Oswald (1994b): Mobbing – Übel mitspielen in Organisationen. München: Hampp-Verlag.

Nordsieck, Fritz (1932): Die schaubildliche Erfassung und Untersuchung der Betriebs-organisation. Stuttgart: C. E. Poeschel.

Ortmann, Günther (1988): Macht, Spiele und Konsens. In: Küpper, Willi; Ortmann, Günther (Hg.): Mikropolitik. Rationalität, Macht und Spiele in Organisationen. Opladen: WDV, S. 13–26.

Ortmann, Günther (2003) Regel und Ausnahme. Paradoxien sozialer Ordnung. Frankfurt a. M.: Suhrkamp.

Osrecki, Fran (2010): Diagnosegesellschaft. Zeitdiagnostik zwischen Soziologie und medialer Popularität. Bielefeld: transcript.

Packenham, Robert A. (1973): Liberal America and the Third World. Princeton: Princeton University Press.

Palmer, Donald (2012): Normal Organizational Wrongdoing. A Critical Analysis of Theories of Misconduct in and by Organizations. Oxford, New York: Oxford University Press.

Parsons, Talcott (1960): Structure and Process in Modern Societies. Glencoe: Free Press.

Peters, Thomas J.; Waterman, Robert H. (1982): In Search of Excellence. Lessons from America's Best-run Companies. New York: Harper&Row.

Pettigrew, Andrew (1979): On Studying Organizational Cultures. In: Administrative Science Quarterly, Jg. 24, S. 570–581.

Picot, Arnold; Reichwald, Ralf (1994): Auflösung der Unternehmung? Vom Einfluss der IuK-Technik auf Organisationsstrukturen und Kooperationsformen. In: Zeitschrift für Betriebswirtschaft, Jg. 64, S. 547–570.

Pollack, Detlef (1990): Das Ende einer Organisationsgesellschaft – Systemtheoretische Überlegungen zum gesellschaftlichen Umbruch in der DDR. In: Zeitschrift für Soziologie, Jg. 19, S. 292–307.

Pollack, Detlef (1994): Kirche in der Organisationsgesellschaft. Zum Wandel der gesellschaftlichen Lage der evangelischen Kirchen in der DDR, Stuttgart: Kohlhammer.

Presthus, Robert V. (1962): The Organizational Society. New York: Random House.

Prätorius, Rainer (1984): Soziologie der politischen Organisationen. Darmstadt: Wissenschaftliche Buchgesellschaft.

Puzo, Mario (1971): Der Pate. Reinbek: Rowohlt.

Reve, Torger (1990): The Firm as a Nexus of Internal and External Contracts. In: Aoki, Masahiko; Gustafsson, Bo; Williamson, Oliver E. (Hg.): The Firm as a Nexus of Treaties. London: Sage, S. 133–161.

Ritzer, George (1997): Die McDonaldisierung der Gesellschaft. Frankfurt a. M.: Fischer.

Rodríguez Mansilla, Darío (1991): Gestion Organizacional: Elementos para su estudio. Santiago de Chile: Pontificia Universidad Católica de Chile.

Roethlisberger, Fritz Jules; Dickson, William J. (1939): Management and the Worker. An Account of a Research Program Conducted by the Western Electric Company, Hawthorne Works, Chicago. Cambridge: Harvard University Press.

Rottenburg, Richard (1996): When Organization Travels: On Intercultural Translation. In: Czarniawska; Barbara; Sevón, Guje (Hg.): Translating Organizational Change. Berlin; New York: Walter de Gruyter, S. 191–240.

Sackmann, Sonja A. (1991): Cultural Knowledge in Organizations. Newbury Park: Sage.

Scharpf, Fritz (1993): Positive und negative Koordination in Verhandlungssystemen. In: Héritier, Adrienne (Hg.): Policy Analyse. Kritik und Neuorientierung. Politische Vierteljahresschrift, Sonderheft 24. Opladen: WDV, S. 57–83.

Schimank, Uwe (2001): Funktionale Differenzierung, Durchorganisierung und Integration der modernen Gesellschaft. In: Tacke, Veronika (Hg.): Organisation und gesellschaftliche Differenzierung. Opladen: WDV, S. 19–38.

Schimank, Uwe (2005): Organisationsgesellschaft. In: Jäger, Wieland; Schimank, Uwe (Hg.): Organisationsgesellschaft. Facetten und Perspektiven. Wiesbaden: VS-Verlag, S. 19–50.

Schluchter, Wolfgang (1985): Aspekte bürokratischer Herrschaft. Studien zur Interpretation der fortschreitenden Industriegesellschaft. Frankfurt a. M.: Suhrkamp.

Schnelle, Wolfgang (2006): Diskursive Organisations- und Strategieberatung. Norderstedt: BoD.

Scott, W. Richard (1986): Grundlagen der Organisationstheorie. Frankfurt a. M.; New York: Campus.

Semprún, Jorge (2008): Leben hieß Vergessen. In: Vanity Fair, H. 50/2008, S. 96–101.

Shils, Edward A.; Janowitz, Morris (1948): Cohesion and Disintegration in the Wehrmacht in World War II. In: The Public Opinion Quarterly, Sommer 1948, S. 280–315.

Sills, David L. (1957): The Volunteers. Glencoe: Free Press.

Simon, Herbert A. (1957): Administrative Behavior. A Study of Decision-Making Processes in Administrative Organizations. 2. Aufl. New York: Free Press.

Simon, Fritz B. (2007): Einführung in die systemische Organisationstheorie. Heidelberg: Carl-Auer-Verlag.

Smith, Adam (1999): Der Wohlstand der Nationen. München: dtv.

Spence, A. Michael (1974): Market Signaling. Informational Transfer in Hiring and Related Screening Processes. Cambridge: Harvard University Press.

Strang, David; Soule, Sarah A. (1998): Diffusion in Organizations and Social Movements: From Hybrid Corn to Poison Pills. In: Annual Review of Sociology, Jg. 24, S. 265–290.

Stucke, Andreas; Glagow, Manfred; Schimank, Uwe (1985): Regelgenerierung in der Aufbauphase politischer Verwaltungen am Beispiel des Bundesministeriums für wirtschaftliche Zusammenarbeit (BMZ) – Problemaufriß und theoretische Vorüberlegungen. Bielefeld: Arbeitspapier 7 Arbeitsschwerpunkt Handlungsbedingungen und Handlungsspielräume der Entwicklungspolitik.

Tacke, Veronika (2003): Von der irrationalen Organisation zur Welt der Standards. Nils Brunsson als antizyklischer Theoriepolitiker. In: Organisationsentwicklung, H. 3/2003, S. 74–77.

Taylor, Frederick W. (1979): Die Grundsätze wissenschaftlicher Betriebsführung. 2. Aufl. München: Oldenbourg.

Thompson, Victor A. (1961): Hierarchy, Specialization, and Organizational Conflict. In: Administrative Science Quarterly, Jg. 5, S. 485–521.

Treiber, Hubert (1973): Wie man Soldaten macht. Sozialisation in „kasernierter Gesellschaft". Düsseldorf: Bertelsmann.

Treiber, Hubert; Steinert, Heinz (1980): Die Fabrikation des zuverlässigen Menschen. Über die „Wahlverwandtschaft" von Kloster- und Fabrikdisziplin, München: Heinz Moos Verlag.

Walser, Martin (1996): Finks Krieg. Frankfurt a. M.: Suhrkamp.

Ward, John William (1964): The Ideal of Individualism and the Reality of Organizations. In: Cheit, Earl F. (Hg.): The Business Establishment. New York: John Wiley, S. 37–76.

Weber, Max (1919): Politik als Beruf: Vorträge vor dem Freistudentischen Bund. Zweiter Vortrag. München; Leipzig: Duncker & Humblot.

Weber, Max (1965): Gesammelte Aufsätze zur Religionssoziologie. Band 1. Tübingen: Mohr.

Weber, Max (1976): Wirtschaft und Gesellschaft. Grundriß der verstehenden Soziologie. 5. rev. Aufl. Tübingen: Mohr.

Weick, Karl E. (1976): Educational Organizations as Loosely Coupled Systems. In: Administrative Science Quarterly, Jg. 21, S. 1–19.

Weick, Karl E. (1985): Der Prozeß des Organisierens. Frankfurt a. M.: Suhrkamp.

Weick, Karl E. (1995): Sensemaking in Organizations. Thousand Oaks; London; New Dehli: Sage.

Whyte, William H. (1956): The Organization Man. New York: Simon and Schuster.

Williamson, Oliver E. (1981): The Economics of Organization: The Transaction Cost Approach. In: American Journal of Sociology, Jg. 87, S. 548–577.

Kompakte Überblicke und Einführungen zum Thema Organisation

Unser Anspruch ist es, Interessierten ein umfassendes Angebot an aufeinander Bezug nehmenden Texten zur Verfügung zu stellen. Im Einzelnen besteht dieses Angebot aus folgenden Bausteinen:

Kompakte Einführungen zu einzelnen Organisationstypen

Kette, Sven (2017): *Unternehmen. Eine sehr kurze Einführung*. Wiesbaden. Springer VS.

Zu Organisationstypen wie Verwaltungen, Krankenhäuser, Armeen, Polizeien, Universitäten, Schulen, Ministerien oder Parteien sollen in den nächsten Jahren prägnante Einführungen erscheinen.

Überblick über die zentralen Bücher und Artikel der Organisationsforschung

Kühl, Stefan (Hg.) (2015): *Schlüsselwerke der Organisationsforschung*. Wiesbaden: Springer VS.

Überblick über quantitative und qualitative Methoden zum Verstehen von Organisationen

Kühl, Stefan; Strodtholz, Petra; Taffertshofer, Andreas (Hg.) (2009): *Handbuch Methoden der Organisationsforschung*. Wiesbaden: Springer VS.

Anwendungen auf verschiedene für Praktiker relevante Anlässe in Organisationen

Kühl, Stefan; Muster, Judith (2016): *Organisationen gestalten*. Wiesbaden: Springer VS.
Kühl, Stefan (2018): *Leitbilder erarbeiten*. Wiesbaden: Springer VS.
Kühl, Stefan (2016): *Strategien entwickeln*. Wiesbaden: Springer VS.
Kühl, Stefan (2017): *Märkte explorieren*. Wiesbaden: Springer VS.
Kühl, Stefan (2016): *Projekte führen*. Wiesbaden: Springer VS.
Kette, Sven; Barnutz, Sebastian (2019): *Compliance managen*. Wiesbaden: Springer VS
Kühl, Stefan (2017): *Laterales Führen. Macht, Vertrauen und Verständigung in Organisationen*. Wiesbaden: Springer VS.

In den nächsten Jahren kommen jeweils noch in unserer Reihe ManagementCompact kurze systemtheoretisch informierte Einführungen zu Interaktionsarchitekturen (z.B. Workshops, Großkonferenzen, Webkonferenzen) und zu Tätigkeiten in Organisationen (z.B. Managen, Führen, Beraten, Moderieren, Präsentieren, Evaluieren, Vergleichen) hinzu.

Systemtheoretisch informierte Einmischungen in die aktuellen Managementdiskussionen

Kühl, Stefan (2015): *Wenn die Affen den Zoo regieren. Die Tücken der flachen Hierarchien*. 2. aktual. Aufl. Frankfurt a. M., New York: Campus.
Kühl, Stefan (2015): *Das Regenmacher-Phänomen. Widersprüche im Konzept der lernenden Organisation*. 6. aktual. Aufl. Frankfurt a. M., New York: Campus.
Kühl, Stefan (2015): *Sisyphos im Management. Die vergebliche Suche nach der optimalen Organisationsstruktur*. 2. aktual. Aufl. Frankfurt a. M., New York: Campus.

Die Bücher von Springer VS können über Buchpakete von Universitätsbibliotheken oder Unternehmen kostenlos als pdf heruntergeladen werden. Englische Fassungen der meisten Bücher sind als pdf kostenlos auf der Website http://www. organizationaldialoguepress.com herunterzuladen.

Printed in the United States
By Bookmasters